AF567246

Joachim Nolywaika

Vergeßt den Deutschen Osten nicht!

Das Unrecht der Sieger: Ostpreußen, Schlesien, Pommern, Ostbrandenburg, Sudetenland

ARNDT

Titelseite: Das Hauptbild zeigt das Krantor in Danzig. Die kleinen Bilder oben zeigen (v.l.n.r.) das Rathaus von Breslau, die Hakenterrasse in Stettin und den Dom von Königsberg/Pr.

Bibliographische Information der Deutschen Bibliothek
Die Deutsche Bibliothek verzeichnet diese Publikation in der Deutschen Nationalbibliographie; detaillierte bibliographische Daten sind im Internet über www.dnb.de abrufbar.

ISBN 978-3-88741-310-1

ARNDT-Verlag
D-24035 Kiel, Postfach 3603

Gedruckt in der Europäischen Union

Vorwort

Natürlich ist der Verlust des Deutschen Ostens mit dem Ende des Zweiten Weltkrieges bereits fast 80 Jahre her, aber als Willy Brandt 1970 in Warschau auf die Knie fiel, waren seit Flucht und Vertreibung der Ostdeutschen gerade erst 25 Jahre vergangen – nicht einmal ein drittel Menschenleben. Und als 1990 mit dem 2+4-Vertrag nach dem Willen der damals Beteiligten die Oder-Neiße-Linie als deutsch-polnische Grenze zementiert werden sollte, da waren es gerade einmal 45 Jahre – ein halbes Menschenleben. Was ist nur mit den Deutschen los? Wie kann es angehen, daß der Verlust von rund einem Viertel des deutschen Staatsgebietes mehr oder weniger achselzuckend von der Mehrheit zur Kenntnis genommen wird, daß im „Deutschen" Bundestag sogar Jubel und Beifall aufbrandete, als am 5. Oktober 1990 dort der 2+4-Vertrag mit nur einer Handvoll Gegenstimmen ratifiziert wurde?

In den 34 Jahren seitdem hat sich nicht etwa wenigstens eine solide „Erinnerungskultur" an den Deutschen Osten verfestigt, die das Erinnern kraftvoll an die Stelle vom Besitzen setzen würde. Ganz im Gegenteil verkümmern die Landsmannschaften der Ost- und Sudetendeutschen zu Schatten ihrer selbst, und wo noch vor wenigen Jahrzehnten die großen Bundestreffen der Landsmannschaften jedes Jahr zu Pfingsten die Schlagzeilen der Medien beherrschten, hört man heute in der Öffentlichkeit von den Landsmannschaften – nichts.

Selbst die museale Erinnerung an die Vertreibungsgebiete ist eine erinnerungspolitische Wüste. In Berlin gibt es das „Dokumentationszentrum der Stiftung Flucht Vertreibung Versöhnung", das einmal die Funktion haben sollte, in der Hauptstadt an das Schicksal des Deutschen Ostens zu erinnern. Herausgekommen ist dabei ein Museum, in dem die aktuelle Migration aus aller Welt nach Deutschland breit thematisiert wird und ganz am Rande auch die Vertreibung der Deutschen 1945, allerdings unter dem ausdrücklichen Vorbehalt, daß der Verlust Ostdeutschlands ursächlich auf die Alleinkriegsschuld Deutschlands am Zweiten Weltkrieg zurückzuführen sei. Gleich zwei Lügen in einem Satz: Denn jede ernsthafte Beschäftigung mit den Ursachen des Zweiten Weltkrieges weist auf „viele Väter", und jeder nur halbwegs Geschichtskundige weiß, daß die polnische Okkupation von Ostpreußen, Pommern, Ostbrandenburg und Schlesien lange vor dem Zweiten Weltkrieg von polnischen Politikern geplant und systematisch verfolgt wurde. Und das Schlesische Landesmuseum in Görlitz wird seit 2020 gar von einer Polin geleitet.

Bleiben eigentlich als öffentliche Erinnerung an den deutschen Osten nur die ostdeutschen Straßennamen in vielen deutschen Städten und Gemeinden und die Königsberger Klopse, die sich in deutschen Küchen dauerhaft etabliert haben.

Wie konnte es dazu kommen? Ursächlich dürften vor allem zwei Umstände sein. Der erste ist die mangelnde Vorstellungskraft der Deutschen in Fragen großer und langfristiger politischer Tragweite. Die Deutschen finden nur das erstrebenswert, was sie auch für erreichbar und vorstellbar halten. Deshalb war in Umfragen der Wunsch nach einer Wiedervereinigung von DDR und BRD in den Jahren vor der kleindeutschen Wiedervereinigung immer geringer geworden. Selbst Helmut Kohl hatte noch 1987, also nur zwei Jahre vor dem Mauerfall, die Forderung des CDU-Politikers Bernhard Friedmann nach einer aktiven Wiedervereinigungspolitik als „blühenden Unsinn" geschmäht. Die Wiedervereinigung nicht zu wollen, weil man sich den Weg dahin nicht vorstellen konnte, war ein – kleinmütiger – typisch deutscher Charakterzug. Wie sehr diese „Rationalität" aber den Blick auf die tatsächlich in unserem Volk schlummernden Sehnsüchte verstellte, konnte man am 9. und 10. November 1989 erleben, als sich die Deutschen aus Ost und West lachend und weinend zugleich in den Armen lagen und endlich „das zusammenwuchs, was zusammengehört", wie sich Willy Brandt plötzlich erinnerte.

Die zweite Ursache dürfte in der gelungenen Umerziehung der Deutschen bestehen, die bis heute ungeprüft einfach alles glauben, was dem deutschen Volk nach dem 8. Mai 1945 an alliierter Kriegspropaganda angelastet wurde. Ein regelrechter „Schuldkult" ist zu einem deutschen nationalen Ersatzmythos geworden. Wo andere Völker sich ihrer großen militärischen Siege rühmen, ihre Nationalhelden feiern, ihre Erfinder und Künstler ehren und die Schönheit ihres Landes preisen, suhlen die Deutschen sich in Selbstbezichtigungen, demütigen ihre Soldaten, verachten ihre Helden, suchen an jedem Ereignis der deutschen Geschichte mindestens nach einem Makel, am besten nach einem handfesten Verbrechen. Und finden schließlich auch, daß die territoriale Verstümmelung Deutschlands eine angemessene, eine gerechte Strafe für vermeintliche deutsche Untaten sei.

Ist das nun ein Charakterzug, der ausschließlich verachtenswert ist? Nicht ausschließlich, denn die aktuell herrschende Abscheu gegen das Eigene ist ja das Ergebnis eines eigentlich rührenden Schuld-

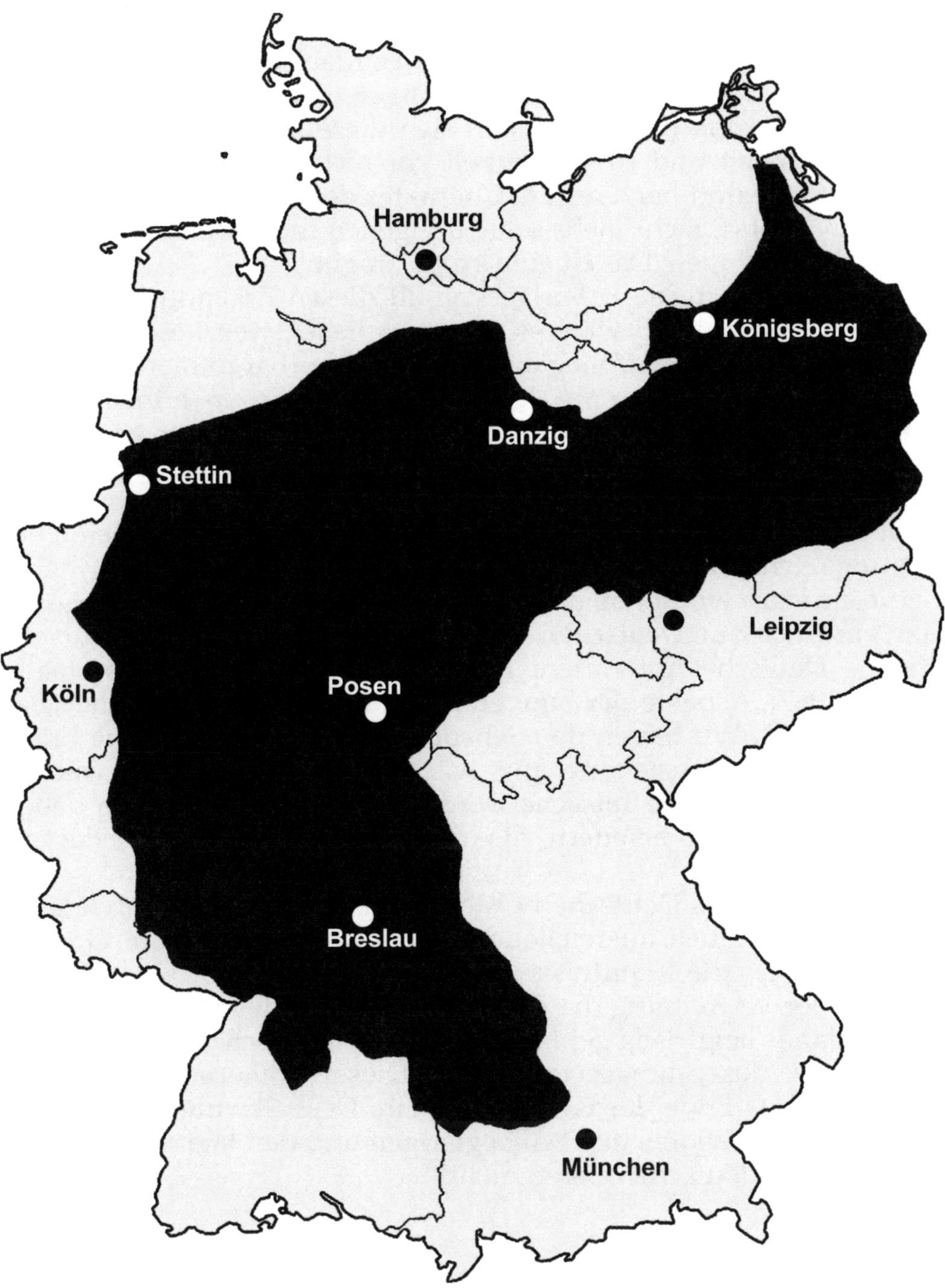

Das dem Deutschen Reich nach 1918 bzw. nach 1945 im Osten abgenommene und geraubte Gebiet (ohne Sudetenland), projiziert auf die Fläche der Bundesrepublik Deutschland. Es handelt sich um 165.000 Quadratkilometer, wovon über 90 Prozent an Polen fielen, allein nach dem Zweiten Weltkrieg 103.057 Quadratkilometer.

empfindens, Schuld, für die man einstehen will. Daß diese Schuld in weiten Teilen gar nicht existiert, sondern einfach die ständige Wiederholung und Fortsetzung der ehemaligen alliierten antideutschen Kriegspropaganda ist, das können sich diese „guten Deutschen" in ihrer Ehrlichkeit und Anständigkeit gar nicht vorstellen. Es ist der grundehrliche und herzensgute Charakter des deutschen Volkes, der es dazu verführt, nicht mehr seine ureigenen Interessen zu erkennen und wahrzunehmen. Das ist eine große Tragik.

Warum läßt sich unser Verlag von all diesen Erkenntnissen nicht entmutigen? Natürlich wäre es auch uns lieber, wenn es eine breite Bewegung in unserem Volk gäbe, die unüberhörbar immer wieder an das unerlöste Erbe unserer deutschen Ostprovinzen erinnert, eine breite Bewegung, die angesichts unglaublicher polnischer Anmaßungen – wie den jüngsten Wiedergutmachungs-Forderungen – nicht schweigt, sondern kraftvoll die Stimme erhebt. Doch wir lassen uns nicht entmutigen, weil die Geschichte lehrt, daß auch eine kleine Bewegung reicht, die Dinge im richtigen Moment ins Rollen zu bringen. Gerne erinnern wir daran, daß es unser Verlag war, der seit 1985 jedes Jahr ein Buch zur Deutschen Frage veröffentlichte: 1985 „Deutsche Frage – Deutsche Antworten; 1986 „Entnationalisierung als Staatsräson?; 1987 „Aspekte der Souveränität" und 1988 „Gespräche über Deutschland". Wir hatten den Sensor dafür, daß die Deutsche Frage auf eine Lösung zusteuerte, uns war klar, daß vorgedacht werden mußte, was politische Tatsache werden sollte, und wir halfen dabei, die Entwicklung zu befeuern, die nur ein Jahr später zur Wiedervereinigung führte.

Hinsichtlich des Deutschen Ostens ist es mindestens notwendig, vorläufig aber auch ausreichend, daß eine überschaubare Gruppe unseres Volkes die Kenntnisse hat und sie weitergibt, wie das Verbrechen der Vertreibung der Ostdeutschen und der Verstümmelung Deutschlands langfristig geplant und schließlich nach dem Ersten und Zweiten Weltkrieg umgesetzt wurde. Dieser Völkermord darf und wird nicht das Ende der Geschichte sein. Deshalb rufen Autor und Verlag den Wissenden, den Wißbegierigen und den Weitsichtigen zu: „Vergeßt den deutschen Osten nicht!"

Der Verlag

Teil 1

Der Erste Weltkrieg und seine Folgen

I. Das Versailler Diktat – ein „Friedensverbrechen“

Bei den ersten Verhandlungen der Siegermächte in Paris über die Friedensbedingungen wurde auf Verlangen des US-amerikanischen Präsidenten Woodrow Wilson zunächst über die Gründung und Satzung eines Völkerbundes beraten. Es gelang tatsächlich zum ersten Mal in der Geschichte, fast alle Völker in einem Bund „zur Wahrung des Friedens“ zu vereinigen.

Deutsche Vertreter waren bei diesen Beratungen nicht zugelassen. Viele wichtige Forderungen konnte der US-Präsident nicht durchsetzen. Seinem Wunsch nach einer sofortigen allgemeinen Abrüstung kamen die Siegermächte nicht nach und lehnten sie ab. Auch die Geheimhaltung der Rüstungen und die allgemeine Wehrpflicht blieben bestehen. Um den Ausbruch neuer Kriege zu erschweren, wollte Wilson Bündnisverträge zwischen den Staaten verbieten lassen. Derartige Bündnisverpflichtungen hatten wesentlich zur Ausweitung des Ersten Weltkrieges beigetragen. Es kam lediglich zum Verbot von geheimen Abmachungen.

Um zu betonen, daß die Mitglieder selbständige Staaten blieben, mußten alle Beschlüsse einstimmig gefaßt werden. Große und kleine Mächte hatten alle je eine Stimme. Als Sitz des Völkerbundes wählte man Genf.

In den entscheidenden Bestimmungen der Völkerbundsatzung hieß es:

„Artikel 12: Alle Bundesmitglieder kommen überein, eine etwa zwischen ihnen entstehende Streitfrage, die zu einem Bruch führen könnte, entweder der Schiedsgerichtsbarkeit oder dem gerichtlichen Verfahren oder der Prüfung durch den Rat zu unterbreiten…

Artikel 16: Schreitet ein Bundesmitglied zum Kriege, so wird es ohne weiteres so angesehen, als hätte es eine Kriegshandlung gegen alle anderen Bundesmitglieder begangen. Diese verpflichten sich, unverzüglich alle Handels- und Finanzverbindungen mit ihm abzubrechen. In diesem Fall ist der Rat verpflichtet vorzuschlagen, mit welchen Land-, See- und Luftstreitkräften jedes Bundesmitglied zu der bewaffneten Macht beizutragen hat."

Mitglieder des Völkerbundes sollten neben den Siegerstaaten auch die Neutralen werden. Der US-amerikanische Kongreß lehnte jedoch den Beitritt ob, und Rußland wurde nicht einmal dazu aufgefordert.

Die Entente-Staaten benutzten zunächst ihre Macht, um die durch die Friedensschlüsse geschaffene Lage zu erhalten. Damit verpaßte man von vornherein die Möglichkeit, die Gegensätze unter den Völkern auszugleichen. Aber es soll dem Völkerbund unvergessen sein, daß er sich der deutschen Kriegsgefangenen in Rußland annahm.

Im Jahre 1920 wurden noch Hunderttausende von deutschen und österreichischen Kriegsgefangenen in Rußland zurückgehalten. Sie wurden nicht nur unsagbar von Heimweh gequält, sie litten auch entsetzlich unter Hunger, Kälte und Seuchen. Die Russische Revolution hatte jeglichen Verkehr zur Heimat unterbrochen, es gab keinen Weg mehr nach dem Westen. Hunderttausende deutsche Soldaten waren in Sibirien schon während des Krieges und durch die Wirren der Revolution umgekommen. Sollte auch von den noch Lebenden keiner die Seinen wiedersehen?

Da wandte sich das Internationale Rote Kreuz an den Völkerbund um Hilfe. Dieser suchte einen Mann, der in der Welt so großes Ansehen genoß, daß die sowjetrussische Regierung ihn nicht abweisen konnte. Die Wahl fiel auf Fridtjof Nansen, den großen norwegischen Polarforscher. Tatsächlich gelang es ihm, das Mißtrauen der Sowjets zu überwinden und den Gefangenen zu helfen. Er nannte sein Unternehmen „Nansenhilfe", denn vom Völkerbund wollten die neuen Machthaber in Moskau nichts wissen.

Nansen reiste von Großstadt zu Großstadt, rief das Gewissen der Welt auf und brachte die notwendigen Geldmittel zusammen. „Nansenzüge" fuhren mit Lebensmitteln, Kleidung und Arzneien in die Lager und nahmen die Geretteten mit zurück zu den Hafenstädten, wo sie von „Nansenschiffen" aufgenommen und in die Heimat gebracht wurden. Nach einem Jahr konnte der große Helfer berichten, daß durch sein Bemühen 450.000 Kriegsgefangene zu ihren Angehörigen zurückgefunden hätten.

Nicht nur Deutschland und seine Verbündeten, auch die Entente-Mächte hatten vor dem Waffenstillstand die 14 Punkte Wilsons als Grundlage des Friedens angenommen.[1] Die Bedingungen aber, die der deutschen Abordnung auf der Friedenskonferenz in Versailles am 7. Mai 1919 ausgehändigt wurden, widersprachen diesen Gedanken in vieler Hinsicht.

„Die alliierten und assoziierten Regierungen erklären und Deutschland erkennt an, daß Deutschland und seine Verbündeten als Urheber für alle Verluste und Schäden verantwortlich sind, die die alliierten und assoziierten Regierungen und ihre Staatsangehörigen infolge des Krieges, der ihnen durch den Angriff Deutschlands und seiner Verbündeten aufgezwungen wurde, erlitten haben.“

So lautete wortgetreu der Artikel 231 des Versailler Vertrages, einer von insgesamt 440 Artikeln, die gegen Deutschland gerichtet waren. Dieser Friedensvertrag war kein ausgehandelter Vertrag, sondern ein Diktat, das die Deutschen nur ablehnen oder annehmen konnten.

US-Präsident Wilson hatte während des Krieges durch sein „14-Punkte-Programm“ die Hoffnung auf einen gerechten Frieden geweckt und dadurch auch letztendlich die Einstellungen der Kampfhandlungen erreicht. Er wollte „die Kette des Bösen“ unterbrechen und überall das Recht zur Anwendung bringen, wo bisher Unrecht herrschte. Er geriet darüber aber in Streit mit seinen europäischen Partnern, vor allem mit dem französischen Ministerpräsidenten George Clemenceau, einem fanatischen Deutschenhasser, der auf eigenen Wunsch zum Vorsitzenden der Friedenskonferenz gewählt wurde und von Rachegefühlen und Revanchismus gegen Deutschland getrieben war.

Nach seinem Willen kam ein Vertrag zustande, der – wie der Historiker Golo Mann schrieb – durch „hundert ausgeklügelte böse Tricks … ein ungeheures Instrument zur Unterdrückung, Ausräuberung und dauernden Beleidigung Deutschlands“ sei.[2]

Am 27. Januar 1919 kamen die Alliierten, 27 Staaten, erstmals in Paris zusammen, um die Friedensbedingungen für Deutschland festzulegen. Deutsche Vertreter wurden zu den Verhandlungen nicht hinzugezogen. Zuerst mußten die Streitigkeiten zwischen den beutegierigen Alliierten selbst geschlichtet werden, ehe man in Verhandlungen über den Vertrag eintreten konnte. Während des Krieges waren zahlreiche Geheimverträge zwischen den späteren Siegern ab-

[1] „14 Punkte Wilsons“ siehe S. 244.

[2] Golo Mann. Deutsche Geschichte des 19. und 20. Jahrhunderts. Gütersloh 1978, S. 672.

geschlossen worden, um neue Verbündete gegen die Mittelmächte zu gewinnen. Diese geheimen Absprachen und Versprechungen waren miteinander schwer vereinbar.

Die 14 Punkte Wilsons fanden bei den Beratungen kaum Beachtung. An ihre Stelle traten Kriegsziele, die aufgrund von geheimen Abmachungen zwischen den Alliierten vereinbart worden waren.

Clemenceau, als Präsident der Konferenz, beherrschte die Verhandlungen und verstand es, seine maßlosen Forderungen rücksichtslos durchzusetzen. Er versuchte, die alte französische Politik der Zerstückelung Deutschlands wieder aufleben zu lassen. Diesmal wollte Frankreich das Ruhrgebiet mit seinen Industriewerken und Kohlezechen mit den Erzgruben Lothringens vereinigen, um eine wirtschaftliche Vormachtstellung auf dem europäischen Festland zu begründen.

Da Clemenceau und der Präsident der Französischen Republik Raymond Poincaré direkt nicht zum Ziel gelangen konnten, versuchten sie es auf andere Weise: Sie forderten von Deutschland, daß es die Kriegsschäden ersetzen solle und schraubten die Wiedergutmachungsforderungen (Reparationen) so hoch, daß sie schlechterdings selbst bei bestem Willen nicht zu erfüllen waren.

Der Endbetrag, den das Deutsche Reich als Reparationen zahlen sollte, machte die wirklichkeitsfremde Summe von 269 Milliarden Goldmark aus, zahlbar in 30 Jahren.

Außerdem sollte an weiteren Reparationen geleistet werden: Auslieferung der deutschen Handelsflotte zu 90 Prozent, eine auf zehn Jahre ausgelegte Kohlelieferung mit monatlich zwei Millionen Tonnen und Lieferungen von sonstigen Produkten. Die Franzosen rechneten damit, daß Deutschland sich weigern würde, diese Verpflichtungen einzugehen; dann wollten sie auf den „bösen Willen" Deutschlands hinweisen, das Ruhrgebiet besetzen und ihre Ziele verwirklichen.

Der bekannte britische Ökonom John Maynard Keynes, den die britische Regierung als Sachverständigen zu den Beratungen hinzugezogen hatte, wies darauf hin, daß die alliierten Forderungen volkswirtschaftlich nicht erfüllbar seien und unter Umständen Störungen im weltwirtschaftlichen Gesamtgefüge zur Folge haben könnten. Da er sich nicht durchzusetzen vermochte, verließ er die „Albdruckszene" von Versailles.

Besonders schmerzlich waren die Gebietsabtretungen, die sofort erfolgen mußten. Frankreich erhielt Elsaß-Lothringen, Polen fast ganz Westpreußen und Posen sowie Teile von Pommern. Ostpreußen wurde also durch einen „Korridor" vom Reich getrennt. Die zu 95 Prozent von Deutschen bewohnte Stadt Danzig wurde ein selbständiger Staat unter der Aufsicht des Völkerbundes; die Stadt stand aber unter starkem polnischen Druck, der sich im Laufe der Jahre immer mehr verstärkte. Das Memelgebiet mußte an die Entente abgetreten werden, die es 1923 litauischen Partisanen überließ. Die Tschechoslowakei erhielt das kleine Hultschiner Ländchen.

Alle deutschen Schutzgebiete (Kolonien) übernahm der Völkerbund und übergab sie den Siegermächten England, Frankreich, Belgien und Japan als Mandate zur Verwaltung. Diese Verluste waren umso schmerzlicher, als sie mit der unwahren Behauptung begründet wurden, Deutschland habe sich als unfähig erwiesen, Kolonien zu verwalten.

In einigen Gebieten des Reiches machten die Alliierten die endgültige Grenzziehung von einer Volksabstimmung abhängig. Im Sinne der Menschenrechte sollten Gebietsabtretungen eigentlich nur nach Abhaltung von Abstimmungen vorgenommen werden dürfen. Bitteres Leid für die Bevölkerung würde dadurch gemindert werden.

In Eupen und Malmedy, die an Belgien fallen sollten, wurden Listen ausgelegt, in die sich in wenigen Wochenstunden diejenigen eintragen konnten, die sich für ein Verbleiben ihrer Heimat bei Deutschland einsetzen wollten. Unter diesen Umständen fanden sich nur wenige hundert Stimmberechtigte dazu bereit. Das Gebiet wurde daraufhin Belgien zugesprochen. Nordschleswig wurde in zwei Abstimmungsgebiete aufgeteilt. Im nördlichen Gebiet sprachen sich 75 Prozent der Stimmen für Dänemark aus, im südlichen Teil 84 Prozent für Deutschland. Die nördliche Zone kam an Dänemark.

Hart umkämpft war die Entscheidung in Oberschlesien. Die dort stehenden alliierten Truppen begünstigten die Polen. Diese unternahmen mehrere bewaffnete Einfälle nach Oberschlesien, die von deutschen Selbstschutzverbänden niedergeworfen wurden. Bei der Abstimmung 1921 entschieden sich 60 Prozent der Teilnehmer für den Verbleib beim Deutschen Reich. Entgegen diesem eindeutigen Ergebnis verfügte der Völkerbund trotzdem, daß der weitaus größere Teil des wertvollen Industriegebietes an Polen fallen solle. Er schuf damit nach englischem Urteil „den bequemsten Kompromiß zwischen der Gerechtigkeit und dem Interesse des Stärkeren“.

In Teilen Ost- und Westpreußens fanden am 11. Juli 1920 ebenfalls Volksabstimmungen statt. Dabei stimmten im westpreußischen Abstimmungsgebiet Marienwerder mehr als 92 Prozent der Wähler für den Verbleib beim Deutschen Reich. Im Abstimmungsgebiet Allenstein fiel das Ergebnis noch spektakulärer aus: mehr als 97 Prozent der Wähler votierten für Deutschland. Dies war umso beeindruckender, als im Abstimmungsgebiet das Seengebiet Masuren lag, über das die polnische Propaganda behauptete, daß seine Einwohner seit Jahrhunderten unterdrückte Polen seien. Die Abstimmungsergebnisse stellten eine schallende Ohrfeige für Polen dar. So gab es etwa im ganzen Kreis Johannisburg nur 14 Stimmen für Polen bei 33.817 Stimmen für Deutschland, im Kreis Lötzen gab es 10 Stimmen für Polen bei 29.349 für Deutschland. Die Krönung bildete der Kreis Oletzko mit 2 Stimmen für Polen bei 28.625 Stimmen für das Deutsche Reich. In Würdigung dieses überwältigenden Treuebekenntnisses zu Deutschland wurde die Kreisstadt deshalb 1928 in Treuburg umbenannt. Alle drei hier genannten Kreise lagen in Masuren, wo sich Polen besondere Erfolgschancen ausgerechnet hatte. Weitere Abstimmungen fanden daraufhin in Ostpreußen nicht mehr statt, wodurch eine noch größere Verstümmelung Ostpreußens nach dem Ersten Weltkrieg unterblieb.

An der Saar wurde ein Gebiet mit 800.000 Einwohnern dem Völkerbund und die Ausbeutung der Industrien Frankreich unterstellt. Nach Ablauf von 15 Jahren sollte die Bevölkerung über ihr weiteres Schicksal selbst bestimmen dürfen.

So verlor Deutschland etwa 70.000 Quadratkilometer seines Gebietes mit 6,4 Millionen Einwohnern. Es büßte wertvolle Industriezentren und landwirtschaftliche Überschußgebiete ein. Die dadurch bedingte Minderproduktion an Roggen und Weizen betrug 16 Prozent, die von Kartoffeln 17 Prozent. An der Förderung von Bodenschätzen gingen verloren: 75 Prozent von Eisenerz, 26 Prozent von Steinkohle und 68 Prozent von Zinkerz.

Trotzdem waren die Forderungen der Franzosen und Polen bei weitem nicht erfüllt worden. Frankreich hatte das ganze linke Rheinufer verlangt. Clemenceau wurde in Frankreich scharf getadelt, weil er diese Forderung nicht durchgesetzt hatte.

Im Zuge der Entwaffnung mußte Deutschland weitgehend abrüsten, um – wie es in den Bedingungen hieß – „die Einleitung zu einer allgemeinen Rüstungsbeschränkung zu ermöglichen". Das deutsche Heer wurde auf 100.000 Mann, die Marine auf 15.000 Mann beschränkt. Damit keine Reserven ausgebildet werden konnten, wurde die allgemeine Wehrpflicht verboten. Die Mannschaften mußten sich für zwölf Jahre und die Offiziere für 25 Jahre verpflichten. Verboten wurden: Schwere Geschütze, Panzer, Flugzeuge und Luftschiffe, U-Boote und Kriegsschiffe über 10.000 Tonnen, Festungsanlagen und ein militärischer Luftschutz. Im Westen des Reiches wurde eine entmilitarisierte Zone geschaffen, in der Deutschland keine Truppen unterhalten und keine Befestigungen anlegen durfte. Sie umfaßte das linksrheinische Gebiet und einen 50 Kilometer breiten Streifen östlich des Rheins. Auf Helgoland und bei Kiel mußten die

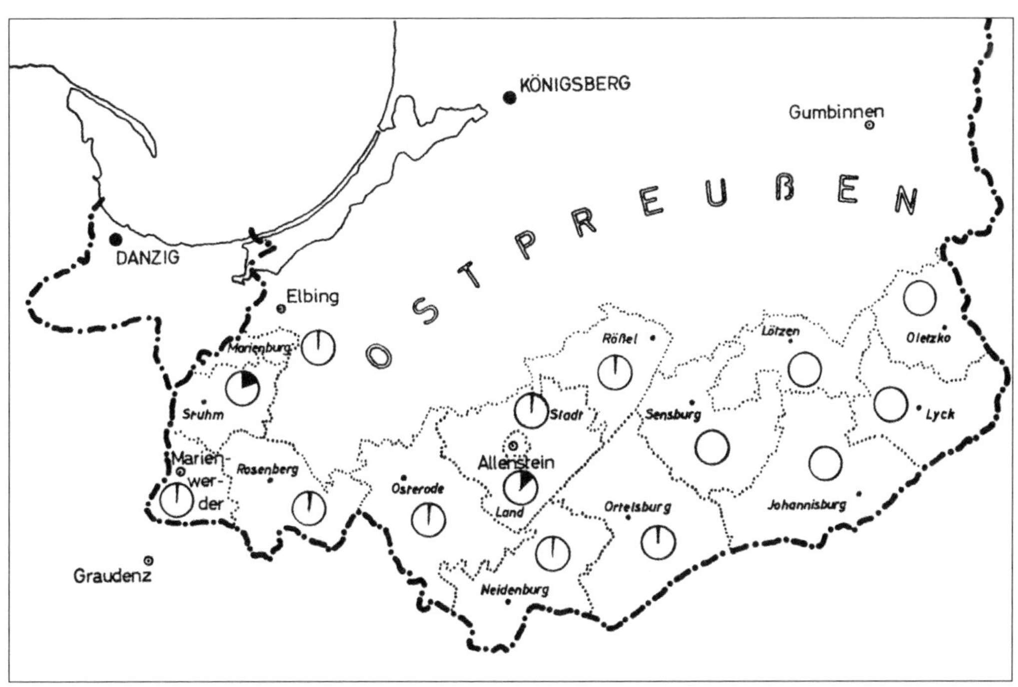

Die Abstimmungsgebiete in Ostpreußen.
Die schwarzen Kreissektoren geben den Anteil polnischer Stimmen wieder.

Das Abstimmungsdenkmal in Treuburg

Küstenbefestigungen zerstört werden. Eine Kontrollkommission erzwang, daß diese Bestimmungen peinlich genau eingehalten wurden. Sie verlangte, daß alle Fabriken und Maschinen beseitigt werden, die nach ihrer Ansicht der Rüstung dienen könnten. Darüber waren natürlich Meinungsverschiedenheiten untereinander unvermeidlich.

Der Stolz des Deutschen Reiches, die Hochseeflotte, die in der Seeschlacht am Skagerrak am 31. Mai 1916 über die englische Homefleet siegreich geblieben war, mußte an England ausgeliefert werden und wurde in der Bucht von Scapa Flow interniert. Um die Schiffe nicht in die Hände des Feindes fallen zu lassen, wurden sie von den Besatzungen selbstversenkt.

Das Reichsgebiet auf dem linken Rheinufer und vier Brückenköpfe gegenüber von Köln, Koblenz, Mainz und Straßburg erhielten eine alliierte Besatzung, deren Kosten Deutschland aufgebürdet wurden.

Kriegsentschädigungen hatte bisher fast jeder besiegte Staat bezahlen müssen, ohne daß seine Schuld am Kriege ausdrücklich als Grund genannt worden war.

Wegen der Verquickung beider Dinge in dieser Form, bildete sich in der deutschen Bevölkerung die Vorstellung, Deutschland könnte von den Reparationen loskommen, wenn die Behauptung von der Alleinschuld Deutschlands und seiner Verbündeten am Kriege widerlegt wäre.

Schon immer haben zum Ausbruch eines Streites zwei Parteien gehört. Wenn nun tatsächlich Deutschlands Schuld am Ausbruch des Ersten Weltkrieges nicht größer war als die der Siegermächte, dann wären diese überaus zahlreichen und harten Bedingungen ungerecht.

Noch heute ist es Konsens in der wissenschaftlichen Forschung, daß in Versailles der Keim für den nächsten großen Krieg gelegt wurde.

In der in Weimar tagenden Deutschen Nationalversammlung hatte man sich keine Illusionen über die zu erwartenden Friedensbedingungen gemacht. Die Delegierten waren darauf gefaßt, daß Deutschland nicht ungeschoren aus dem Krieg hervorgehen werde. Die Öffentlichkeit hegte jedoch die Hoffnung, daß die 14 Punkte Wilsons, auf die man schon beim Waffenstillstand vertraut hatte, die Grundlage der feindlichen Forderungen sein würden. Nach Bekanntgabe der Friedensbedingungen erkannten die Abgeordneten sofort die Unmöglichkeit, sie zu erfüllen. Ihre Annahme bedeutete eine Belastung für die junge Republik, an der sie zugrunde gehen mußte.

Zur Entgegennahme der Friedensbedingungen durfte dann die deutsche Abordnung am 7. Mai 1919 in Versailles erscheinen. Clemenceau eröffnete die Versammlung mit einer kurzen Erklärung, in der er hervorhob: „Die Stunde der Abrechnung ist gekommen. Sie verlangen den Frieden, wir sind bereit, ihn zu gewähren. Wir werden aber für die notwendigen Sicherungen sorgen, daß auf diesen zweiten Versailler Frieden kein weiterer folgt.“

Hierauf nahm der deutsche Außenminister Ulrich Graf Brockdorff-Rantzau das Wort: „Wir sind tief durchdrungen von der erhabenen Aufgabe, der Welt rasch einen dauernden Frieden zu geben. Wir erkennen die Wucht des Hasses, die uns hier entgegentritt. Wir haben die leidenschaftliche Forderung gehört, daß die Sieger uns zugleich als Überwundene zahlen lassen und als Schuldige bestrafen wollen. Es wird von uns verlangt, daß wir uns als die Alleinschuldigen am Kriege bekennen; ein solches Bekenntnis wäre in meinem Mund eine Lüge. Wir sind fern davon, jede Verantwortung dafür von Deutschland abzuwälzen, aber wir bestreiten nachdrücklich, daß Deutschland allein mit der Schuld belastet ist.“

Die Vertreter Deutschlands durften in Versailles nur einmal schriftlich zum Vertrag Stellung nehmen. Dann wurde ihnen der endgültige Wortlaut mit der Drohung zugestellt, daß der Krieg weitergehe, wenn die Unterzeichnung nicht binnen fünf Tagen erfolge.

In der Deutschen Nationalversammlung war es lange zweifelhaft, ob sich eine Mehrheit für die Annahme des Friedensvertrages finden würde.

Wer dafür stimmte, konnte nur hoffen, daß die Zukunft Abänderungen und Erleichterungen bringen werde. Wer zum Widerstand neigte, mußte wissen, wie aussichtslos er war. Das deutsche Heer befand sich nach seinem Rückzug in einer von Aufständen erschütterten Heimat. Es war stark zusammengeschmolzen, hatte kaum noch schwere Waffen und löste sich allmählich auf. Außerdem bestand noch immer die Hungerblockade gegen Deutschland, die vor allem unter Alten und Kindern täglich weitere Opfer forderte.

In einem Aufruf protestierten Reichspräsident Friedrich Ebert und die deutsche Reichsregierung am 8. Mai 1919 gegen das Versailler Friedensdiktat: „Gewalt ohne Maß und Grenzen soll dem deutschen Volk angetan werden. Daraus müßte neuer Haß zwischen den Völkern und im Verlauf der Geschichte neues Morden erwachsen.“

Die Regierung unter Philipp Scheidemann und der Leiter der deutschen Friedensdelegation Graf Brockdorff- Rantzau traten am 20. Juni 1919 zurück. „Es ist besser zurückzutreten, als zu unterschreiben“, waren die Worte des deutschen Außenministers Brockdorff-Rantzau.

Die Meinungen in der Nationalversammlung über Annahme oder Ablehnung waren geteilt. Einig waren beide Gruppen über die „Unerfüllbarkeit“ der Bedingungen. Auch in den USA und in England wurden Stimmen laut, die scharfe Kritik an den übertriebenen Forderungen übten, die eindeutig den Franzosen zugute kämen und die eine Änderung verlangten. Die Zeit drängte. Die Frist des Waffenstillstandes lief ab, die bereits schon einmal verlängert worden war, und der Feind drohte mit der Besetzung des gesamten Reichsgebietes.

Im Osten wurde um den Besitz Oberschlesiens gekämpft, wo die Polen vollendete Tatsachen schaffen wollten. Unruhen im Innern, kommunistische Aufstände, erschwerten die Lage der Regierung.

In dieser verzweifelten Situation beschloß die Nationalversammlung die Annahme des Versailler Vertrages. So beugten sich denn Regierung und Nationalversammlung dem Diktat von Versailles.

Reichskanzler Gustav Bauer ließ den Vertrag durch Außenminister Hermann Müller und Verkehrsminister Johannes Bell am 28. Juni 1919 unterzeichnen, nicht aber ohne vorher zu erklären, daß „durch einen Gewaltakt die Ehre des deutschen Volkes nicht berührt wird. Sie nach außen hin zu verteidigen, fehlt dem deutschen Volk nach den entsetzlichen Leiden der letzten Jahre jedes Mittel. Der übermächtigen Gewalt weichend, und ohne damit ihre Auffassung über die unerhörte Ungerechtigkeit der Friedensbedingungen aufzugeben, erklärt deshalb die Regierung der Deutschen Republik, daß sie bereit ist, die von den alliierten und assoziierten Regierungen auferlegten Friedensbedingungen anzunehmen und zu unterzeichnen“.

Die harten Bedingungen erschreckten den US-Präsidenten und auch den englischen Premierminister Lloyd George, die beide befürchteten, daß dieser Vertrag früher oder später zu neuen Konflikten führen müßte.

Die USA, die sich von ihren Verbündeten hintergangen fühlten, weigerten sich, die Friedensverträge zu ratifizieren und zogen sich enttäuscht aus der europäischen Politik zurück. Trotz des gewonnenen Krieges hat Wilson seine Wiederwahl verloren. Unter seinem Nachfolger Warren Harding schlossen die Vereinigten Staaten am 25. August 1921 einen endgültigen Friedensvertrag mit Deutschland.

Heute muß man sich die Frage stellen, wie konnte damals ein Friedensvertrag mit so harten und unerfüllbaren Bedingungen rechtskräftig werden? Ein Vertrag, der aus dem abgrundtiefen Haß gegen Deutschland entstanden war und durch seine Bestimmungen Leid über die deutsche Bevölkerung brachte, hätte vom Internationalen Gerichtshof des Völkerbundes für unmoralisch, sittenwidrig und als Verstoß gegen das Völkerrecht erklärt werden müssen. Umso mehr, als dieser Vertrag, von vielen damals schon vorausgesehen, auf geradem Weg zum Ausbruch eines neuen Weltkrieges führte.

Inzwischen ist der Versailler Vertrag Geschichte geworden. Nach wie vor aber ist die Frage der Verantwortung für den Ausbruch des

Ersten Weltkrieges umstritten. In den letzten Jahren sind vor allem durch angelsächsische Historiker – zum Beispiel Christopher Clark und Sean McMeekin[3] – Belege über die Kriegsschuld der anderen Mächte, in der Hauptsache Rußland und Frankreich, präsentiert worden. Die etablierte Geschichtswissenschaft in Deutschland tut sich allerdings schwer mit diesen neuen Erkenntnissen. Hatte man sich doch seit Fritz Fischers These vom „Griff nach der Weltmacht“[4] mit dem Dogma der „deutschen Alleinschuld“ angefreundet.

Der US-Außenminister Robert Lansing sagte: „Der Eindruck, den der Friedensvertrag macht, ist enttäuschend. Er weckt Bedauern und Niedergeschlagenheit. Die Friedensbedingungen sind unsagbar hart und demütigend, während viele von ihnen mir unerfüllbar erscheinen. Es mag Jahre dauern, bis diese unterdrückten Völker imstande sind, ihr Joch abzuschütteln. Aber so gewiß, wie die Nacht dem Tag folgt, wird die Zeit kommen, wo sie den Versuch wagen. Wir haben einen Friedensvertrag, aber er wird keinen dauernden Frieden bringen, weil er auf dem Treibsand des Eigennutzes begründet ist.“

Winston Churchill, 1914 Erster Lord der Admiralität und von 1940 bis 1945 Premierminister Großbritanniens, urteilte über die Torheiten der Sieger von 1918: „Die Diktate drückten sowohl die Wut der Sieger aus wie den Irrtum der Völker, die nicht begriffen, daß keine besiegte Nation die Kosten eines modernen Krieges ersetzen kann. Die breiten Massen hatten von den einfachsten wirtschaftlichen Tatsachen keine Ahnung, und die Parteiführer wagten mit Rücksicht auf ihre Wähler nicht, diese darüber aufzuklären. Nur wenige Stimmen erhoben sich, um darzulegen, daß Reparationszahlungen lediglich auf dem Weg von Dienstleistungen oder durch den Transport von Waren möglich sind und daß diese Waren die Industrie der Gläubiger aus dem Gleise bringen müssen. Die siegreichen Alliierten versicherten nach wie vor, sie würden Deutschland ausquetschen, ‚bis die Kerne krachen‘. Das alles übte auf das Geschehen der Welt und auf die Stimmung des deutschen Volkes gewaltigen Einfluß aus.“[5]

---

3 Christopher Clark. Die Schlafwandler: Wie Europa in den Ersten Weltkrieg zog. München 2013; Sean McMeekin. Rußlands Weg in den Krieg: Der Erste Weltkrieg – Ursprung der Jahrhundertkatastrophe. Berlin 2014; ders. Juli 1914: Der Countdown in den Krieg. Berlin 2014; neuerdings auch: Stefan Scheil/Robert Owen. Die russische Verschwörung: Wie Deutschland der Erste Weltkrieg aufgezwungen wurde. Selent 2024.

4 Fritz Fischer. Griff nach der Weltmacht: Die Kriegszielpolitik des kaiserlichen Deutschland 1914/1918. Düsseldorf 1961.

5 Winston Churchill, Der Zweite Weltkrieg, Bern 1948.

II. Der polnische Imperialismus nach dem Ersten Weltkrieg

Der polnische Staat hatte Ende 1921 im Westen gegenüber dem Deutschen Reich – teils aufgrund der antideutschen Gesinnung der Kriegssieger, der Nachgiebigkeit und sträflichen Unkenntnis des US-Präsidenten Wilson, teils mit der von Frankreich unterstützten Anwendung militärischer Gewalt – große Gebiete erobert. Damit waren rund zwei Millionen Deutsche und ein Territorium mit einer Fläche von über 46.000 Quadratkilometern unter Warschaus Kontrolle gebracht. In allen Fällen geschah das ohne, im Fall von Oberschlesien sogar gegen eine Volksabstimmung.

Der deutsche Reichskanzler Joseph Wirth hatte im August 1921 festgestellt: „Was hätte ein polnischer Staat für die Welt bedeuten können, wenn er sich innerhalb seiner natürlichen Grenzen bewegt hätte? Haben Sie je ein Volk gesehen, das uns derart schmählich behandelt hat wie gerade das polnische Volk? Wir hätten den Wunsch gehabt, nachdem auch mit unserer Hilfe Polen zur Staatlichkeit erwacht ist, uns mit diesem Volk zu verständigen. Warum keine Verständigung? Weil die politische Leidenschaft, weil grenzenloser Hochmut die Welt nicht zur Ruhe kommen lassen will."

Bereits mitten im Krieg, am 5. November 1916, hatten das Deutsche Reich und Österreich-Ungarn die Wiederherstellung eines „neuen, selbständigen polnischen Staates" erklärt. Damit hatte Polen nach über 120 Jahren seine Souveränität wiedererlangt. Die Westmächte nahmen sich erst ein Jahr später der polnischen Frage an, und der polnische Staat wurde auch von ihnen als solcher anerkannt. Dieser Entwicklung vorausgegangen war die militärische Einnahme der Gebiete des historischen polnischen Staates, die seit dem Wiener Kongreß 1815 zum Russischen Reich gehört hatten, mit Unterstützung zweier polnischer Legionen an der Seite der Mittelmächte. Ausbildung und Bewaffnung erhielten die Polen durch Deutschland und Österreich-Ungarn. Der überragende Führer der polnischen Legionen war Josef Pilsudski, der spätere Präsident der Polnischen Republik. Am 11. November 1918, zwei Tage nachdem der Deutsche Kaiser abgedankt hatte, übernahm Pilsudski die vollziehende Gewalt in dem von den Mittelmächten geschaffenen polnischen Staat aus den Händen des Regentschaftsrates, der bis dahin die Staatsspitze dargestellt hatte.

Die staatspolitischen Interessen Polens bei der Pariser Friedenskonferenz und später beim Völkerbund vertraten Roman Dmowski und der bekannte Pianist Ignacy Jan Paderewski, der im Januar 1919 von Pilsudski zum polnischen Ministerpräsidenten ernannt wurde.

Während seines langjährigen USA-Aufenthaltes hatte er sehr gute Beziehungen bis hin zu Präsident Wilson gepflegt und hatte schon seit Beginn des Weltkrieges für einen neuen polnischen Staat geworben. Deshalb fand Polen Unterstützung bei den westlichen Politikern, vor allem aber bei den Amerikanern und den Franzosen.

Paderewskis Einfluß auf den US-amerikanischen Präsidenten war es auch zu verdanken, daß in dem 14-Punkte-Programm Wilsons die Forderung nach einem polnischen Staat festgeschrieben wurde. So wurden alle polnischen Gebietseroberungen zulasten der Nachbarstaaten, die sämtlich völkerrechtswidrig waren, letzten Endes gebilligt und anerkannt. Auch damals schon wurden Macht und Gewalt vor das Recht gesetzt.

Auf der Basis des vom Deutschen Reich und Österreich-Ungarn geschaffenen Staates hatte Polen seine Unabhängigkeit erlangt. Das polnische Staatsgebiet umfaßte zunächst Kongreßpolen, also das Gebiet des 1815 begründeten, in Personalunion mit Rußland verbündeten Königreichs Polen, und Westgalizien.

Die Annexion von Posen

Das erste Opfer des polnischen Landhungers war die preußische Provinz Posen. Ohne jeden Rechtsgrund riß Polen mit Beginn des großpolnischen Aufstandes am 27. Dezember 1918 fast die gesamte Provinz an sich.

Ausgelöst wurden diese Unruhen durch den Besuch von Paderewski in der Stadt Posen, der von dem bekannten polnischen Aufrührer und früheren Reichstagsabgeordneten Wojciech Korfanty empfangen wurde.

Demonstrationen deutscher Soldaten, die sich in der Demobilisation befanden, und zahlreicher Bürger gegen die Beflaggung der Stadt mit polnischen und alliierten Fahnen wurden mit großer Brutalität niedergeknüppelt. Etwa 1.500 Deutsche – Zivilisten und ehemalige Soldaten, darunter auch 50 Offiziere – wurden im Lager Szcypiorna inhaftiert.

Einer von ihnen, Leutnant Muzer, sagte über die dortigen Zustände später aus: „Die Anrede waren Ausdrücke, wie: Schweine, Hunde, Sauvolk, Räuber. Die Behandlung der Mannschaften wurde immer schlimmer. Bei der Arbeit wurden sie mit Kolben und geflochtenen Ruten geschlagen. Beim geringsten Vergehen gab es 25 Schläge mit Stahlknuten oder Lederknuten, wobei die Hosen heruntergezogen wurden. Es war entsetzlich, die Schmerzensschreie der Bestraften mit anzuhören. Leute, die zu fliehen versucht hatten, wurden sieben Tage lang in eine völlig kahle und kalte Zelle gesperrt. Sanitäre Anlagen fehlten durchweg. Badegelegenheit gab es nicht, Wasser zum Waschen etwa alle acht Tage. Wäschewechsel war monatelang unmöglich. Die Baracken, in denen je 60 bis 100 Gefangene untergebracht waren, wimmelten von Ungeziefer. Unter den Internierten waren Knaben von 13, 14 und 15 Jahren, Greise von 60 bis 70 Jahren, sowie mehrere Frauen."

Bereits am 8. Oktober 1918, also noch während des Krieges, hatte der Führer des polnischen Nationalkomitees, Roman Dmowski, gegenüber Wilson unglaubliche Forderungen gestellt: Ganz Posen und Westpreußen, ganz Oberschlesien sowie drei Kreise Niederschlesiens sollten an Polen fallen, Ostpreußen als autonome Provinz mit Polen verbunden werden.

Der 1864 in Warschau geborene Roman Dmowski hatte schon seit Jahren eine Politik der Versöhnung mit Rußland verfolgt und vertrat einen deutschfeindlichen Nationalismus und Slawismus. Hierzu nahm er auch Stellung auf dem Prager Slawenkongreß 1908 und in seinem Buch „Deutschland, Rußland und die polnische Frage".

Weil Dmowskis Grenzvorstellungen, die so oder noch weitgehender bei den meisten politisch einflußreichen Kräften Polens Sympathie fanden, nur mithilfe der alliierten Sieger erreicht werden konnten, hatte Warschau am 15. Dezember 1918 die diplomatischen Beziehungen zu Deutschland abgebrochen und die deutsche Gesandtschaft aus Polen ausgewiesen. Das, obwohl das Deutsche Reich, das für den neuen polnischen Staat die Grundlagen geschaffen hatte, als weltweit erstes Land Polen international anerkannt und schon am 18. November 1918 Harry Graf Keßler zum Gesandten in Polen ernannt hatte.

Posen war Ende 1918 und Anfang 1919 das erste deutsche Gebiet, das von Ausschreitungen polnischer Soldaten und des Pöbels heimgesucht wurde. Nur ein Teil der dabei geschehenen Verbrechen gegen die Menschlichkeit ist nach außen gedrungen, weil sich das Land von da an bis 1939 ununterbrochen in polnischer Hand befand.

Es bereitet Schmerzen, die zahllosen eidlichen Aussagen der Überlebenden zu lesen. Die 1918/19 in Posen verübten Greuel richteten sich gegen Zivilisten und Soldaten gleichermaßen. Die zwei folgenden Berichte vermitteln davon einen Eindruck.

Der Gefreite Schulz vom Grenzschutz-Bataillon V sagte unter Eid über das Gefecht bei Grüntal, Kreis Bromberg, aus: „Als das Gefecht für uns verloren war, flüchtete ich in einen Keller des Forsthauses. Die Polen durchsuchten das Forsthaus, fanden mich aber nicht. Als sie etwa um drei Uhr nachmittags das Forsthaus verlassen hatten, hörte ich einen Artilleristen von uns, der vormittags einen Beinschuß erlitten hatte und oben im Forsthaus lag, stöhnen. Ich ging vom Keller nach oben und fand den Kameraden vollständig entkleidet vor. Seine Sachen waren geraubt. Ihm fehlte die Nase, die Zunge war ihm abgeschnitten, und seine Genitalien waren vollständig herausgeschnitten."

Ebenfalls unter Eid berichtete der Gefreite Josef Bergmann vom Grenzschutz-Bataillon II vor dem Bromberger Amtsgericht: „Ich bekam auf diese Weise Gelegenheit, am Abend auf der Kommandantur gelegentlich meiner Einschreibung Zeuge zu sein, wie vier gefangene deutsche Matrosen dem polnischen Bürgermeister in Schubin und einem polnischen Priester, anscheinend ein Mönch, vorgeführt wurden. Die Matrosen zitterten am ganzen Leibe und weinten, so daß ich annehme, daß sie unterwegs bereits mißhandelt worden waren. Nach einigen Minuten, während der die Matrosen draußen warten mußten, kamen der polnische Bürgermeister, der Stadtkommandant Beutler und der eben bezeichnete Priester aus einem anderen Raum, und der Bürgermeister erklärte, daß es wohl das beste sei, die Matrosen zu erschießen, wozu der Stadtkommandant und der Priester ihre Zustimmung gaben. Den Matrosen wurden darauf Röcke, Mäntel und Stiefel ausgezogen und sie alsdann von polnischen Zivilisten abgeführt."

Im Frühjahr 1919 wurde der polnische „Zwischenkrieg"[6] ausgeweitet. Mit Waffengewalt wurde Ostgalizien von Österreich erobert, während Westgalizien schon 1918 angeschlossen worden war.

Im Nordosten stießen polnische Truppen bis nach Wilna, der alten litauischen Hauptstadt, vor. Vorkriegsdaten bezifferten den polnischen Anteil der Bevölkerung im russisch-litauischen Gouvernement Wilna mit lediglich 8,2 Prozent, während Weißrussen 61,2 Prozent, Litauer 17,6 Prozent und Juden 12,8 Prozent ausmachten.

Am 18. Januar 1919 begann die Versailler Friedenskonferenz, zu der Polen eine Delegation unter Dmowski entsandte. In der ersten Note der polnischen Vertreter in Versailles vom 28. Februar 1919 wurden die polnischen Ansprüche wie folgt spezifiziert: „Regierungsbezirk Oppeln mit Ausnahme der Kreise Neiße, Grottkau, Falkenberg, Neustadt; vom Regierungsbezirk Breslau die Kreise Namslau und Groß Wartenberg sowie Teile des Kreises Militsch; ganz Posen; Westpreußen außer den westlichen Teilen der Kreise Deutsch-Krone und Schlochau; der östliche Streifen Pommerns, nämlich die Kreise Lauenburg und Bütow sowie Teile des Kreises Stolp." Die polnische Grenze sollte östlich der Stadt Deutsch-Krone, westlich der Städte Flatow und Schlochau, östlich von Stolp und weiter bis zur Ostsee, endlich am Meeresufer entlang bis nach Braunsberg verlaufen. Die territorialen Forderungen sollten das ganze Ermland und den südlichen masuri-

6 Vgl. Stefan Scheil. Polens Zwischenkrieg: Der Weg der Zweiten Republik von Versailles nach Gleiwitz. Selent 2022.

schen Streifen Ostpreußens (Regierungsbezirk Allenstein und den Kreis Oletzko des Regierungsbezirks Gumbinnen) umfassen.

Was das übrige von deutscher Bevölkerung bewohnte Ostpreußen betraf, forderte die Delegation seine Abtrennung vom Deutschen Reich unter Ausschluß des Landes auf beiden Ufern der unteren Memel mit den Städten Memel und Tilsit.

Nach den ersten Wahlen zum Sejm, dem polnischen Reichstag (damals die zweite Kammer neben dem Senat) am 26. Januar 1919, wurde dementsprechend als wichtigste Aufgabe von Staatschef und Regierung festgelegt, was man offiziell die „Bestimmung der Grenzen" nannte, verbunden mit dem schnellen Ausbau der Armee.

Diese rechtlich und moralisch durch nichts begründete Art der Polen, deutsche Gebiete zu fordern und seine Grenzen auszuweiten, zog sich wie ein roter Faden durch die erste Hälfte des 20. Jahrhunderts.

Bis zum Kriegsende 1918 hatten polnische Soldaten an der Seite Deutschlands und Österreichs gekämpft – und somit auf der Seite der Verlierer! Aber bei den Friedensverhandlungen nahm die polnische Delegation auf der Bank der Siegermächte Platz. Anstatt Deutschland gegenüber Dankbarkeit zu zeigen, hatte Berlin doch den Grundstein zu der Wiedergeburt eines neuen polnischen Staates gelegt, fiel Polen über das besiegte Land her, um an seiner territorialen Zerstückelung teilzunehmen.

Fast alle westlichen Siegermächte unterstützten die polnischen Forderungen. Konnte man doch durch diese Gebietsamputationen das Deutsche Reich entscheidend schwächen. Außer dem schmerzlichen Verlust wertvoller Gebiete für das ganze Reich war es für die in ihrer Heimat lebenden deutschen Menschen eine Tragödie, nun plötzlich unter Fremdherrschaft gestellt zu sein.

Geradezu programmatisch für die „Bestimmung der Grenzen" war der Text des einst weltbekannten Legionärsliedes „Noch ist Polen nicht verloren", das 1797 von General Jozef Wybicki gedichtet, 1927 zur polnischen Nationalhymne erhoben wurde. Darin heißt es:

„Was das Schwert uns tückisch raubte,
Wird das Schwert uns wiedergeben.
Marsch, marsch, Dabrowski,
Führe uns zum Streite.
Unter deinen Fahnen
Wir den Weg uns bahnen."

General Jan Henryk Dabrowski war der Kommandeur der polnischen Truppen, die in einem Aufstand 1806 vorübergehend die Stadt Posen einnahmen. Was Dabrowski, der 1818 starb, nicht gelang, wollte Polen nun erreichen.

Königsberger Hafenviertel mit seinen alten Speichern. Im Hintergrund das Schloß.

Lloyd George warnte vor einem neuen Krieg

Das Versailler Diktat erfüllte nur einen Teil der polnischen Ausdehnungswünsche und trat das Selbstbestimmungsrecht der Völker mit Füßen: Fast ganz Posen und der größte Teil Westpreußens wurden Polen ohne jede Abstimmung zugeschlagen. Ebenso auch Teile ostpreußischer, niederschlesischer und pommerscher Kreise, ja sogar ein Stückchen von Brandenburg. Im südlichen Ostpreußen und Westpreußen rechts der Weichsel sowie in Oberschlesien sollten Abstimmungen über das Schicksal dieser deutschen Gebiete stattfinden. Das deutsche Memelgebiet wurde Litauen übergeben. Die urdeutsche Stadt Danzig (95 Prozent der Einwohner waren Deutsche), ein wichtiger Ostseehafen, wurde als „Freie Stadt" unter die Aufsicht des Völkerbundes gestellt, jedoch de facto dem polnischen Machtbereich angegliedert, denn Polen besaß wirtschaftliche Vorrechte, die Bahnverwaltung und das Recht der Hafennutzung.

Der englische Premierminister David Lloyd George hatte in seinem Memorandum vom 25. März 1919 an die Versailler Friedenskonferenz umsonst gewarnt: „Der Vorschlag der polnischen Kommission, 2,1 Millionen Deutsche der Aufsicht eines Volkes von anderer Religion und Rasse zu unterstellen, das noch niemals im Laufe seiner Geschichte die Fähigkeit zu stabiler Selbstregierung bewiesen hat, muß nach meiner Beurteilung früher oder später zu einem neuen Krieg in Osteuropa führen."

Rein deutsches Territorium an Polen

Die deutsche Friedensdelegation unter Leitung von Reichsaußenminister Graf Brockdorff-Rantzau kämpfte verzweifelt um die deutschen Gebiete und wies nach, daß die von Polen verlangten Territorien überwiegend von Deutschen bewohnt waren.

Am 29. Mai erklärte der deutsche Außenminister: „Im Osten soll Oberschlesien von Deutschland abgelöst und zu Polen geschlagen werden, obwohl es seit 750 Jahren in keiner politischen Verbindung mit Polen gestanden hat. Umgekehrt soll die Provinz Posen und fast das ganze Westpreußen vom Deutschen Reich losgelöst werden, mit Rücksicht auf den früheren Umfang des alten polnischen Reiches, obgleich dort Millionen Deutsche wohnen. Wiederum erfolgt die Loslösung des Distriktes von Memel ohne irgendwelche Rücksicht auf geschichtliche Vergangenheit in dem offensichtlichen Bestreben, Deutschland wirtschaftlich von Rußland zu trennen. Um Polen den freien Zugang zum Meer zu sichern, soll Ostpreußen völlig vom übrigen Reich abgeschnitten und dadurch zum wirtschaftlichen und nationalen Absterben verurteilt werden. Die rein deutsche Stadt Danzig soll ein Freistaat unter polnischer Souveränität werden.

Solchen Bedingungen liegt kein Rechtsgedanke mehr zugrunde. Beliebig soll bald die Idee eines unverjährbaren historischen Rechts, bald die Idee des ethnographischen Besitzstandes, bald der Gesichtspunkt wirtschaftlicher Interessen maßgebend sein, aber immer fällt die Entscheidung zuungunsten Deutschlands ... Anderseits ist es mit der Idee der nationalen Selbstbestimmung unvereinbar, wenn 2,5 Millionen Deutsche gegen ihren Willen von ihrem Heimatstaat losgerissen werden. Durch die beabsichtigte Grenzführung wird über rein deutsches Territorium zugunsten der polnischen Nachbarn verfügt."

Doch alles vergebens. Einen Tag nach Inkrafttreten des Vertrages nahm Polen von den ihm zugesprochenen Gebieten Besitz. Wegen des weit verbreiteten polnischen Antisemitismus verlangten die Alliierten, vor allem zum Schutz der jüdischen Bevölkerungsteile, den Abschluß des Minderheiten-Schutzvertrages zur Voraussetzung für die Inbesitznahme der deutschen Gebiete. Dieses Abkommen war jedoch nicht mehr wert als ein Fetzen Papier. Polen hat es zu keinem Zeitpunkt beachtet.

Bereits bei den im Versailler Vertrag vorgeschriebenen Volksabstimmungen im Juli 1920 und im März 1921 erreichte der Terror gegen die Deutschen, die eigentlich unter dem Schutz des Minderheiten-Abkommens hätten stehen sollen, einen Höhepunkt.

„Halb Europa hätte polnisch werden müssen“

Die Wiederbegründung eines polnischen Staates durch die Mittelmächte Deutsches Reich und Österreich-Ungarn im Jahre 1916 erwies sich mit dem Sieg der Alliierten rasch als ein für das gesamte deutsche Volk verhängnisvoller Fehler. Der neue Staat konnte sich – dank der deutschen Ausbildung und Ausrüstung seiner Truppen – mit Waffengewalt gegen das revolutionäre Rußland behaupten. Zugleich trieb Warschau mit brutalen Methoden seine Grenzen nach Westen. Wo polnische Banden gemeinsam mit regulärem polnischen Militär unter den Augen der Siegermächte nicht schon vollendete Tatsachen geschaffen und deutsche Gebiete einfach erobert hatten (Dezember 1918 bis Februar 1919 in Posen), tat der Versailler Diktatfriede ein Übriges.

Über diesen „Frieden“, der am 10. Januar 1920 in Kraft trat, liegen zahllose Zeugnisse namhafter Zeitgenossen vor, die der Siegerseite angehörten und dennoch scharfe Kritik am Vertragswerk übten. Besonders die erzwungene Grenzziehung zwischen Polen und dem Deutschen Reich wurde von vernünftigen und gerecht denkenden Persönlichkeiten immer wieder scharf angegriffen und als Ursache eines kommenden Krieges bezeichnet.

So urteilte der italienische Ministerpräsident Francesco Nitti: „Kein gerecht denkender Mensch trägt noch Zweifel an der unerhörten Ungerechtigkeit des Vertrages von Versailles und aller von ihm abgeleiteten Verträge ... Der polnische Korridor, der keine andere Aufgabe hat, als Deutschland in zwei Teile zu zerschneiden, ist die größte politische und wirtschaftliche Absurdität ..., die in der neueren Geschichte zu finden ist.“

Der Senat der USA hat den Versailler Vertrag zweimal abgelehnt. Der US-Außenminister von 1909 bis 1913, Senator Philander C. Knox, stellte 1919 fest: „Dieser Vertrag ist eine Anklage gegen die, die ihn entworfen haben. Er ist ein Verbrechen gegen die Zivilisation.“

Im April 1920 erklärte Knox während der zweiten Senatsdebatte ahnungsvoll: „Dieser Vertrag bildet die Grundlage für ein jahrzehntelanges Blutvergießen, in das die USA mit hineingezogen werden sollen.“

Auf der Versailler Konferenz hatte sich Frankreich, vertreten durch Georges Clemenceau („Es gibt zwanzig Millionen Deutsche zu viel auf der Erde!“), stets für die Gebietsforderungen Polens und gegen Volksabstimmungen stark gemacht. Der britische Premier Lloyd George kritisierte diese Haltung, griff aber noch schärfer die anmaßenden Wünsche Polens an: „Sie sind imperialistischer als England und sicherlich auch als die Vereinigten Staaten.“

Der frühere italienische Außenminister Carlo Graf Sforza urteilte: „Diese Polen waren fürchterlich hartnäckig mit dem Erfolg, daß jedem übel wurde von ihren ewigen Ansprüchen. Wenn es nach ihnen gegangen wäre, so wäre halb Europa ehemals polnisch gewesen und hätte wieder polnisch werden müssen."

Unerhörte Grausamkeiten

Unmittelbar nach dem Ersten Weltkrieg wurden im Posener Gebiet zwei Internierungslager für Deutsche – Szcypiorno und Stralkowo – errichtet, in denen Willkür, Brutalität und Sadismus herrschten.

Der Zynismus der Warschauer Verantwortlichen wird darin deutlich, daß sich Polen etwa zeitgleich im Minderheiten-Schutzvertrag vom 28. Juli 1919 verpflichtet hatte, die Rechte der Deutschen sowie anderer Minderheiten zu achten und zu garantieren. Das Schreckensregiment, das Warschau seit Dezember 1918 über Posen ausübte, hielt trotz des Minderheiten-Schutzvertrages an. Schließlich wurde die Willkürherrschaft durch die Verkündigung des militärischen Ausnahmezustands auch nach außen demonstriert.

Über die Lebensumstände der Deutschen in Pommerellen, dem größten Teil Westpreußens, berichtete der preußische Staatskommissar für öffentliche Ordnung Robert Weismann im September 1920: „Das heutige Polen bemüht sich, die Schrecken des Thorner Blutgerichts, das vor fast 200 Jahren das Entsetzen und den Abscheu der damaligen Welt erregte, in den Schatten zu stellen. Unerhörte Grausamkeiten und Gewalttaten, Vergewaltigungen von deutschen Frauen und Mädchen, Untersuchungsmethoden, die an die grausamsten Foltern des Mittelalters erinnern, sind an der Tagesordnung. In einzelnen Teilen Pommerellens ist die Furcht der deutschen Landbewohner vor der polnischen Bürgerwehr so stark, daß sie nachts im Freien bleiben, um beim Herannahen dieser Horden besser fliehen zu können."

Als „Thorner Blutgericht" ist das ungesetzliche Verfahren bekanntgeworden, in dessen Folge der evangelische deutsche Bürgermeister Rößner und neun weitere Bürger 1724 – die alte Hansestadt, 1231 vom Deutschen Orden gegründet, stand damals unter polnischer Herrschaft – enthauptet worden waren. Der Vorwand waren Streitigkeiten bei der Fronleichnamsprozession zwischen Jesuitenzöglingen und deutschen Gymnasiasten, in deren Verlauf es zu Verwüstungen im Jesuitenkloster kam.

Nach dem Ersten Weltkrieg wurde im westpreußischen Thorn von Polen wie in den anderen deutschen Gebieten auch so verfahren. Ein Exodus der deutschen Bevölkerung setzte ein. Waren 1910 noch 30.509 der 46.227 Einwohner der Stadt Deutsche, so waren es 1921 noch 4.923 von 39.424.

Die deutsche Reichsregierung listete in ihrer Note vom 20. November 1920 an die Regierung in Warschau seitenlang Fälle auf, in denen Deutsche enteignet, mißhandelt, gefoltert, vergewaltigt und ermordet wurden und stellt abschließend fest: „Die vorstehende Zusammenstellung erbringt den erdrückenden Beweis dafür, daß die Deutschen in Polen zur Zeit keineswegs die feierlich zugesagte Gleichberechtigung genießen, daß sie vielmehr fast überall als vogelfrei gelten."

Auch 1921 trat keine Besserung ein. Ein Beispiel ist das Deutschenpogrom von Ostrowo am 2. Juni 1921: 700 polnische Arbeiter begingen unter den wohlwollenden Augen von Polizei und Militär die schlimmsten Ausschreitungen gegen die deutsche Bevölkerung der Stadt, plünderten, folterten und mißhandelten wahllos. Noch im Juni kam es zu derartigen Pogromen auch in Bromberg, Hohensalza und weiteren Städten.

III. Der Leidensweg Oberschlesiens

Am 17. August 1919 begann der Leidensweg der Oberschlesier mit einem polnischen Überfall.

Der Artikel 88 des Versailler Diktats sah gegen den Willen Clemenceaus und der polnischen Delegation vor: „In dem Teil Oberschlesiens, der innerhalb der nachstehend beschriebenen Grenzen gelegen ist, werden die Einwohner berufen, im Wege der Abstimmung kundzutun, ob sie mit Deutschland oder mit Polen vereinigt zu werden wünschen."

Die Volksabstimmung hatten die Oberschlesier durch große Massendemonstrationen erzwungen, mit denen sie gegen den ursprünglichen Plan der Überlassung Oberschlesiens an Polen protestierten. Auch im übrigen Reich gingen die Menschen auf die Straßen und sprachen sich voller Erbitterung gegen die Abtrennung des so wertvollen Industriegebietes aus.

Angesichts dieser Regelung waren sich die Verantwortlichen Polens völlig darüber im klaren, daß bei ungehinderter Abstimmung und freier Wahl keine Hoffnung auf einen Sieg Polens bestünde. Also unternahm Polen auch in Oberschlesien den in Posen bereits geglückten Versuch, vollendete Tatsachen zu schaffen.

Zum polnischen Abstimmungskommissar für Oberschlesien ernannte die polnische Regierung den ehemaligen Reichstagsabgeordneten Wojciech Korfanty und kaufte in Beuthen das Hotel Lomnitz, welches als Befehlszentrale diente.

Bereits am 9. November 1918 hatte der damalige Parlamentarier Korfanty, der seit Anfang des Jahrhunderts die polnische Bewegung in Oberschlesien führte, die territorialen Ansprüche klar umrissen.

Während einer Rede im Reichstag verlangte er die Annexion aller polnisch besiedelten Teile der deutschen Ostprovinzen. Korfanty berief sich dabei auf den 13. Punkt des Friedensmanifests des amerikanischen Präsidenten Wilson. Dieser Punkt sah die Abtretung jener Landesteile des Deutschen Reiches vor, die von polnischer Bevölkerung bewohnt waren. Dazu gehörte aus polnischer Sicht auch Oberschlesien. Die Polen stützten sich bei ihren Forderungen auf die 1910 in Preußen durchgeführte Volkszählung, in der auch gefragt wurde, welche Sprache im privaten Bereich gesprochen wurde.

Da ein erheblicher Teil der oberschlesischen Bevölkerung sich im Familienkreis des auch „Wasserpolnisch“ genannten Dialekts bediente, konstruierte die polnische Seite hieraus den Beweis einer polnischen Volkszugehörigkeit. Dabei wurde unterdrückt, daß „Wasserpolnisch“ nicht viel Gemeinsames mit Hochpolnisch hat und daß aus dem Gebrauch dieses Dialektes keine ethnische Zugehörigkeit zu Polen abgeleitet werden konnte. Die Polen wollten auf keinen Fall eine Volksabstimmung zulassen, denn ein freies Plebiszit hätte ihren Anspruch zu Fall gebracht.

„Wasserpolnisch“ ist vergleichbar mit dem niederdeutschen „Platt“ und enthält deutsche und polnische Wörter, aber auch etymologisch nicht eindeutig bestimmbare Begriffe.

Der Proteststurm und die Massendemonstrationen der Bevölkerung nach Bekanntgabe des Friedensvertragsentwurfs mit der darin enthaltenen Abtrennung von Oberschlesien bewirkten auch einen Protest der Reichsregierung. Am 29. Mai 1919 überreichte man eine Stellungnahme zum Vertragsentwurf mit der Forderung nach einer Volksabstimmung. Dies alles blieb nicht ohne Wirkung, und die Alliierten beschlossen, erneut über Oberschlesien zu beraten.

Die Entscheidung lag in der Hand des „Rates der Vier“, des US-Präsidenten Wilson, des englischen Premierministers Lloyd George, des französischen Premierministers Clemenceau und des Ministerpräsidenten Italiens, Vittorio E. Orlando. Frankreich versuchte, den polnischen Wünschen bedingungslos entgegenzukommen, um einerseits den Erzfeind Deutschland zu schwächen und andererseits der Bedrohung durch Sowjet-Rußland mit Hilfe eines „cordon sanitaire“ – eines Gürtels unabhängiger Staaten, zu dem ein starkes Polen gehören sollte – wirksam entgegenzutreten. Auch wirtschaftliche Interessen spielten eine große Rolle.

Daß der deutsche Einspruch gegen den Vertragsentwurf zumindest auf Lloyd George nicht ohne Eindruck geblieben war, zeigte sich in zum Teil dramatischen Diskussionen, in denen der britische Premierminister nachdrücklich die Selbstbestimmung für Oberschlesien ver-

Blick in die Wilhelmstraße in Gleiwitz/Oberschlesien

langte und der französische Ministerpräsident weiterhin auf bedingungsloser Übergabe beharrte.

Schließlich entschied der „Rat der Vier" am 11. Juni 1919, den englischen Vorschlag in den neuen Friedensvertragsentwurf einzubringen. Die Volksabstimmung sollte unter Aufsicht der Siegermächte durchgeführt werden.

Die Entscheidung traf die Polen hart. Bis zuletzt hatte man darauf vertraut, daß die Alliierten ihren Forderungen nachgeben würden. Den Warschauer Verantwortlichen war klar: Eine freie Volksbefragung mußte für Polen mit einer Niederlage enden.

Aufgrund dieser Entwicklung versuchten polnische Banden, die sogenannten Insurgenten, und reguläres polnisches Militär im ersten polnischen „Aufstand" Oberschlesien in ihre Gewalt zu bekommen. Der dafür etablierte Begriff „Aufstand" ist leider irreführend, da er den Eindruck erweckt, daß sich Unterdrückte einer Region gegen ihre Unterdrücker erheben. Die Polen, die begannen, in Oberschlesien politischen Terror auszuüben, kamen aber von außerhalb Oberschlesiens, sie steuerten, bewaffneten und finanzierten die Umsturzversuche. Bei Kattowitz, Beuthen und Myslowitz gelang es jedoch dem deutschen Militär, die polnischen Angreifer zurückzuschlagen. Am 24. August brach der „Aufstand" zusammen, am 26. konnte der Belagerungszustand aufgehoben werden. Schon Ende August erfolgten aber täglich neue Bandeneinfälle, die von der polnischen Armee ausgingen.

Der schon erwähnte polnische Abstimmungskommissar Korfanty versuchte nun, mit allen Mitteln einen Meinungsumschwung zugunsten Polens zu erwirken. Der von ihm mit polnischen Geldern aufgebaute Propaganda-Apparat überflutete Entscheidungsträger und Öffentlichkeit mit heute sogenannten „Fake News". In einem Beitrag aus jener Zeit hieß es: „Wenn die Kunst verlogener Intrige die Größe des Politikers ausmachte, stände Korfanty in der vorderen Reihe."

In der Tat schreckte er vor nichts zurück, um die Bevölkerung für die Stimmabgabe zugunsten Polens zu bewegen. Korfanty kaufte und gründete im Auftrage Warschaus Zeitungen in deutscher und polnischer Sprache, die seine Propaganda unter das Volk brachten. Der Landbevölkerung versprach er eine Bodenreform, die den Besitzlosen ein Haus, ein Stück Land und natürlich eine Kuh bringen sollte – auf Kosten der nach dem Wahlsieg enteigneten und vertriebenen Deutschen.

Um die Industriearbeiter warb Korfanty mit der Parole: „Die Gruben und Hütten werden Euch gehören." Und die zutiefst katholische Bevölkerung wiegelte er mit der falschen Parole „deutsch = protestantisch, polnisch = katholisch" auf. Skrupellos funktionierte er für den Stimmenfang soziale und konfessionelle Unterschiede in angeblich nationale Gegensätze um.

Die schlagkräftigste Waffe der polnischen Propaganda war jedoch der Psychoterror: Deutschland sei ein für allemal geschlagen und werde nie mehr ein souveräner Staat sein. Die vermeintlichen Kriegsschulden Deutschlands wurden den Wählern an Beispielen verdeutlicht: Mit den Goldstücken, die das Reich an die Siegermächte zu entrichten habe, könne man die gesamte Staatsgrenze zweifach markieren; 5.806 Güterwaggons „echten Goldes" müsse Deutschland schon mit der ersten Kriegsschuldtilgung an Frankreich zahlen. Da dem Volk immer neue Steuern auferlegt würden, wachse die Steuerlast immer mehr. Schon jetzt gebe es 50 verschiedene Steuerarten, neue seien geplant. Wer für Deutschland stimme, müsse sich also künftig daran beteiligen, diese Kriegsschulden abzutragen.

Von der polnischen Propaganda wurden die militärische Niederlage und die dadurch hervorgerufenen wirtschaftlichen Schwierigkeiten in den Vordergrund gestellt. In Flugschriften wie „In Deutschland ewig Hunger" war zu lesen, daß als Konsequenz des verlorenen Krieges eine Hungerkatastrophe zu erwarten sei, die die Bevölkerung außer Landes treiben werde. Dagegen werde Polen im Überfluß schwelgen. Andere wiederum prophezeiten Dauerarbeitslosigkeit in Deutschland und Vollbeschäftigung in Polen.

Die polnische Propaganda war geschickt aufgebaut, da sie einerseits den Wählern ein Deutschlandbild in wirtschaftlicher und politischer Ausweglosigkeit aufzeichnete und andererseits mit dem neu entstandenen, geistig frischen und unbelasteten Polen die Vision einer heilen, sozial gerechten Welt vermittelte, die viele einfach gestrickte Oberschlesier durchaus beeindruckte.

Zum deutschen Plebiszitkommissar wurde von der Reichsregierung Kurt Urbanek, der Bürgermeister von Roßberg bei Beuthen, ernannt. Die Aufklärungsarbeit wurde weitgehend dem Schlesischen Ausschuß unter Hans Lukaschek übertragen. Leitend im Abstimmungskampf waren weiter der Führer des oberschlesischen Zentrums, Prälat Carl Ulitzka, Otto Ulitz und andere tätig.

Die politische Zerrissenheit in der Weimarer Republik wirkte sich allerdings zuungunsten Deutschlands im Abstimmungskampf aus, obwohl alle Parteien – von rechts bis links – gegen den Anschluß Oberschlesiens an Polen waren. Die in Parteienzwist verstrickten Seiten kamen selten zu einer koordinierten Aktion zusammen.

Namhafte deutsche Schriftsteller, Publizisten, Künstler und Dichter engagierten sich im Abstimmungskampf. So veröffentlichte der Dichter Gerhart Hauptmann unter anderem zwei Aufrufe: „An die Deutschen im Grenzland" und „Für ein deutsches Oberschlesien".

Der Pfarrer Paul Nieborowski verfaßte Broschüren wie „Oberschlesien, Polen und der Katholizismus" und „Landsmann, ich rate Dir gut". Kurt Tucholsky und der Berliner „Milljöh"-Zeichner Heinrich Zille arbeiteten mit dem satirischen Wochenblatt „Pieron" zusammen. Obwohl die deutschen Druckerzeugnisse den polnischen literarisch und künstlerisch weit überlegen waren, kamen sie eben deswegen beim einfachen Volk nicht immer an. Die Beiträge waren zu anspruchsvoll und die Sprache nicht immer verständlich, da man sich zu hochtrabend und wissenschaftlich ausdrückte.

Die deutsche Propaganda betonte zudem überwiegend die nationale Komponente, die Polen stellten wiederum am stärksten die soziale heraus, was auf viele Menschen in prekären Lebensverhältnissen überzeugender wirkte. Zur Propaganda kam der nackte Terror.

Korfanty schuf Stoßtrupps, die „Bojowka polska", die das Land in Angst und Schrecken versetzten. Der Terror der „Korfanty-Banden" richtete sich gegen alles Deutsche: gegen die nationalbewußte Bevölkerung, gegen Kultur-, Bildungs- und Verwaltungseinrichtungen, gegen Geschäfte, Fabriken und Gehöfte. Von Drohungen über Prügel, Überfälle, Bombenanschläge bis zum Mord war den Polen jedes Mittel recht. Im April 1920 äscherten sie das von Protestanten bewohnte Dorf Anhalt im Kreise Pleß ein, Tage später wurden zehn Deutsche in Josefstal östlich von Radzionkau umgebracht.

Mit Fug und Recht kann festgestellt werden: Ohne Korfanty wären Teile Oberschlesiens nie polnisch geworden. Ohne seine flammenden Reden, ohne seine Ideen und Losungen hätte es keine gezielten Unruhen gegeben, in deren Verlauf es zu brutalen Ausschreitungen gegen die Bevölkerung gekommen ist.

Korfanty zögerte auch keinen Augenblick, Gegner aus den eigenen Reihen ermorden zu lassen, wie Theofil Kupka, einen engen Mitarbeiter im Plebiszitkommissariat. Kupka hatte sich von ihm getrennt und war in das Lager der Autonomisten – die eine Autonomie Oberschlesiens von Polen und Deutschland anstrebten – übergewechselt. Der Mordfall Kupka, der großes Aufsehen erregte und auch im Reichstag zur Sprache kam, wurde von Kurt Tucholsky 1920 im „Polnischen Hexenlied" in der Zeitschrift „Pieron" angeprangert.

Die Zeit der Abstimmungskämpfe war für Oberschlesien eine Periode schweren Leidens. Mehr als 3.000 Menschen kamen während dieser Zeit gewaltsam ums Leben. In diesen 13 Monaten waren also durchschnittlich täglich sieben bis acht Tote zu beklagen. Die Zahl der Verwundeten und Verstümmelten lag um ein Vielfaches höher.

Immer wieder stehen irgendwo in der Welt die Menschen erschüttert vor den Scherbenhaufen einer von skrupellosen Machthabern verantworteten Politik. In diesem Fall war es eine vom Haß gegen Deutschland geblendete Handvoll Politiker, die im fernen Paris diese Geschehnisse zu verantworten hatte. In dieser Zeit entstand in Oberschlesien der Begriff vom „Land unter dem Kreuz", der bis in die heutige Zeit seine Berechtigung hat.

Die durch den Versailler Vertrag eingesetzte „Interalliierte Kommission" erschien im Dezember 1919 in Oberschlesien. Ihr gehörten der französische General Henri Le Rond als Vorsitzender, der Italiener General Alberto de Marinis und der Engländer Oberst Harold Percival an. Die am 27. Januar 1920 eingetroffene erste Welle der Besatzungstruppen (15.000 Mann) bestand fast ausschließlich aus Franzosen (13.000 Mann). Frankreich stellte auch über die Hälfte der Verwaltungsbeamten, den Oberbefehlshaber General Jules Gratier, den Polizeichef General Sonnet und besetzte fast alle wichtigen Posten. Obwohl Engländer und Italiener willens waren, den freien Charakter der Abstimmung zu garantieren, waren sie gegen die beherrschende Stellung der Franzosen machtlos. Diese arbeiteten offen mit Polen zusammen, drückten bei den schlimmsten Verbrechen beide Augen zu und nahmen sogar manchen Orts selbst an Ausschreitungen teil.

Eine der zahlreichen Kohlezechen im Oberschlesischen Revier

Als im Februar 1920 das deutsche Militär, die Reichswehr, das Abstimmungsgebiet verlassen mußte, waren die Deutschen Oberschlesiens fast völlig schutzlos. An die Stelle der preußischen Polizei war die berüchtigte Abstimmungspolizei (Apo) getreten. Die Deutschen hatten sich in der „Freien Vereinigung für die Verteidigung Oberschlesiens" und als wichtigstes Organ in den „Vereinigten Verbänden heimattreuer Oberschlesier" organisiert, die ihre Zentrale aus Sicherheitsgründen in Breslau hatten. Von den 10.000 Vertrauensleuten der deutschen Verbände in über 1.000 Ortsverbänden wurden 150 umgebracht.

Die deutschen Parteien Oberschlesiens gründeten im April 1920 das deutsche Plebiszitkommissariat unter Leitung von Dr. Urbanek aus Kattowitz. Dieses wurde von der französischen Besatzungsmacht ständig überwacht, während General Le Rond zugleich mit dem polnischen Abstimmungskommissar Korfanty zusammenarbeitete, der auch Anführer der sogenannten „Aufstände" war. Neben seinem skrupellosen Propagandaapparat, den Korfanty aufgebaut hatte, organisierte er die Bespitzelung und Überwachung der deutschen Bevölkerung von seinem Hauptquartier im Beuthener Hotel Lomnitz aus.

Wenn man nicht gleich die Gewalt über Oberschlesien erringen konnte, lag ein zweiter Sinn des Guerillakampfes darin, die deutsche

Bevölkerung durch umfassende und zentral organisierte Terroraktionen einzuschüchtern und jede Arbeit für Deutschland unmöglich zu machen.

Der zweite polnische „Aufstand"

Mit dem zweiten „Aufstand", der in der Nacht vom 19. auf den 20. August 1920 begann, erreichten diese Bestrebungen unter der Leitung des fanatischen Deutschenhassers Michael Grazynski einen neuen grausamen Höhepunkt. Die „Interalliierte Kommission" war nicht in der Loge, die Sicherheit und Ordnung aufrechtzuerhalten, vielmehr wollte sie es auch gar nicht. Über die meisten in dieser Nacht verübten Morde gibt es keine Berichte, weil eventuelle Zeugen in der Regel ebenfalls umgebracht wurden. Meist fand man nur noch die verstümmelten Leichname der Ermordeten. So auch im Fall, den Wilhelm Schellong aus Bittkow, Kreis Kattowitz, am 9. September 1920 in seiner Aussage schilderte: „In der Zelle, in die wir gebracht wurden, saßen die Lehrer Skrobek und Slowik und die vier Deutschösterreicher. Nach einer Weile kamen ungefähr 30 Insurgenten herunter in den Keller. Dieselben nahmen sich einen Gefangenen nach dem anderen vor und bearbeiteten ihn mit Schlagringen, Gummiknüppeln, Eichenlatten, Eisenstäben und Gewehrkolben. Ich wurde zunächst auch bearbeitet. Nachdem wir alle drangekommen waren, wurde Skrobek noch einmal einzeln vorgenommen. Er wurde auf einen Stuhl ohne Sitzplatte gezwungen und derartig bearbeitet, daß er durch den Stuhl hindurchbrach. Trotzdem wurde weiter auf ihm herumgeschlagen, und als er schrie, wurde er gefragt, worum er denn schreie und ob ihn denn jemand geschlagen habe. Man fragte ihn auch, ob er ein Deutscher sei, er antwortete mit ja. Als sie weiter auf ihn einprügelten, sagte er: ‚Und wenn ihr mich totschlagt, ich bleibe ein Deutscher.' Dann wurde Skrobek auf eine Holzpritsche gelegt, auf der er sich vor Schmerzen herumwälzte. Dann gingen die Insurgenten alle hinaus, um über das weitere Schicksal der Gefangenen zu beraten." Die grausam zugerichteten Leichen der Gefangenen wurden schließlich in Przelaika aufgefunden.

Wo allerdings italienische und englische Truppen stationiert waren, gelang es den polnischen Truppen nicht, die Herrschaft an sich zu reißen. Franzosen hingegen hinderten die Deutschen an den einfachsten Notwehrmaßnahmen, fraternisierten mit den polnischen Verbänden und versorgten sie sogar mit Waffen. Am 25. August beendete Polen den zweiten Überfall. In einem Vertrag mit der Abstimmungskommission wurde das polnisch besetzte Gebiet respektiert, die polnische „Bürgerwehr" anerkannt und die Entwaffnung der deutschen Sicherheitswehr zugesichert.

Bis zur Abstimmung am 20. März 1921 war kein offenes Bekenntnis zum Deutschtum mehr möglich, nichts und niemand hinderte die organisierten polnischen Banden noch. An jedem Tag wurden neue Überfälle auf Deutschgesinnte bekannt. Die deutschen Mitglieder der paritätischen Kommissionen wurden teils mit dem Tode bedroht, teils tatsächlich ermordet.

Aus dem Dorf Eichenau wurden die Deutschen zwei Tage vor der Abstimmung vertrieben. Deutsche Grenzdörfer wurden vom polnischen Gebiet aus mit Trommelfeuer beschossen, so das Dorf Gieschewald. Britische und italienische Kontrollbeamte legten aus Protest ihre Ämter nieder, die englische Kommission schlug die Ausweisung Korfantys vor – ohne Erfolg. Statt den Weisungen der Abstimmungskommission entsprechend seine Truppen zu entwaffnen, ermordete die von Korfanty gegründete Terroreinheit „Bojowka Polska" deutsche Oberschlesier, vernichtete wichtige Unterlagen, verübte Sprengstoffanschläge und zerschlug deutsche Versammlungen. Der oberste Rat von Versailles urteilte, daß „die Interalliierte Kommission ihren Pflichten und Aufgaben nicht nachgekommen sei".

Sogar der Vatikan protestierte bei General Le Rond, der aber nicht gegen, sondern gemäß dem erklärten Willen der Pariser Regierung handelte.

IV. Die Volksabstimmung und die widerrechtliche Teilung Oberschlesiens

Die deutsche Reichsregierung, ohnmächtig zwar, aber solidarisch für Oberschlesien kämpfend, führte vergeblich über den polnischen Terror Beschwerde: „Unerhörte Gewalt- und Greueltaten folgten in ununterbrochener Reihe. Wohlausgerüstete Räuberbanden treten vor allem in den an Polen grenzenden Bezirken auf und halten die friedlichen Einwohner dieser Distrikte in ständiger Unruhe und Sorge. Selbst am helllichten Tage werden in belebten Straßen Passanten ausgeplündert und von sogenannten Entkleidungskommissionen ihrer Kleidung beraubt.

Politischer Terror wird in allen nur erdenkbaren Formen von den Polen ausgeübt und äußert sich im Schießen und Werfen von Handgranaten und Sprengen von Denkmälern … Deutsche Versammlungen werden mit Gummiknüppeln und Handgranaten auseinandergejagt. Politische Mordanschläge und brutale Morde haben eine Verbreitung gefunden, wie sie wohl einzig in der Geschichte zivilisierter Völker dasteht."

Der Katalog der polnischen Terror-Methoden – von den subtilsten bis zu den brutalsten –, die von den zur Überwachung der Abstimmung entsendeten Franzosen gebilligt oder zumindest toleriert wurden, kann kaum aufgezählt werden. Die Volksabstimmung am 20. März 1921 wurde dennoch sogar unter diesen Umständen eine eindrucksvolle Demonstration für den Verbleib beim besiegten und gedemütigten Deutschen Reich. Doch das Martyrium Oberschlesiens hatte erst begonnen.

Sechzig Prozent der Oberschlesier stimmten am Tage der Volksabstimmung, die über das künftige Schicksal dieses seit Jahrhunderten zu Deutschland gehörenden Landes entscheiden sollte, für den Verbleib Oberschlesiens beim Deutschen Reich.

Zu den Propaganda- und Terrormaßnahmen, mit denen Polen das Land unter seine Gewalt zu bringen trachtete, kam hinzu, daß auch die Abstimmungsvorschriften so gestaltet waren, daß Polen stark begünstigt wurde.

So wurden unter anderem die rein deutschen Kreise Grottkau, Neiße, Falkenberg und die Hälfte des Kreises Neustadt von der Abstimmung ausgeschlossen, um den Stimmenanteil für Polen zu vermehren. Aber nicht nur die Grenzen waren nach diesem Prinzip festgelegt worden, man hatte auch Angestellte, Techniker und Arbeiter, die weniger als 17 Jahre in Oberschlesien lebten, vom Stimmrecht ausgeschlossen. Beamte durften nicht in den Wahlausschüssen mitwirken.

In der Zeit vor der Wahl hatten seit dem ersten polnischen Überfall auf Oberschlesien, am 17. August 1919, Hunderte Deutsche ihr Leben verloren. Eine Werbung für die Entscheidung für Deutschland war unter dem von der vorwiegend französischen Besatzungsmacht geduldeten Terror fast unmöglich. Am Tage der Abstimmung wurden den Wahlberechtigten in manchen Orten sogar noch polnische Stimmzettel mit Gewalt aufgedrängt, teilweise wurden nur solche ausgegeben. Bei der Stimmauszählung wurden die deutschen Wahlausschußmitglieder häufig an der Teilnahme gehindert, so daß ausschließlich Polen die Zählung vornahmen.

Um so größer war der Triumph der Deutschen Oberschlesiens, als das Wahlergebnis feststand. 98 Prozent der 1,22 Millionen in die Abstimmungslisten eingetragenen Personen hatten ihre Stimme abgegeben. 707.348 Stimmen, also 60 Prozent, entfielen auf Deutschland, 479.474 Stimmen, 40 Prozent, auf Polen. Ein großer Teil derjenigen Oberschlesier, die Polnisch als ihre Muttersprache angegeben hatten, hatte ebenfalls für Deutschland votiert. In nicht weniger als sieben Kreisen stimmten mehr Polnischsprachige für Deutschland als für Polen.

Mit dieser Tatsache hat sich die US-Amerikanerin Sarah Wambaugh schon 1920 in einem Buch[7] beschäftigt. Sie stellte fest: „In ge-

[7] Sarah Wambaugh. A Monograph on Plebiscits: With a collection of official documents. New York 1920.

wissen Teilen Oberschlesiens, in Allenstein und Klagenfurt ergaben die Abstimmungen genau das Gegenteil dessen, was die Sprachenzahlen erwarten ließen." Edward H. Carr schließt daraus in einem 1942 erschienenen Buch[8]: „Es erscheint gerechtfertigt, aus diesen Zahlen folgendes abzuleiten: Menschen deutscher Muttersprache wünschen in der Regel Bürger eines deutschen Staates zu sein. Dagegen zieht es nur ein Teil der Bevölkerung mit polnischer oder südslawischer Muttersprache vor, Bürger eines polnischen oder südslawischen Staates zu sein."

Dabei ist allerdings zu berücksichtigen, daß die diesen Betrachtungen zugrundeliegende Volkszählung von 1910, ebenso wie die Volkszählungen von 1925 und 1933, das oberschlesische Idiom als „polnische Muttersprache" bezeichnete, das in Wahrheit aber ein regionaler Dialekt bestehend aus slawischen und deutschen Sprachelementen ist. Die es benutzten, hatten oft ein besonders ausgeprägtes Deutschbewußtsein.

Die deutsche Bevölkerung reagierte auf das eindeutige Abstimmungsergebnis mit Freude und Erleichterung. Der führende deutsche Politiker in Oberschlesien Urbanek faßte dieses Gefühl in die Worte: „Der Sieg ist unser. Es lebe das einzige, unteilbare Oberschlesien! Der Bruderkampf ist zu Ende." Doch der polnische Terror nahm nach der Abstimmung noch weiter zu. Der Berichterstatter der französischen Nachrichten-Agentur „Havas" sah sich in seiner Meldung zu den Worten veranlaßt: „Hier ist die Hölle los."

Dabei ließ das Abstimmungsergebnis keine Fragen offen. Es legte eindeutig fest, daß Oberschlesien ein Land des Deutschen Reiches bleiben durfte. Bevor das Abstimmungsergebnis zugunsten Deutschlands feststand, dachte niemand an eine Aufteilung Oberschlesiens. Es sollte eindeutig, wie es auch der Versailler Vertrag unzweifelhaft festlegte, über Oberschlesien als Ganzes entschieden werden.

Doch die Interalliierte Kommission begann nun zu interpretieren, wo es nichts zu interpretieren gab. Plötzlich bestand die Absicht, Oberschlesien zu teilen. Während Oberst Percival (England) und General de Marinis (Italien) Polen die Kreise Pleß und Rybnik und de Marinis zusätzlich noch einen Streifen östlich Kattowitz zugestehen wollte, schloß sich der französische General Le Rond den Wünschen des polnischen Plebiszitkommissars Korfanty an. Der forderte mit der sogenannten Korfanty-Linie das gesamte oberschlesische Industriegebiet für Polen, einschließlich der fünf Großstädte mit Mehrheiten bis zu 85 Prozent für Deutschland.

8 Edward Hallet Carr. Conditions of Peace. London 1942.

Trotz des mit so vielen Opfern erkämpften und eindeutigen Ergebnisses der Abstimmung wollte Polen sich mit diesem Votum nicht abfinden und bereitete eine neue Terrorwelle vor, die alles bis dahin Dagewesene in den Schatten stellen sollte.

Der dritte polnische „Aufstand"

Korfanty machte nun zum dritten Mal den Versuch, unter der Leitung und mit Unterstützung Warschaus vollendete Tatsachen zu schaffen und Oberschlesien gewaltsam für Polen zu erobern. In der Nacht zum 3. Mai 1921 ließ er von seiner Befehlszentrale im Beuthener Hotel Lomnitz aus den seit Monaten vorbereiteten bewaffneten „Aufstand" losbrechen.

Der französische Historiker René Martel schrieb in seinem 1930 erschienenen Buch, das im selben Jahr noch ins Deutsche übersetzt wurde,[9] treffend: „Am 2. Mai brach der von Korfanty aufgezogene dritte Aufstand in Oberschlesien aus. Es brach eine entsetzliche Schreckensherrschaft los. Die Mordtaten vervielfältigten sich. Die Deutschen wurden gemartert, verstümmelt, zu Tode gepeinigt, ihre Leichen geschändet. Dörfer und Schlösser wurden ausgeraubt, in Brand gesteckt, in die Luft gesprengt. Die im Bilde in der ‚Offiziellen Veröffentlichung' der deutschen Regierung 1921 festgehaltenen Vorgänge überschreiten an Grausamkeiten die schlimmsten Vorgänge, die man sich vorstellen kann."

Es ist unmöglich, die von Martel angedeuteten Greuel im einzelnen aufzuführen. Nachzulesen sind die diesbezüglichen Zeugenaussagen und Tatsachenberichte in dem noch 1921 von der deutschen Reichsregierung herausgegebenen offiziellen Weißbuch „Das Martyrium der Deutschen in Oberschlesien".

Zwei Berichte von Zeugen mögen dennoch einen Eindruck vermitteln von der polnischen Schreckensherrschaft, die im Mai und Juni 1921 in Oberschlesien errichtet wurde.

„Es erscheint der Maurer und Hausbesitzer Peter Pietzko aus Klodnitz und sagte aus:

‚Mein Sohn, welcher am 22. Mai aus Roschowo kam, wurde gegen 10 Uhr abends aus meiner Wohnung geholt und verhaftet. Am 26. Mai wurde er im Ort Slowentzitz zum Tod durch Erschießen verurteilt. Er wurde nach dem Rehpark gebracht und vor seinem Urteil nochmals gefragt: ‚Bist du Deutscher oder willst du zu Polen?' Als die Polen die Antwort bekamen: ‚Ich bin und bleibe deutsch!' wurden ihm von drei Nationalpolen Schuhe, Hose und Jacke ausgezogen, er blau und grün

[9] René Martel. Die östlichen Grenzen Deutschlands. Oldenburg 1930.

geschlagen, die Ohren abgehauen und mit einem Feldspaten der halbe Kopf abgehackt. Nachher wurde er von den Mördern oberflächlich eingescharrt. Ich selbst habe ihn ausgegraben, erkannt und nach Klodnitz gebracht und hier begraben.‘

Klodnitz, den 15. Juni 1921
gez. Peter Pietzko, Maurer und Hausbesitzer
Die eigenhändige Unterschrift des Peter Pietzko bescheinigt.
Klodnitz, den 21. Juni 1921
Der Gemeindevorstand – gez. Niejalla“

„Verhandelt: Lamsdorf, den 24. Juni 1921.

Es erscheint der Kammerjäger Ernst Z., am 19. Mai 1889 in Schwientochlowitz, Kreis Beuthen, geboren, in Hindenburg wohnhaft, verheiratet, zwei Kinder, unbestraft, und erklärt: ‚Ich wurde in Bogutschütz, Kreis Kattowitz, am 7. Juni d.J. von den Polen festgenommen und nach dem Gefängnis Rosdzin-Schoppinitz gebracht. Ich habe während meiner Haft gesehen, daß ein gewisser B. aus Janow auch dorthin in einem schrecklichen Zustand eingeliefert wurde. Er war derart zerschlagen, daß ihm die Arme, die in Ketten steckten, vollständig zerbrochen am Körper herunterbaumelten, das linke Auge war ganz ausgeschlagen. So zerschlagen, wie er gebracht wurde, wurde er gegen die eiserne Zellentür geschleudert, so daß er besinnungslos liegenblieb.

Ein zweiter deutscher Gefangener, dessen Namen ich nicht weiß, wurde ebenfalls halbtot eingeliefert und in seiner Zelle so lange geschlagen, bis er tot war. Ich habe ihn eine halbe Stunde darauf, in seinem Blute liegend, in der Zelle tot liegen sehen. Er wurde am nächsten Tage, wie ich und die anderen Gefangenen gehört haben, in eine Kiste vernagelt und fortgeschafft.

Ein Doppelmörder Sowada aus Janow, Kreis Kattowitz, der von den deutschen Behörden gesucht wird, hat sich meiner Papiere bemächtigt, die mir abgenommen wurden. Sowada war vor dem Aufstand polnischer Apo-Beamter und reist jetzt auf meinen Namen. Er hält sich angeblich in Gleiwitz auf. Ich kann zum Schluß angeben, daß die Aufstandsführer hauptsächlich reguläre polnische Militärpersonen aus Posen, Kongreßpolen und Galizien sind.‘

V.g.u.
gez. Ernst Z.
gez. Majorzik, Kriminalwachtmeister.“

Der letzte Satz dieser Aussage bestätigt, was sowohl von deutscher wie auch von interalliierter Seite einwandfrei festgestellt wurde: Der polnische Staat hatte mit ungeheuren Mitteln den Aufstand und seine

Vorbereitung finanziert und organisiert. Nicht nur die Anführer, sondern auch die Mehrzahl der Insurgenten setzten sich aus polnischen Armeeangehörigen zusammen.

Auch die moderne Ausrüstung mit Artillerie, Minenwerfern, Maschinengewehren, ja sogar Panzerzügen stammte aus Polen. Es sind von polnischer Seite sogar geschlossene Kompanien und größere Einheiten des offiziellen Militärs eingesetzt worden, die ohne polnische Hoheitsabzeichen in das Abstimmungsgebiet einmarschierten. Reihenweise erhielten polnische Soldaten auch Urlaub, um am oberschlesischen „Aufstand" teilzunehmen. In Warschau forderten offizielle Anschläge zur Teilnahme auf. An vorderster Front mit dabei: Der polnische Klerus.

Ein Mitglied der polnischen „Theologischen Sektion" schrieb in der Zeitung „Polonia" vom 22. März 1926: „Die kritischsten aber auch glanzvollsten Tage durchlebte die Sektion während des dritten oberschlesischen Aufstandes. Da sich die deutsche Presse und die deutsche Geistlichkeit bemühten, unserem Volk den Aufstand als ein unerhörtes Verbrechen darzustellen, stellte demgegenüber die polnische Geistlichkeit fest, daß sie den Aufstand nicht als ein Verbrechen, sondern als einen Heldenkampf, einen Kampf um die teuersten Güter eines Volkes, als einen Kampf für die Freiheit und Unabhängigkeit des Vaterlandes betrachtet, der naturgemäß mit Blutopfern verbunden sei."

Der Vatikan reagierte auf diese Haltung der polnischen Geistlichkeit mit scharfem öffentlichen Tadel. Dem polnischen Klerus und den mehrheitlich katholischen Polen hielt der apostolische Kommissar für Oberschlesien, Monsignore Ogna Serra, folgende Sätze entgegen: „Wir waren der besten Hoffnung, daß unsere Ermahnungen und Bitten ein williges Ohr und ein bereites Herz finden würden, ohne daß wir gezwungen würden, die Störer des Friedens und der Ordnung öffentlich vor der Welt anzuklagen und zu brandmarken. Mit um so größerem Seelenschmerz erfüllt es uns, daß wir unter den Insurgenten sogar Männer sehen, die ohne Scham und eingedenk ihres hohen Amtes als Priester der Kirche, den Haß gegen ihre Brüder schürten oder die rechtmäßige kirchliche und staatliche Obrigkeit mißachten oder sogar mit eigenen Händen, die doch mit dem heiligen Öl geweiht sind, die Waffen führten oder Truppenkommandanten spielten oder zu Blutvergießen aufforderten. Mit Worten vermögen wir nicht auszudrücken, wie sehr wir kraft unseres Amtes diese Taten bei jedermann, der sie begangen hat, verurteilen. Das Urteil über sie alle überlassen wir Gott dem Gerechten."

Doch diese an Nachdrücklichkeit kaum zu übertreffende Ermahnung durch den Vatikan blieb ohne Wirkung. Ein Beispiel für das völlig maßlose Vorgehen der polnischen Banden auch gegenüber dem

deutschen Katholizismus waren die Vorfälle im oberschlesischen Dorf Ottmuth. Dort wurde zuerst die neuerbaute Kirche abgebrannt, dann der Ortspfarrer Dobrig ermordet, dann das Christusbild und die Mutter-Gottes-Figur geschändet und zerstört, ebenso noch eine weitere Heiligenfigur. In der Nacht zum 9. August 1921 wurden die Feldkapelle verwüstet und der Friedhof auf vielfältige Weise geschändet, verwüstet und zerstört.

Die Friedhofsmauern trugen folgende Inschriften: „Hier sind deutsche Schweine begraben. Deutschland muß krepieren. Hoch Polen!"

Korfanty gab vor, „daß nur ein sofortiger bewaffneter Aufstand dem schlesischen Volk seine Befreiung und Polen das geben kann, was ihm durch göttliches und menschliches Recht zusteht". Zu den Opfern zählten auch 31 italienische Soldaten, die beim Versuch, Gewalttaten zu verhindern, von Polen ermordet wurden. Nur die Italiener leisteten gemeinsam mit dem geheimen deutschen Selbstschutz Widerstand, als die polnischen Banden innerhalb kurzer Zeit das ganze Gebiet bis zur Korfanty-Linie besetzten. Die französischen Truppen, die die Mehrheit der Kommission stellten, sahen untätig zu.

Schließlich lieferten sie sogar Waffen an die „Aufständischen" und überließen ihnen Sonderzüge für Militärtransporte.

Am 8. Mai erklärten sich die polnischen Banden zur Besatzungsarmee des Gebietes und übernahmen die Eisenbahn- und Zivilverwaltung. Italienische Soldaten versuchten erfolglos, den Kattowitzer Bahnhof gegen die polnische Übermacht zu verteidigen. Von dem englischen Oberst Crayton wird berichtet, daß er mit einer Peitsche Insurgenten in die Flucht schlug, die sich zwei französische Maschinengewehre aneignen wollten.

Die Demarche der alliierten Regierungen an Warschau sowie die Intervention des deutschen Geschäftsträgers Herbert von Dirksen wurde von der polnischen Regierung zurückgewiesen: Korfanty habe eigenmächtig gehandelt, hieß es.

Der italienische General de Marinis erließ schließlich einen „Aufruf zur Bildung eines deutschen Selbstschutzes", dem sofort Freiwillige nicht nur aus Oberschlesien, sondern aus ganz Deutschland Folge leisteten. Den Oberbefehl hatte General Karl Hoefer inne. Oberstleutnant Grützner führte den nördlichen Abschnitt, den südlichen General Walter von Hülsen, dessen Selbstschutzkämpfer am 21. Mai den Annaberg mit einzigartiger Tapferkeit wiedereroberten.

Inzwischen hatten unter den Alliierten die diplomatischen Verhandlungen über das zukünftige Schicksal Oberschlesiens begonnen. Frankreich forderte die Teilung. An der Spitze der französische Außenminister Aristide Briand, der mit allen Mitteln für die Überlassung des wertvollen oberschlesischen Industriegebietes an Polen kämpfte.

Die Teilung Oberschlesiens

Während die im Mai 1921 gebildeten Selbstschutzeinheiten aus Oberschlesien und aus dem ganzen Deutschen Reich gegen die polnischen Truppen kämpften, die sich mit ihrem dritten Überfall über das Abstimmungsergebnis hinwegsetzen und Oberschlesien unter ihre Gewalt bringen wollten, verhandelten die alliierten Sieger über die Zukunft des Landes.

Frankreich hatte Polen in geheimen Abkommen bereits vor der Abstimmung am 20. März 1921 große Teile des oberschlesischen Industriegebiets zugesichert. Von den französischen Besatzungstruppen war also ebensowenig Hilfe zu erwarten wie von den französischen Diplomaten eine gerechte Lösung. Denn das Abstimmungsergebnis hatte klar und deutlich den Verbleib ganz Oberschlesiens bei Deutschland festgelegt.

Der Entschluß der Alliierten in der Frage Oberschlesiens ist eines der Musterbeispiele dafür, daß die westlichen Demokratien das von ihnen selbst als heilig erklärte Selbstbestimmungsrecht der Völker nur dann respektieren, wenn es ihren Interessen nicht widerspricht.

Es war Lloyd George, der am 13. Mai 1921 im britischen Unterhaus den Versuch der polnischen Insurgenten verurteilte, vollendete Tatsachen zu schaffen, die verhängnisvoll seien für den Frieden Europas. Er kündigte an, sechs britische Bataillone nach Oberschlesien zu entsenden, die dort aber nicht vor Anfang Juni eintrafen.

Der einstige Hauptschriftleiter der Londoner Zeitung „Daily Chronicle", Sir Robert Donald, beschrieb in einem Buch[10] die bitteren Lebensbedingungen der deutschen Mehrheit und den polnischen Terror: „Man schätzte, daß zu jener Zeit 50.000 Polen unter Waffen waren. Schandtaten und Morde wurden begangen und viel Eigentum willkürlich zerstört ... Ein Mitglied der britischen Mission, das eine Besichtigungsfahrt unternahm, stieß auf bewaffnete polnische Banden, die die deutsche Bevölkerung terrorisierten ... Sie gaben zu, daß sie von den Franzosen mit Waffen versehen worden waren. Als man General Le Rond dieses Eingeständnis vorhielt, leugnete er es nicht. Die Deutschen waren unbewaffnet.

Am Tag des Kampfbeginns desertierte die polnische Hälfte der Polizei und die andere, die deutsche, wurde durch die Insurgenten gefangengenommen oder durch französische Truppen festgehalten.

Die bewaffneten Rebellen-Kräfte nahmen das ganze Land bis zur Korfanty-Linie in Besitz. Sie fanden Unterstützung durch polnische Truppen und von Seiten der polnischen Regierung. Munition aller Art, Maschinengewehre, Feldgeschütze, Sanitätszüge und Verpflegungszüge fuhren über die polnische Grenze, um sich mit den Streitkräften der Insurgenten überall zu vereinen.

Die französischen Truppen wurden von der polnischen Grenze zurückgezogen und in wenigen Städten konzentriert, während sie den Rest des Landes den Insurgenten überließen. Sie waren indessen nicht völlig untätig, da sie unter dem Belagerungszustand in den Städten alle diejenigen deutschen Einwohner verhafteten, die man beim Tragen von Waffen antraf oder die nach der Polizeistunde auf den Straßen waren. Die französischen Truppen überließen die Polen sich selbst, während sie die Deutschen entwaffneten. Deutsche wurden von ihren amtlichen Posten verjagt und diese an Polen vergeben. Verpflegungszüge erhielten die Erlaubnis, den Polen Hilfe zu bringen.

Den Insurgenten wurde gestattet, französische Militärzüge zwischen den wichtigsten Städten zu benützen. In derselben Zeit übte man auf die Kommission einen Druck aus, die geforderte Grenzlinie

[10] Robert Donald. The Polish Corridor and the Consequences. London 1939.

zu genehmigen und die Insurgenten als de facto-Autorität anzuerkennen. Ohne Sir Harold Persivals feste Haltung hätte diese Anmaßung Erfolg gehabt."

Major R.E. Clarke, der britische Wirtschaftsfachmann der Kommission, war zweieinhalb Jahre lang in Oberschlesien. In einer Vorlesung im Königlichen Institut für Internationale Angelegenheiten sagte er am 10. April 1923 folgendes: „Korfanty, dieser finstere und skrupellose polnische Annexionsapostel, der unmittelbar für den Mord an Hunderten von Deutschen verantwortlich war, stand in enger Verbindung mit dem französischen Präsidenten und wurde durch Franzosen geschützt. Die zwei polnischen Aufstände, die gegen die Kommission gerichtet waren, wurden nicht unterdrückt. Dabei hätten die Aufstände nicht länger als wenige Tage gedauert, wenn die französischen Truppen ihre Pflicht getan hätten, anstatt neutral zu bleiben. Deutsche Beamte wurden mißhandelt, ermordet und von ihren Arbeitsplätzen verjagt."

Der britische Philosoph Arnold Toynbee berichtete ebenfalls über die Exzesse, Schandtaten und Morde sowie den organisierten Feldzug der Tyrannei nach der Volksabstimmung, der im Mai 1921 seinen Höhepunkt erreichte: „Korfanty errichtete eine gut organisierte polnische Streitmacht, die Waffen und Verstärkungen aus Polen erhielt und auch, wie jetzt bekannt ist, passive Unterstützung von seiten der französischen Behörden. Die Ankunft von mehr alliierten Truppen, einschließlich von britischen, zerstreute die Korfanty-Insurgenten, aber sie verwandelten sich in Partisanen, die das Land plünderten und viele verteidigungslose Deutsche folterten und ermordeten."

Der Annaberg und die Freikorps

Die deutschen Freikorps, die sich ab Anfang Mai in Oberschlesien versammelten, hatten am 16. Mai, vertreten durch ihre führenden Offiziere, einstimmig General Hoefer zum Oberkommandierenden gewählt. Sie kämpften in dieser Zeit fast alleine gegen die polnischen „Aufständischen". Nur die wenigen italienischen Besatzungstruppen traten den polnischen Insurgenten ebenfalls mit Waffengewalt entgegen.

Zu den ersten Zielen der schlecht bewaffneten und ausgerüsteten Freikorps gehörte die Rückeroberung der 20 Kilometer langen Hügelkette am linken Ufer der Oder. Den höchsten Hügel, auf dem sich das Kloster und Heiligtum Oberschlesiens befand, hielten die Polen besetzt: den Annaberg. Diesen zu nehmen, war nicht nur für die Moral der Truppe bedeutsam, es war auch die Voraussetzung für die Befreiung der Stadt Cosel und für den Zugang zum Industriegebiet.

Zwei Kolonnen mit insgesamt 3.000 Mann bezogen am 21. Mai, um 1.30 Uhr morgens, ihre Stellungen. Im Gegensatz zu den polnischen Ein-

Der Annaberg, „Schlesiens heiliger Berg"

heiten hatten die Deutschen keine Artillerie, nur ein Teil der Kämpfer hatte Gewehre und nur wenig Munition. Doch um 12.10 Uhr war der Annaberg in ihrer Hand. In zehn Stunden hatten die Freikorps auf unwegsamem Gelände unter erbittertem Widerstand 30 Kilometer zurückgelegt.

Hauptmann Viktor Scheffel, der Führer der 1. Kompanie der III. Sturmfahne des Freikorps Oberland, das sich größtenteils aus Süddeutschen zusammensetzte, schilderte seine Eindrücke von diesem Tag: „Brausende Hochrufe der Kompanie und der herbeigeströmten Bevölkerung begrüßen die schwarzweißrote Fahne, die fast mit dem Glockenschlag 12 Uhr hoch vom Turm des berühmten Klosters weit ins deutsche Oberschlesierland hinein den deutschen Sieg am Annaberg kündete. Und nie hörte ich in meinem Leben das Deutschlandlied mit größerer Inbrunst singen als an jenem 21. Mai 1921 auf dem Marktplatz von Annaberg.

Ein glänzender Erfolg war errungen! Aus dem knapp fünf Kilometer breiten Gogoliner Brückenkopf heraus hatte der deutsche Angriff die polnische Front in einer Tiefe von 15 Kilometern und einer Breite von 25 Kilometern zerschlagen. Sechs Geschütze und zahlreiche Maschinengewehre waren erbeutet, der Pole hatte schwerste Verluste erlitten, 28 deutsche Ortschaften waren vom polnischen Terror befreit, der ‚heilige Berg' war fest in deutscher Hand."

Der Zusammenbruch des „Aufstandes“ stand zu diesem Zeitpunkt unmittelbar bevor. Doch statt Dank und Anerkennung kam aus Berlin am 24. Mai 1921 eine Verordnung des Reichspräsidenten Friedrich Ebert (SPD), der die Aufstellung von Freikorps und die Zugehörigkeit zu ihnen mit hohen Strafen belegte. Die Grenze von Oberschlesien zum übrigen Reich wurde scharf überwacht. Ebert hatte diesen Erlaß nicht aus freien Stücken herausgegeben, sondern unter dem Zwang eines französischen Ultimatums vom 5. Mai 1921.

Der Historiker Robert G.L. Waite urteilte über den Erfolg der Freikorps: „Es kann nicht geleugnet werden, daß ihr Einsatz den Teil von Oberschlesien gerettet hat, der später zu Deutschland kam. Man muß gleichfalls zugeben, daß dieser Feldzug mehr als jeder andere nur aus echtem, persönlich uninteressiertem Patriotismus geführt wurde.“

Der Anführer des Aufruhrs, Korfanty, sah sich nun gezwungen, mit den Franzosen offen zusammenzuarbeiten, indem er die Oberhoheit der Kommission anerkannte, unter deren Schutz er sich stellte. General Le Rond, der französische Vorsitzende der Interalliierten Kommission, nahm das zum Vorwand, um die Räumung des Annaberges zu verlangen. General Hoefer lehnte ab, statt dessen bot er Le Rond an, ihn bei der Bekämpfung der Aufständischen, zu der dieser verpflichtet gewesen wäre, zu unterstützen.

Die Freikorps kämpften also trotz dieser Maßnahme weiter und befreiten weitere Teile Oberschlesiens vom Terror der Korfanty-Truppen. Die englischen und italienischen Offiziere begrüßten in ihrer Mehrzahl diesen Einsatz. Doch während die Aufständischen ständig Kriegsmaterial und Truppenverstärkungen aus Polen erhielten, waren die Freikorps von jedem Nachschub über die hermetisch abgeriegelte Grenze Schlesiens zum Restreich abgeschnitten.

Am 4. Juni forderte Le Rond General Hoefer ultimativ auf, die Städte und die Industriezone zu räumen. Die Lage der Freikorps war ausgesprochen kritisch. Am 20. Juni hatten sich die polnischen Truppen aus dem Raum von Ratibor nach Polen zurückgezogen. Schließlich mußten die Freikorps dem französischen Druck und der Notlage weichen: Sie verließen am 5. Juli Oberschlesien. An der Grenze zum übrigen Reich wurden sie von Polizeieinheiten erwartet, die die Freikorps entwaffneten und auflösten.

Frankreich und England jedoch konnten sich weiterhin über das zukünftige Schicksal Oberschlesiens nicht einigen. Während französische Politiker, an der Spitze Außenminister Briand, voll und ganz den Standpunkt der polnischen Chauvinisten verfochten, trat Lloyd George hingegen für eine maßvollere Lösung ein.

Um einen heftigeren Konflikt zu vermeiden, überließen die Siegermächte die Entscheidung über die Grenzziehung schließlich einer Völkerbundkommission, bestehend aus einem Belgier, einem Brasilianer, einem Chinesen und einem Spanier.

Diese vier Herren waren naturgemäß und verständlicherweise weitgehend desinteressiert an Oberschlesien. Entsprechend der Forderung Frankreichs bewerteten sie die Stimmen der Landbevölkerung höher als die der Stadtbewohner – ein grober Verstoß gegen die Gleichwertigkeit der Wahlstimmen.

Am 20. Oktober 1921 nahm der Oberste Rat ihren Vorschlag an: Oberschlesien wurde geteilt. Polen erhielt von Oberschlesien 3.213 Quadratkilometer mit 830.000 Einwohnern. Von 63 Steinkohle-Bergwerken erhielt es 51, von 19 Zink- und Bleigruben 15, von 37 Hochöfen 22, von 18 Stahl- und Walzwerken neun, dazu sämtliche Eisenerzgruben und Zinkhütten, das heißt, den weitaus größten Teil der oberschlesischen Industrie.

Die neue Grenze zerschnitt Bergwerke, 24 Eisenbahn-, sechs Straßenbahnlinien, 45 Landstraßen. Auf 95 Kilometern neuer Grenze kamen 61 Zollstationen. Die Folge der Teilung werde eine „wirtschaftliche Tragödie" sein, stellte der englische Ökonom C.J. Street im Februar 1925 nach eingehenden Beobachtungen im an Polen gefallenen Teil Oberschlesiens fest.

Der französische Historiker René Martel urteilte: „Die Geschichte der oberschlesischen Grenzfestsetzung ist die Geschichte der Kapitulation der Großmächte vor der Gewalt."

Ein Chinese, ein Brasilianer, ein Spanier und ein Belgier entschieden damals über die Teilung dieses schwergeprüften Landes. Dabei hätten sie es doch aufgrund des Abstimmungsergebnisses so einfach gehabt. Die oberschlesische Bevölkerung sah diese Entscheidung als ein bitteres Unrecht an. Die Folge war eine weitere Verhärtung der deutsch-polnischen Beziehungen.

Rückblickend kann heute mit Sicherheit gesagt werden, daß die Siegerentscheidung von 1919 bezüglich der deutschen Gebietsabtrennungen zugunsten Polens ein Fehlurteil fernstehender und kurzsichtiger Politiker war. Der folgenschwerste Mißgriff aber war dann der Schnitt durch den hochempfindlichen Industriekörper Oberschlesiens, trotz der abgehaltenen Volksbefragung und des eindeutigen Ergebnisses des Votums.

Die Glaubwürdigkeit der alliierten Siegermächte hat damals eine schwere Niederlage erlitten. Trotz der einseitig günstigen Umstände durch die polnische Propaganda, entschied sich die Bevölkerung – und dies vor allem in den großen Städten – mit einer deutlichen Mehrheit für den Verbleib beim Deutschen Reich.

Die ungerechte Entscheidung einiger rein machtpolitisch entscheidender Politiker löste bei den betroffenen Bewohnern eine ungeheuer tiefe Verbitterung aus, zumal man wußte, daß Polen noch nie die Rechte von Minderheiten beachtet hatte. Die Ereignisse von damals haben die Beziehungen zwischen Deutschen und Polen dauerhaft belastet.

V. Das Unrecht Danzig

Gegenüber dem Deutschen Reich hatte der polnische Staat Ende 1921 alles erobert, was er erobern konnte. Dies alles war möglich aufgrund der antideutschen Gesinnung der Kriegsgegner, der Nachgiebigkeit und sträflichen Unkenntnis des US-Präsidenten Wilson und der von Frankreich unterstützten Anwendung militärischer Gewalt. Polen hatte rund zwei Millionen Deutsche und große deutsche Gebiete unter seine Gewalt gebracht, zuletzt das so wertvolle Ostoberschlesien mit seinen Industrien und seinen reichen Bodenschätzen. Doch Polen hatte weit weniger erreicht, als es die fanatischen Imperialisten an seiner Spitze gefordert hatten.

Roman Dmowski, der Gründer der allpolnischen Partei und polnischer Unterzeichner des Versailler Vertrages, hatte in seiner Denkschrift noch vor Kriegsende, am 8. Oktober 1918, an den US-Präsidenten erklärt: „Das polnische Gebiet im preußischen Staate zerfällt in vier Provinzen: Posen, Westpreußen, Ostpreußen und Schlesien."

Posen (26.042 Quadratkilometer) und Westpreußen (15.865 Quadratkilometer), erhebliche Teile Schlesiens (3.733 Quadratkilometer), davon 512 Quadratkilometer von Niederschlesien, 501 Quadratkilometer von Ostpreußen, 9,64 Quadratkilometer von Pommern und 0,05 Quadratkilometer von der Provinz Brandenburg hatte sich Polen in den folgenden Jahren tatsächlich aneignen können.

In den meisten Fällen ohne, in Oberschlesien sogar gegen das Ergebnis einer für Deutschland ausgegangenen Volksabstimmung. Insgesamt nahm Polen dem Deutschen Reich in den Jahren nach Beendigung des Ersten Weltkrieges über 46.150 Quadratkilometer Land. Das ist um die Hälfte mehr als die Fläche Belgiens, erheblich mehr als das Gebiet Dänemarks, der Niederlande oder auch der Schweiz. Ein Teil Westpreußens sowie Masuren in Ostpreußen waren im Versailler Vertrag zu Abstimmungsgebieten erklärt worden.

Im westpreußischen Abstimmungsgebiet entschieden sich 92,3 Prozent, in Masuren sogar 97,8 Prozent für Deutschland, als im Juni 1920 die Bewohner ihre Stimmzettel abgeben durften.

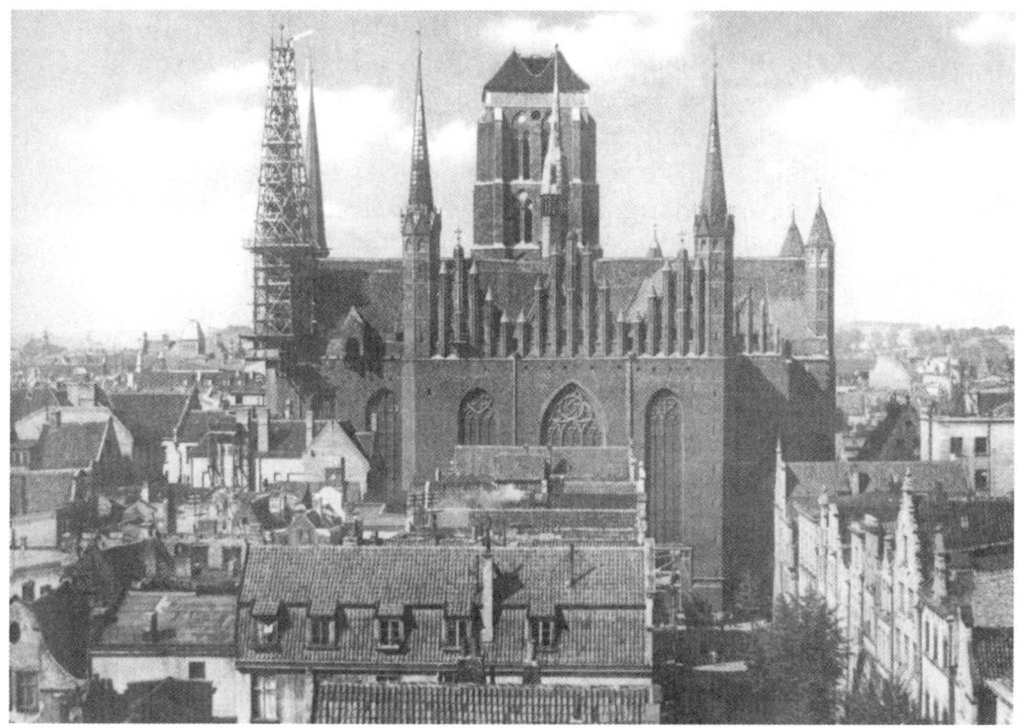

Die Marienkirche in Danzig

Diese eindrucksvollen Abstimmungssiege, der deutsche Selbstschutz und ein Rest von Einsicht bei den Vertretern der Siegermächte – unter denen der britische Premier Lloyd George hervorgehoben zu werden verdient – verhinderten weitere Gebietsverluste an Polen.

Die vorerst nicht realisierten Annexionen Polens wurden nach dem Ende des Zweiten Weltkrieges 1945 nachgeholt. Dabei wurden fünf deutsche Provinzen nach brutaler Vertreibung ihrer angestammten deutschen Bevölkerung dem polnischen Staate angegliedert.

Freie Stadt Danzig

Auch die bedeutende deutsche Hafenstadt und Hauptstadt Westpreußens, Danzig, hatte sich Polen noch nicht aneignen können. Schon 1917 hatte Dmowski in einer an den britischen Premierminister überreichten Denkschrift „Probleme Mittel- und Osteuropas“ erklärt: „Das heutige Danzig ist deutsch; aber unter normalen Bedingungen, das heißt unter Bedingungen einer natürlichen ökonomischen Entwicklung, wird es unweigerlich eine polnische Stadt werden.“

Im 16. Jahrhundert war die alte deutsche Hansestadt mit 60.000 Einwohnern die größte deutsche Stadt gewesen. Nach den Artikeln

100 bis 108 des Versailler Diktats wurde Danzig 1919 unter gewaltigen öffentlichen Protesten der Bewohner aus dem Deutschen Reich ausgegliedert.

Am 15. November 1920 wurde die Stadt zusammen mit zwei Stadtkreisen und drei Landkreisen zur „Freien Stadt Danzig" erklärt. Die Größe des Gebietes betrug 1.966 Quadratkilometer mit einer Bevölkerung von über 400.000 Menschen.

Die Notwendigkeit einer Abtrennung Danzigs vom Reich wurde damit begründet, Polen einen „freien und sicheren Zugang zum Meer" zu geben. Verankert war diese Forderung in Punkt 13 des 14-Punkte-Plans Wilsons. Dafür allerdings wäre eine Freihafenzone eher geeignet gewesen, obwohl Polen mit dem zum Großhafen ausgebauten Gdingen einen solchen Zugang schon besaß.

Der rein deutsche Charakter Danzigs wurde niemals geleugnet, der Wille seiner Bevölkerung zum Verbleib beim Deutschen Reich war überdeutlich. Schon am 14. Oktober 1918 – als die Absicht, Danzig abzutrennen, durchsickerte – protestierte der Danziger Magistrat mit Bürgermeister Hugo Bail mit den ergreifenden Worten: „Präsident Wilson will alle Länder unzweifelhaft polnischer Bevölkerung zu dem unabhängigen neuen polnischen Staat vereinigen. Demgegenüber stellen wir fest, daß Danzig nimmermehr diesem Polen angehören darf. Unsere alte Hansestadt Danzig ist durch deutsche Kulturkraft entstanden und gewachsen, sie ist kerndeutsch. Wir nehmen für uns das Selbstbestimmungsrecht der Völker in Anspruch. Wir wollen deutsch bleiben immerdar."

An der Wahrheit dieser Worte war nicht zu zweifeln: Die Bewohner Danzigs waren zu 95 Prozent deutsch. Am 23. März 1919 demonstrierten 70.000 Danziger auf dem Heumarkt gegen die Abtrennung vom deutschen Vaterland und für Selbstbestimmung.

Am 25. April des gleichen Jahres fand eine weitere Kundgebung auf dem Heumarkt statt, an der über 100.000 Danziger Bürger teilnahmen. In der Diskussion über die Annahme des Versailler Diktats legte der Abgeordnete der Deutschen Demokratischen Partei, Conrad Haußmann, die Meinung der Deutschen Nationalversammlung dar: „Danzig, das urdeutsche Danzig, wird verhöhnt mit dem Wort, eine ‚freie Stadt' zu sein, in welcher die Polen schalten und walten können. Und ewig denkwürdig ist die Bestimmung, daß in den Vertrag hineingeschrieben wird: Die Einwohner der Stadt Danzig verlieren ihre deutsche Staatsangehörigkeit. Die Ostpreußen sollen abgeschnürt werden, die wie die Westpreußen zu unseren treuesten Deutschen gehören. Posen soll entführt werden, und ganz Oberschlesien und Memel sollen in anderen Besitz übergehen. Preußen soll zerfleischt werden, und ich, ein Süddeutscher, spreche aus, daß das ein Streich gegen das Mark von Deutschland geführt ist."

Artikel 104 des Versailler Diktats bestimmte:

1. Die Freie Stadt Danzig ist in das polnische Zollgebiet aufzunehmen und die Errichtung einer Freizone im Hafen in die Wege zu leiten.
2. Polen ist die freie Benutzung und der Gebrauch der Wasserstraßen, Docks, Binnenhäfen, Ladestraßen und sonstigen im Gebiet der Freien Stadt Danzig gelegenen, für die Ein- und Ausfuhr Polens notwendigen Anlagen ohne irgendwelche Einschränkung zu gewährleisten.
3. Polen ist die Überwachung und Verwaltung der Weichsel sowie des gesamten Eisenbahnnetzes innerhalb der Grenzen der Freien Stadt, mit Ausnahme der Straßenbahnen und der sonstigen in erster Linie den Bedürfnissen der Freien Stadt dienenden Bahnen, ferner die Überwachung und Verwaltung des Post- und Fernsprechverkehrs zwischen Polen und dem Hafen von Danzig zu gewährleisten.
4. Polen ist das Recht zum Ausbau und zur Verbesserung der Wasserstraßen, Docks, Binnenhäfen, Ladestraßen, Eisenbahnen und der sonstigen vorerwähnten Anlagen und Verkehrsmittel zu gewährleisten sowie das Recht zur Miete oder zum Ankauf des dazu erforderlichen Geländes und Eigentums zu angemessenen Bedingungen.
5. Es ist Vorsorge zu treffen, daß in der Freien Stadt Danzig keinerlei unterschiedliche Behandlung der Bevölkerung zum Nachteil der polnischen Staatsangehörigen und anderer Personen polnischer Herkunft oder polnischer Zunge stattfindet und
6. der polnischen Regierung die Leitung der auswärtigen Angelegenheiten der Freien Stadt Danzig sowie den Schutz ihrer Staatsangehörigen im Ausland zu übertragen.

Diese Bestimmungen mußten zu ständigem Streit und Unfrieden führen. Im Artikel 105 des Friedensdiktats wird den Danzigern wie selbstverständlich ihre deutsche Staatsangehörigkeit aberkannt. Artikel 106 legt eine Option der Danziger Bevölkerung innerhalb von zwei Jahren fest und verfügt die Aussiedlung der für Deutschland Optierenden in das Deutsche Reich. Im Artikel 107 wird alles deutsche Staatseigentum in Danzig den Siegermächten übergeben, um von diesen „an die Freie Stadt oder den polnischen Staat weiter abgetreten zu werden“.

Der Völkerbund war dazu ausersehen, über dieses Unrecht zu wachen: Unter seinen „Schutz“ wird die Freie Stadt gestellt (Art. 103 Versailler Diktat).

Der von Wilson im ersten Teil des Versailler Vertrags begründete Völkerbund kam während seines Bestehens nie zu Ansehen und Autorität. Er degradierte sich mit dieser Aufgabe von vornherein vom Hüter des Selbstbestimmungs- und Völkerrechts zum Exekutor der in Versailles und St. Germain erzwungenen Nachkriegsordnung.

Durch seinen Hohen Kommissar war es Aufgabe des Völkerbundes in Danzig, die Verfassung und die Unabhängigkeit der Freien Stadt zu garantieren und in allen Streitfragen mit Polen zu entscheiden. Immerhin genehmigte der Völkerbund die Verfassung Danzigs, in deren viertem Artikel die Formulierung „Danzig ist ein deutscher Staat mit deutscher Amtssprache“ durchgesetzt werden konnte.

Am 9. November 1920 kam dann „unter Vermittlung des Völkerbunds“ der von den Siegermächten geforderte Vertrag zwischen Danzig und Polen zustande. Polen versuchte, seine Rechte noch über den Artikel 104 des Versailler Diktats hinaus zu steigern. Daß die sogenannte „Pariser Konvention zwischen Danzig und Polen“ nicht dazu führte, verdankt Danzig einerseits der überragenden Persönlichkeit seines ersten Oberbürgermeisters Heinrich Sahm, anderseits dem französisch-englischen Interessengegensatz.

Die weitgehenden polnischen Forderungen wurden auch im Fall Danzigs von den Franzosen tatkräftig unterstützt, um Deutschland auf lange Sicht schwach zu halten und Polen als seinen Gegner zu stärken. Polen bedeutete für Frankreich immer noch „eine starke französische Armee“, wie Otto von Bismarck 1863 meinte. Großbritannien wiederum lehnte demgegenüber die unmäßigen Forderungen Polens zunehmend ab. Somit wurden allgemein nur die Regelungen des Versailler Diktats bestätigt und präzisiert. Die Danziger Delegation hatte während der Verhandlungen in Paris ständig eine Besetzung Danzigs durch Polen vor Augen, nachdem polnische Einheiten kurz zuvor Wilna überfallen hatten.

Der bedeutende Artikel 2 dieses Vertrages legte fest: „Es wird Sache der polnischen Regierung sein, die Führung der auswärtigen Angelegenheiten der Freien Stadt Danzig wie den Schutz der Staatsangehörigen Danzigs in den fremden Ländern sicherzustellen. Dieser Schutz wird unter denselben Bedingungen sichergestellt werden, wie derjenige der polnischen Staatsangehörigen. Die Pässe können ihnen den polnischen Schutz nur sichern, wenn sie von dem Vertreter der polnischen Regierung in Danzig visiert worden sind.“

Am 14. November 1920, fünf Tage nach der Unterzeichnung des Vertrages, machte der Vertreter Polens Ignacy Paderewski klar, daß ihm die Vertragsbestimmungen bei weitem nicht genügten. Er forderte, der Völkerbund möge Polen das militärische Mandat über Danzig erteilen.

Solche Pläne wies Dr. Sahm in seiner Rede, ebenfalls vor dem Völkerbund, mit scharfen Worten zurück. Doch obwohl die Abwehr aller Angriffe von außen und aller Einmischungsversuche anderer Mächte in die inneren Angelegenheiten Danzigs zu den erklärten Aufgaben des Völkerbundes gehörte, beschloß der Völkerbundrat: „Die polnische Regierung erscheint besonders dazu berufen, unter Umständen von dem Völkerbund mit der Aufgabe betraut zu werden, die Verteidigung der Freien Stadt sicherzustellen." Dazu gehörte auch die „Aufrechterhaltung der inneren Ordnung im Danziger Gebiet".

Da Polen schon in Versailles die völlige Inbesitznahme Danzigs gefordert hatte, war damit die Verteidigung der Stadt gerade dem Staat anvertraut worden, von dem einzig und allein die Gefahr eines Angriffs ausging.

Von Anfang an bis zum 1. September 1939 gab es immer wieder Streitigkeiten und neue Verträge, aber auch zahlreiche Verstöße Polens gegen den Status von Danzig. Die Stellung des Hohen Kommissars wurde in den Jahren bis 1925 in der Freien Stadt ausschließlich von Engländern eingenommen, die in der Regel dem deutschen Standpunkt als dem einzig rechtmäßigen und vernünftigen zuneigten.

Mit seiner auch in Danzig angestrebten Polonisierungspolitik drang Polen deshalb nicht durch. Als im Juli 1920 Danziger Hafenarbeiter sich weigerten, Munition polnischer Schiffe für den Krieg gegen die Sowjetunion zu löschen und sich auf die Neutralität Danzigs beriefen, gab der Hohe Kommissar ihnen recht – trotz massiver polnischer Interventionen.

Polens Übergriffe gegen die „Freie Stadt" Danzig

Polen ließ unterdessen nichts unversucht, seinen Einfluß in Danzig noch zu erweitern. Die damals ausgetragenen Streitigkeiten erinnern stark an die statusrechtlichen Kämpfe um Berlin während des Kalten Krieges. Danzig, das im polnischen Zollgebiet lag, wurde von Polen mit einem Wirtschaftsboykott überzogen. Dadurch kam der Wirtschaftsverkehr nahezu zum Erliegen, nachdem neben öffentlichen Boykottaufrufen die Grenze zwischen Polen und Danzig scharf kontrolliert wurde.

Als Vorwand mußten die sogenannten Kontingentwaren herhalten, die nach Danzig, nicht aber nach Polen eingeführt werden durften. Mit der Begründung, diese Waren würden unerlaubt nach Polen eingeführt, wurden die Grenzkontrollen immer weiter verschärft. Diese Schikanen im Warenverkehr gingen schließlich so weit, daß nur noch solche Firmen Güter nach Polen einführen durften, die sich einer besonderen Beaufsichtigung durch polnische Zollbeamte unterwarfen. Sämtliche Geschäftspapiere und Rechnungen mußten vom polnischen Zoll abgestempelt sein, sowie auch die Produktionsstätten und -methoden sowie die Warenlager polnischen Zollinspektoren zugänglich gemacht werden. Zeitweise wurden auch alle Waren Danziger Firmen vom Zoll beschlagnahmt.

Das diesen Repressionen zugrundeliegende Konzept hat der polnische Staatspräsident Stanislaw Wojciechkowski in einer Rede im Mai 1923 offen dargelegt: „Man muß Danzig all diejenigen lebenswichtigen Säfte unterbinden, die es Polen entnimmt, und dies so lang, bis in Danzig eine andere dauerhafte Richtung die Oberhand gewinnt, die keinen Kampf noch Entgegensetzung von Schwierigkeiten will, sondern eine loyale Zusammenarbeit sucht und Polen als Großmacht anerkennt, die an Danzig nicht nur geschriebene, sondern natürliche Rechte hat. Danzig hat nur zwei Wege, entweder einen Wirtschaftskampf mit Polen, in dem wir mit völliger Rücksichtslosigkeit Widerstand leisten werden, oder ein loyales Vorgehen der Freien Stadt gegenüber dem großen polnischen Reich."

Man hatte Danzig wirtschaftlich und politisch seinem ärgsten Feind ausgeliefert. Der Erfolg war, daß zahlreiche Firmen schließlich ihre Tore schließen mußten. Die Arbeitslosenzahl stieg bis Anfang 1932 auf 35.000 bei nur 110.000 sozialversicherungspflichtigen Erwerbstätigen.

Polnische Banken, polnisches Militär, polnische Postbeamte, polnische Eisenbahner, polnische Presse, polnische Kriegsschiffe – so präsentierte sich die „Freie Stadt" und sollte auch gegenüber fremden Besuchern den Eindruck einer polnischen Stadt erwecken.

Eine polnische Aggression gegen Danzig löste die andere ab. Ein typischer Fall war der Briefkasten-Streit im Januar 1925. Heimlich waren in der Nacht an polnischen Gebäuden in der ganzen Stadt polnische Briefkästen angebracht und ein uniformierter polnischer Postdienst eingerichtet worden, obwohl nur innerhalb des Freihafens ein polnischer Postdienst erlaubt war.

Der Völkerbund-Kommissar entschied, die Briefkästen durch Danziger Polizei entfernen zu lassen. Polen drohte mit der militärischen Besetzung Danzigs – der Völkerbund gab nach.

Diese altbewährte polnische Methode, vollendete Tatsachen zu schaffen, wandte Warschau in diesen Jahren ständig an. Am 2. Juli 1931 patrouillierten plötzlich polnische Marinekommandos durch die Stadt. Der Völkerbund gab nach, und der Stadtverwaltung Danzigs fiel die Aufgabe zu, die polnische Patrouille von deutscher Schutzpolizei vor Ausschreitungen der aufgebrachten Danziger Bevölkerung schützen zu lassen.

Eine Provokation setzte Polen an die andere. Als 1932 fünf britische Zerstörer einen Flottenbesuch in Danzig machten, wurden sie von einem

Protestkundgebung der deutschen Bevölkerung Danzigs gegen die Abtrennung vom Deutschen Reich

polnischen Zerstörer entgegen allen Abmachungen begleitet. Der Kommandant des polnischen Schiffes hatte den Befehl, bei Uneinigkeiten mit den Danziger Behörden das Feuer seiner Schiffsgeschütze auf das nächstliegende freistaatliche Gebäude zu eröffnen. Polen versuchte, Danzig auf internationalen Konferenzen auszuschalten, den Senat zu übergehen, es setzte zeitweise polnische Flaggen auf die in der Freien Stadt verkehrenden Lokomotiven, verstärkte eigenmächtig die Wachtruppe auf der dem Hafen vorgelagerten befestigten Westerplatte, verlegte polnische Behörden nach Danzig und vieles andere mehr.

In einem Gespräch mit dem Danziger Senat bekundete der polnische Außenminister August Zaleski denn auch offen die Auffassung, „daß nur ein polnisches Armeekorps die Danziger Frage lösen kann".

In einer Rede pries Zaleski 1927 Polen als „das pazifistische Land und den traditionellen Hort des Friedens in Europa" und führte weiter aus: „Um keinen Preis werden wir auch nur einen Fuß pommerellischen oder oberschlesischen Boden abtreten, jene seit Jahrhunderten polnischen Länder, die uns übermächtige Gewalt genommen hatte und die uns der Sieg der Gerechtigkeit wieder zurückbrachte."

Der Status Danzigs von 1919 bis 1939 war auf die Dauer unerträglich und von Anfang an durch Polen immer wieder in Frage gestellt worden. Er beruhte auf einem maßlosen Unrecht, wie auch viele andere Bestimmungen des Versailler Vertrags.

VI. Eroberungen im Osten: Polens Krieg gegen die Sowjetunion

Durch einen hemmungslosen Imperialismus im Westen gelang es Polen, große Gebiete vom ohnmächtigen Deutschen Reich abzutrennen und seinem Herrschaftsbereich einzuverleiben.

Außer den annektierten deutschen Territorien besetzten polnische Truppen 1921 das zu Litauen gehörende Wilna-Gebiet und 1919 Ostgalizien. Westgalizien war bereits 1918 Polen zugesprochen worden.

Die Schwäche der einstigen Großmächte Deutschland, Rußland und Österreich-Ungarn ausnutzend, konnte Polen durch eine rücksichtslose Eroberungspolitik innerhalb weniger Jahre seinen Herrschaftsbereich nach allen Seiten ausdehnen.

Der spätere Staatschef Polens, Marschall Pilsudski, der im Ersten Weltkrieg die polnische Legion geführt und im Bunde mit Deutschland und Österreich-Ungarn gegen Rußland gekämpft hatte, galt den Siegermächten als Persona non grata. Die Verhandlungsführung in Versailles übergab er deshalb den polnischen National-Politikern, die schon während des Krieges Kontakte zu den Westmächten geknüpft hatten.

Während sich nun die polnischen Vertreter bei den Verhandlungen in Versailles bemühten, möglichst große Stücke vom Deutschen Reich loszureißen, wandte Pilsudski sein Augenmerk Sowjetrußland zu, wo Bürgerkrieg herrschte.

Pilsudski hatte das zaristische Rußland schon immer für den gefährlichsten Gegner Polens gehalten. Sein Ziel war es, Polen auch nach Osten auszudehnen. Er wollte ganz Litauen und die gesamte Ukraine dem neuen polnischen Staat einverleiben.

General Anton Denikin, der 1918 bis 1920 eine antirevolutionäre russische Freiwilligen-Armee gegen die Bolschewiki führte, hatte den polnischen Anspruch auf Litauen „eine psychopathische Megalomanie“, einen krankhaften Größenwahn genannt. Doch die litauische Regierung vermochte es nicht, auf der Pariser Friedenskonferenz ihr Recht auf das Wilna-Gebiet durchzusetzen. Genausowenig wurden die Rechte der Ukrainer beachtet. Hingegen wurde Polen für diese gewaltsamen Annexionen wider das Selbstbestimmungsrecht reich belohnt, es erhielt zahlreiche Gebiete zugestanden.

Im April 1919 begann Pilsudski eine neue Offensive von Przemysl aus, die große Erfolge erzielte. Aus Paris kam grünes Licht: Der Oberste Rat gestattete den polnischen Truppen im Juni 1919 ein Vorgehen bis an den Zbrucz. Doch schon zehn Tage später begann eine weitere polnische Offensive unter Pilsudskis Führung. Die von der Friedenskonferenz in Paris erhobene Forderung nach territorialer

Autonomie der Ukrainer bis zu einer Volksabstimmung war damit hinfällig geworden, sie wurde nie erfüllt. Allerdings hatte sich Polen mit diesen Aggressionen die Feindschaft der Ukrainer zugezogen, was den Föderationsplänen Pilsudskis abträglich war.

Nun begann der Krieg gegen die Sowjet-Macht. In Paris forderte der polnische Vertreter schon im Januar 1919 die Grenzen von 1772, die weit über das von Polen bewohnte Gebiet hinausreichten und auch Litauen umfaßten. Noch viel weiter gingen aber die Pläne von Marschall Pilsudski. Die am 8. Dezember 1919 von der Pariser Friedenskonferenz der polnischen Regierung mitgeteilte Ostgrenze war schon bei ihrem Bekanntwerden völlig überholt. Diese Linie folgte weitgehend dem Selbstbestimmungsrecht der ansässigen Bevölkerung und berücksichtigte auch das Recht Litauens im Norden.

Doch die Polen wollten die östlichen Grenzen nicht diplomatisch, sondern mit Waffengewalt festlegen. Polnische Verbände stießen weit über die „Linie des 8. Dezember" hinaus nach Weißrußland vor. Die Rote Armee wurde zu dieser Zeit von der Weißen Armee Denikins stark bedrängt, was den Polen zugute kam.

Diesen Krieg, der von Polen nicht erklärt worden war und die junge Sowjet-Macht lebensgefährlich bedrohte, versuchte die sowjetische Regierung durch mehrere Friedensangebote rasch zu beenden. Ein sowjetisches Angebot zur Jahreswende 1919/20 wurde von Pilsudski abgelehnt, da sein Streben nach größeren Gebietsgewinnen ging.

Er setzte den Krieg offensiv weiter fort, und seine Truppen stießen nun, ohne auf großen Widerstand zu treffen, gegen Kiew vor. Polen erreichte seine größte Ausdehnung nach Osten, als am 8. Mai 1920 Kiew besetzt wurde. Die Begeisterung in Polen schlug hohe Wellen, doch die Freude war verfrüht.

Eine sowjetische Gegenoffensive unter Marschall Michail Tuchatschewski zwei Monate später brachte die Rote Armee bis an die Tore Warschaus. Alle Erfolge von Pilsudski waren dahin, als die Sowjets auch noch die Städte Wilna, Grodno und Bialystok einnahmen. Die Polen baten auf der Konferenz von Spa um alliierte Hilfe, wobei sie sich verpflichten mußten, in allen noch ungeklärten Grenzfragen die Entscheidungen des Obersten Rates anzuerkennen. Lord Curzon, der britische Außenminister, übermittelte Moskau einen Waffenstillstandsvorschlag und empfahl als Demarkationslinie am 11. Juli 1920 die sogenannte „Curzon-Linie". Die Sowjets waren einverstanden und schlugen bei den am 17. August in Minsk beginnenden Friedensverhandlungen diese Linie als polnische Ostgrenze vor.

Inzwischen aber war das „Wunder an der Weichsel" eingetreten. Den polnischen Truppen vor Warschau war am 15. August ein großer

Abwehrerfolg gelungen, der im weiteren Verlauf zur Flucht der sowjetischen Truppen führte. Die Polen folgten den fliehenden Russen und besetzten nun wieder ihrerseits die umkämpften Gebiete. Durch die Erschöpfung der bolschewistischen Truppen und den Kampfgeist der polnischen Soldaten hatte sich innerhalb einer Woche der Sieg der Roten Armee in eine schwere Niederlage verwandelt.

Aber auch die polnischen Kräfte reichten nicht mehr aus, um den Kampf um die Gebiete noch einmal aufzunehmen, die Pilsudski dem polnischen Machtbereich angliedern wollte. Trotzdem brachte dieser Eroberungskrieg Polen umfangreiche Gebietsgewinne.

Der Friedensvertrag von Riga

Fast ein Jahr nach dem überfallartigen Angriff der polnischen Armee auf die Ukraine und Weißrußland beendeten Polen und seine östlichen Nachbarn am 18. März 1921 in Riga den kriegerischen Konflikt durch einen Friedensvertrag. Er brachte Polen einen Gebietszuwachs von über 140.000 Quadratkilometern mit starken ukrainischen und weißrussischen Minderheiten.

Aus zweieinhalb Jahren kompromißloser Eroberungskriege war Polen eindeutig als Sieger hervorgegangen und hatte seine neuen Grenzen festgelegt. Es umfaßte nun 388.390 Quadratkilometer einschließlich der bis dahin geraubten deutschen Ostgebiete. Auf der Strecke geblieben waren im Osten das Selbstbestimmungsrecht der Ukrainer, der Litauer und auch der Weißrussen, die im von Polen eroberten Gebiet lebten.

Verlief die bisherige polnische Ostgrenze nach der Empfehlung des britischen Außenministers Lord Curzon ungefähr an der Sprachscheide („Curzon-Linie“), dehnten die Polen im Friedensvertrag von Riga ihre neue Ostgrenze über 200 Kilometer weit über die Sprachgrenze hinaus nach Osten aus.

Sie erfüllten sich mit dieser Grenzziehung einen Wunsch, den besonders Marschall Josef Pilsudski und seine Anhänger hegten und der ihnen angesichts des tobenden russischen Bürgerkriegs in greifbare Nähe gerückt schien und mit französischer Hilfe dann Wirklichkeit wurde.

In der französischen Ostpolitik spielte Polen damals eine wichtige Doppelrolle. Es sollte einerseits in Nachfolge des zaristischen Rußland der natürliche Bundesgenosse gegen Deutschland sein, anderseits ein Bollwerk gegen den Bolschewismus darstellen. Daher sah man in Paris eine Machterweiterung des polnischen Partners auf Kosten des durch den Bürgerkrieg erschöpften russischen Staates sehr gern und bewahrte schließlich auch die polnische Armee durch gezielte Unterstützung vor einer drohenden Niederlage. Das sogenannte „Wunder an der Weichsel“ am 14. August 1920 kam dank französischer Militärhilfe zustande.

In Warschau feierte man am 18. März 1921 gleichwohl den großen Landgewinn als die „Wiederherstellung der historischen Grenzen Polens“ und schmiedete anspruchsvolle Pläne für die Zukunft. Wie aus vertraulichen US-amerikanischen Diplomatenpapieren hervorgeht, sollte Polen nach den Vorstellungen seiner maßgeblichen Politiker die sechste europäische Großmacht werden und von der Ostsee bis zum Schwarzen Meer Einfluß ausüben.

Die enge Allianz mit Frankreich und das große polnische Selbstbewußtsein ließen an der Weichsel weitgehend vergessen, daß man sich durch den Frieden von Riga im Osten einen weiteren revisionistischen Nachbarn geschaffen hatte. Zwei Jahre zuvor war man gegen das Deutsche Reich ähnlich aggressiv vorgegangen und hatte sich damit auch den westlichen Nachbarn zum Gegner gemacht.

Durch die Annexion des Wilna-Gebiets hing das Schicksal der alten litauischen Hauptstadt Wilna fortan wie ein Damoklesschwert über den Nachbarstaaten Polens, denen die polnische Regierung immer wieder mit der sogenannten „Wilnaisierung“ drohte, besonders der Freien Stadt Danzig.

Der neue Staat Polen war nach diesen Eroberungen zu einem Vielvölkerstaat geworden. 1922 waren von den 27,4 Millionen Einwohnern des polnischen Staates 15,2 Millionen (55,5 Prozent) Polen, 5 Millionen (18,2 Prozent) Ukrainer, 3,1 Millionen (11,3 Prozent) Juden, 2 Millionen (7,3 Prozent) Deutsche, 1,6 Millionen (5,8 Prozent) Weißrussen, 250.000 (0,9 Prozent) Litauer, 250.000 (0,9 Prozent) Tschechen.

Anstatt sich nun mit seinen Nachbarn zu verständigen und eine Versöhnungspolitik zu betreiben, wurde gegen die Minderheiten im polnischen Staat brutal vorgegangen. Da die bis 1922 praktizierte Methode der bewaffneten Gewalt nicht mehr angewandt werden konnte, erfolgte die gegen die Minderheiten gerichtete Politik auf „kaltem“ Wege. Sie bestand fortan aus amtlichen Schikanen, Enteignungen, offizieller Druckausübung und diskriminierenden oder einseitig zur Anwendung gebrachten Gesetzen.

Die Benachteiligung der Deutschen erstreckte sich auf fast alle Bereiche: auf das Schul- und Kulturwesen, auf die Sprache, auf den Arbeitsmarkt, auf den Grundbesitz. Die Deutschen sollten aus Polen verdrängt werden, wohingegen die Minderheitenpolitik gegenüber den Weißrussen und Ukrainern in erster Linie auf deren Assimilierung abzielte. Schon 1919 hatte der polnische Politiker Wladyslaw Grabski in seinem „Posener Programm“ die schnelle Entdeutschung der Deutschland genommenen Gebiete gefordert.

Die großartig verkündete Agrarreform war eine der Hauptwaffen gegen die Deutschen im Lande. In erster Linie wurden damit die deutschen Großgrundbesitze aufgelöst, um auf dem enteigneten Boden Polen anzusiedeln.

1926 schrieb eine polnische Zeitung: „Der sicherste Panzer Pommerellens sind die Millionen polnischer Ansiedler. Alles Land, das noch im Besitz der Deutschen ist, muß den deutschen Händen entrissen werden."

VII. Zwanzig Jahre polnischer Kampf gegen die Rechte der Minderheiten

Seine besondere Tragik erhielt dieser Zustand durch den polnischen Chauvinismus und die Unterdrückungspolitik jener Jahre. Treffend wurden diese dem Recht hohnsprechenden Zustände vom Franzosen Pierre Valmigiere in seinem Buch „Und morgen...? Frankreich, Deutschland und Polen", das auch in deutscher Übersetzung erschien, charakterisiert: „Weiß Frankreich, daß dieses Polen noch nicht zufrieden mit seinen 40 Prozent Fremdstämmigen ist und daß es die Großmannssucht und den Kilometerwahnsinn so weit treibt, Schlesien von Beuthen bis Oppeln, die ganze Ukraine, Danzig und Ostpreußen aufsaugen zu wollen? Wilna ist der erste Anfall dieses nationalistischen Fiebers. Ich habe hier die Reden seiner Staatsmänner, seine Zeitungen und Bücher vor mir liegen. Niemals ist in der Geschichte der Heißhunger nach Land in einem derartigen Wahnsinn getrieben worden. Und die Völker, deren es sich bemächtigt hat, die tyrannisiert es, beleidigt es und zermürbt es."[11]

Dieses Buch mit seiner so treffenden Beurteilung erschien 1929 in Berlin, also zehn Jahre nach Beginn der polnischen Expansions-Politik.

Die gegen die deutsche Minderheit gerichtete „Hauptwaffe Agrarreform" bewirkte, daß bereits bis zum Jahr 1925 vom deutschen Grundbesitz 92 Prozent enteignet waren und darauf Polen angesiedelt wurden. Auch nach Abschluß des deutsch-polnischen Nichtangriffspaktes 1934, der eine gewisse Entspannung in den beiderseitigen politischen Beziehungen einleitete, hielten diese antideutschen Enteignungen von Grundbesitz an und wurden bis zum Kriegsausbruch fortgesetzt. Alle Proteste der deutschen Volksgruppe beim Völkerbund waren vergebens.

Im Dezember 1927 wurde das sogenannte Grenzzonengesetz als Steigerung des Agrarreformgesetzes erlassen. Begründet wurde der Erlaß des Gesetzes mit der militärischen Sicherung der als Grenzzone bezeichneten Gebiete des Korridors, der Provinz Posen und von Ost-

[11] Pierre Valmigère. Und morgen...? Frankreich, Deutschland und Polen. Berlin 1929.

Oberschlesien. Die Möglichkeit zum Erwerb von Grundbesitz und das Aufenthaltsrecht für Deutsche wurden stark eingeschränkt. Im Jahre 1937 erfuhr das Gesetz eine Neufassung, wodurch jeglicher Erwerb, selbst im Erbfall, die Pacht und die Nutzung von Boden durch Deutsche verboten wurde. Beim Tod eines deutschen Eigentümers ging somit jedes Stück Land in polnische Hände über. So büßten deutsche Grundbesitzer von 1919 bis 1933 im polnischen Staat über 500.000 Hektar Boden ein.

Auch die städtischen Besitztümer der Deutschen in den polnisch annektierten Gebieten wurden von den Polen liquidiert. Willkürliche Besteuerungen und zwangswirtschaftliche Benachteiligungen deutscher Betriebe waren an der Tagesordnung. Ein Betrieb nach dem anderen sah sich so in den Jahren der polnischen Herrschaft zur Aufgabe und zum Verkauf gezwungen. Sogar die staatliche Eisenbahn benachteiligte und verzögerte Lieferungen an deutsche und von deutschen Firmen.

Die Schikanen gegen deutsche Freiberufler und Handwerker waren ebenfalls sehr einfallsreich. Deutsche Prüfungen und Zeugnisse wurden einfach nicht anerkannt, und von Aufträgen staatlicher und kommunaler Einrichtungen wurden die Deutschen ausgeschlossen. Deutsche Ärzte und Apotheker schloß man vom Krankenkassen-System aus, Handwerker wurden ohne Angaben von Gründen entlassen.

Auch der in deutschem Besitz befindlichen Industrie in Ost-Oberschlesien ging es an den Kragen. Willkürliche Steuern, Enteignung, Entzug von Staatsaufträgen, behördlicher Druck, die Forderung nach Entlassung deutscher Arbeits- und Führungskräfte sowie Sondergesetze sollten die Polonisierung der Fabriken herbeiführen. Die Arbeitslosigkeit der deutschen Bevölkerung in Oberschlesien erhöhte sich drastisch und die Not der Menschen wurde immer größer. Auch nach dem Nichtangriffs- und Verständigungsabkommen vom 26. Januar 1934 zwischen Polen und dem Deutschen Reich nahm die Unterdrückung der deutschen Minderheit ständig weiter zu.

Der deutsche Generalkonsul beschrieb die Situation drei Jahre nach dem Abkommen wie folgt: „Die Not der Deutschen wächst mit jedem Monat und verschärft sich fortgesetzt durch neue Kündigungen und Entlassungen. Nach zehnjähriger Amtstätigkeit des Woiwoden Grazynski sind 75 Prozent der Deutschen in Ost-Oberschlesien mit ihren Familien um die Existenz gebracht worden. Ferner wurden allein innerhalb der letzten drei Jahre, das heißt also seit dem deutsch-polnischen Verständigungspakt, in der Schwerindustrie 840 höhere deutsche Angestellte entlassen und größtenteils durch polnische Kräfte ersetzt."

Begleitet wurden all die geschilderten Maßnahmen mit einem Boykott alles Deutschen, wodurch in erster Linie der deutsche Handel getroffen wurde. Jedem, der in einem deutschen Geschäft etwas kaufte, wurde auf Plakaten angedroht, als Verräter angeprangert zu werden. Seinen Höhepunkt erreichte dieser Boykott 1937, als Leute mit dem Tod bedroht wurden, die der Aufforderung „Kauft nicht bei Deutschen und Juden" nicht nachkamen. Man scheute sich sogar nicht, vor deutschen Geschäften Posten aufzustellen. Die unter staatlichem Schutz stehenden Verbände „Westmarken-Verband" und „Aufständischen-Verband" taten sich bei derartigen Aktionen besonders hervor.

Vertreibung bereits nach Kriegsende 1918

Der Präsident der gemischten Kommission für Oberschlesien, der Schweizer Felix Calonder, untersuchte Ende 1935 diesen Sachverhalt am Beispiel der Max-Grube. Er stellte fest, daß in den Jahren 1933 und 1934 von 71 deutschen Angestellten 66 entlassen und weitgehend durch polnische Kräfte ersetzt wurden. Dies sei die bewußte Absicht des Unternehmens gewesen, wobei sogar seit Jahrzehnten bewährte Facharbeiter unter dem Vorwand der Nichteignung entlassen worden seien.

Der deutsche Abgeordnete Wiesner stellte demzufolge im polnischen Parlament fest, daß die Arbeitslosigkeit bei den deutschen Arbeitern bei 60 bis 80 Prozent, die allgemeine Quote in Oberschlesien jedoch bei nur 16 Prozent liege.

Die Folge lag auf der Hand: Wer nicht zugrundegehen wollte, mußte als Deutscher seine an den polnischen Staat gefallene Heimat verlassen. Während die polnische Minderheit im Deutschen Reich sich frei entfalten konnte, den „Bund der Polen in Deutschland" gründete, zahlreiche Vereine, Wirtschafts- und Berufsverbände und Zeitungen besaß, mußten in den 20 Jahren von 1919 bis 1939 rund 1,5 Millionen Deutsche den polnischen Staat verlassen.

Meyers Lexikon berichtete unter dem Stichwort „Deutschtum im Ausland" bereits 1925, „daß eine gewaltig große Zahl Deutscher nach dem Deutschen Reich abwanderte, aus Posen und Pommerellen von 1919 bis 1925 allein mehr als 1,25 Millionen Menschen, aber auch aus den anderen Gebieten, besonders aus Oberschlesien."

Es ist durchaus keine Übertreibung, diesen Exodus als Vorläufer dessen zu bezeichnen, was sich nach 1945 abspielte: Die Deutschen wurden planmäßig vertrieben.

Weiter heißt es in Meyers Lexikon von 1925: „Ein großer Teil der deutschen Organisationen besteht jedoch nur auf dem Papier. Deutschtumsbund und Bund der christlichen Deutschen wurden von den Polen 1923 aufgelöst, wie überhaupt fast jede deutsche Vereinstätigkeit, selbst rein kulturelle und gesellige, unmöglich gemacht wird. Dazu kommt der Kampf gegen deutsche Schulen, Kirchen, Krankenhäuser, Zeitungen und gegen alles, was deutsch ist, sowie 1925 die Enteignung deutschen Grundbesitzes durch die Agrarreform. Trotz dieser trostlosen Lage ist das Deutschtum Polens gewillt, sich und seine deutsche Eigenart zu erhalten."

Eines der angesehensten Nachschlagewerke, das 1931 erschienene katholische „Staatslexikon" der Görres-Gesellschaft, gab einen Überblick über die Situation der Volksdeutschen im polnischen Staat, wie sie sich zwölf Jahre noch der polnischen Inbesitznahme deutscher Ostgebiete darstellte: „Die Rechte der deutschen Minderheiten in Polen sind garantiert nicht nur durch die Bestimmungen der Verfassung, sondern auch durch den sogenannten Minderheitenschutzvertrag vom 28. Juli 1919 und für Ost-Oberschlesien durch das sogenannte Genfer Abkommen vom 15. Mai 1922. Die Verträge sind für die deutschen Minderheiten in Polen fast völlig wertlos, da es die polnische Diplomatie und die polnische Verwaltung ausgezeichnet verstehen, sie in geschickter Weise zu umgehen. Das offene und auch zugegebene Ziel der polnischen Politik ist die Vernichtung des Deutschtums."

Ein Beispiel war ein Ausweisungsbefehl für eine deutsche Familie aus der Provinz Posen vom 6. Februar 1925. Das vom Leiter des Landratsamts in Karthau unterschriebene Dokument hatte folgenden Inhalt:

„Nach Bestätigung des Landratsamtes in Kartuzy (Karthau) vom 20.1.21 Nr. 7 63/0 hat Herr Leopold Bartz, aufgrund des Art. 91 des zwischen den alliierten Mächten und Deutschland am 28. Juni 1919 in Versailles unterschriebenen Vertrags, sich für die deutsche Staatsangehörigkeit entschieden. Die Folgen Ihrer Entscheidung erstrecken sich auf Ihre Frau Anna Bartz sowie auf Ihre Kinder:
Julius, geboren am 19.12.07
Erna, geboren am 14.10.09
Ewald, geboren …
Gemäß Art. 12 der polnisch-deutschen Konvention vom 30. August 1924 werden Sie ermahnt, das polnische Hoheitsgebiet mit den oben angeführten Familienmitgliedern bis zum 1. Juli 1926 zu verlassen.
Im Falle der Nichtbefolgung der Pflicht, bis zu diesem Termin polnisches Gebiet zu verlassen, werden Sie zusammen mit Ihren oben aufgeführten Familienmitgliedern zwangsweise ausgewiesen."

Gegen das deutsche Schulwesen ging der polnische Staat mit besonderer Härte vor. Alle internationalen Garantien und Verpflichtungen der Siegermächte vermochten nicht, zur Einhaltung des Minderheitenschutzvertrages beizutragen. Von den etwa 2.000 öffentlichen deutschen Schulen in Posen und Westpreußen existierte 1924 nur noch ein Viertel, zehn Jahre später nur noch knapp ein Zehntel.

Die Maßnahmen gegen die deutschen Schulen waren überaus einfallsreich. Ortschaften wurden neu gegliedert, um zu vermeiden, daß in einer Ortschaft mehr als 40 deutsche Kinder lebten, die ein formales Anrecht auf muttersprachlichen Unterricht gehabt hätten. Unter dem Vorwand, der Schulweg dürfe nicht länger als drei Kilometer sein, wurden Kinder am Besuch einer entfernteren deutschen Schule gehindert. Auf die Eltern wurde massiver Druck ausgeübt mit dem Ziel, ihre Kinder auf polnische Schulen zu schicken. Um den Deutschen polnische Volkszugehörigkeit nachweisen zu können, versuchte man mit „Sprachprüfungen" und „Namensanalysen" das Recht auf einen deutschen Schulbesuch in Frage zu stellen. Meistens wurde dann dem Betreffenden eine polnische Volkszugehörigkeit „nachgewiesen".

Bereits zu Beginn der polnischen Herrschaft wurden zahllose deutsche Lehrer des Landes verwiesen. Auch erklärte man Lehrer für unfähig oder illoyal und erkannte abgelegte deutsche Prüfungen nicht an. So bestand im deutschen Schulwesen ein mit Absicht herbeigeführter Lehrermangel. Nur noch ein knappes Drittel der deutschen Schulkinder besuchte deshalb zu Beginn des Jahres 1939 deutsche Schulen.

Schweren Verfolgungen waren auch Wanderlehrer ausgesetzt, die man als Nothelfer einzusetzen versuchte. Ebenso schwierig waren die Bedingungen für Deutsche, die an Hochschulen studieren wollten.

Das bereits erwähnte „Staatslexikon" aus dem Jahr 1931 schrieb über die deutschen Schulen: „Diesem Aufblühen des staatlichen Schulwesens steht der Zusammenbruch des deutschen Schulwesens gegenüber. Durch den Minderheitenvertrag vom 24. Juni 1919 wurde den Deutschen das Recht auf staatliche und private Schulen mit deutscher Unterrichtssprache zugestanden.

Die polnische Regierung hat es jedoch verstanden, vier Fünftel von den zur Zeit der Entstehung des polnischen Staates bestehenden Volksschulen aufzulösen. In den noch bestehenden Schulen wird ein Teil der Fächer in polnischer Sprache erteilt. In den Privatschulen, worunter besonders Gymnasien zu verstehen sind, muß im allgemeinen die Reifeprüfung vor polnischen, dem Prüfling bis dahin ganz unbekannten Professoren abgelegt werden. Das Bestehen dieser Schulen wird auch dadurch in Frage gestellt, daß ihren Lehrern nicht selten die Unterrichtserlaubnis ohne Angabe des Grundes entzogen wird."

Die Universität von Posen, eine von vier deutschen „Reichsuniversitäten"

Das Schicksal der deutschen Kirchen und ihrer Amtsträger in den deutschen Gebieten unter polnischer Herrschaft war nicht weniger schlimm. Die protestantische Kirche wiederum war besonders davon betroffen. Galt sie doch in der vom polnischen Katholizismus verbreiteten Auffassung als eine Vereinigung von Ketzern. So wurde gleich zu Beginn der polnischen Inbesitznahme ein großer Teil der evangelischen Geistlichen vertrieben. Die Zurückgebliebenen waren in der Regel starkem Druck und sogar Terror von seiten polnischer Stellen ausgesetzt.

Gottesdienste wurden gesprengt und auch evangelische Friedhöfe geschändet. Kirchliches Eigentum beschlagnahmte in mehreren Fällen der polnische Staat, unter anderem auch ganze Kirchengebäude. Den absoluten Höhepunkt der Unterdrückung ereilte die protestantische Kirche Oberschlesiens im Jahre 1937, als der als Deutschenhasser bekannte Woiwode Michael Grazynski über diese Kirche die „Schirmherrschaft" übernahm. Trotz des Protestes der ganzen deutschen Bevölkerung entfernte der neue „Schirmherr" aus der Kirche fast alle deutschen Würdenträger.

Auch die katholische Kirche war in diesen Jahren sehr bedrängt, oblag doch die Ernennung von Geistlichen fortan den polnischen katholischen Bischöfen.

Für die deutsche Presse und die deutschen Organisationen bestand in den nunmehr polnisch besetzten deutschen Gebieten noch weniger Spielraum. Fast alle führenden deutschen Persönlichkeiten lernten während der polnischen Herrschaft deren Gefängnisse kennen.

Die diesbezüglichen Zusicherungen im Minderheitenschutzvertrag von 1919 wurden auch hier mißachtet. Es kam immer wieder zu Zensurprozessen, Beschlagnahmen, Verboten. Theodor Bierschenck, in der Zwischenkriegszeit als Lehrer für deutsche Kinder und als Unterstützer der deutschen Minderheit in Polen tätig, schrieb[12] nach dem Krieg, „daß die Lodzer ‚Freie Presse' bereits am 16. Oktober 1919 das erste Mal und anschließend noch mehrere Male verboten (nicht nur beschlagnahmt) wurde, so daß sie bis Mai 1923 etwa zehnmal ihren Namen hatte wechseln müssen, bis sie dann als ‚Freie Presse' fortgeführt werden konnte. Trotzdem hatte sie in der folgenden Zeit noch zahllose Geldstrafen und Beschlagnahmen, Dutzende von Prozessen, Haussuchungen und andere Schikanen zu ertragen. Als typisch für die Geschicke der deutschbewußten Presse in Polen können wir die für die ‚Deutsche Rundschau' in Bromberg vorliegenden Zahlen bezeichnen. Diesem Blatte waren von 1920 bis 1939 872 Strafverfahren angehängt worden. 546mal unterlag die Zeitung der Beschlagnahme. Aber die Schriftleiter waren insgesamt nur zu fünf Jahren, elf Monaten und 20 Tagen Gefängnis sowie zu 24.050 Zloty Geld- und zu 38.700 Zloty Gerichtsstrafen verurteilt worden.

Dieses im Verhältnis zu der Anzahl der Strafverfahren oder Beschlagnahmen niedrige Gesamtausmaß an Strafen beweist, daß weitaus die meisten Verfahren mit einem Freispruch bzw. mit einer Niederschlagung endeten, die Verfahren also zu Unrecht eingeleitet worden waren. Durch die laufenden Beschlagnahmen verhinderten die Polen jedoch die Verbreitung ihnen unangenehmer Nachrichten und schädigten das Blatt wirtschaftlich."

Der familiäre und kulturelle Kontakt zwischen Reichsdeutschen und Volksdeutschen wurde an der Grenze fast völlig abgeschnitten: Einreiseverweigerung und Einreiseerschwernisse auf der einen, Paßverweigerungen und Paßgebühren auf der anderen Seite führten dazu.

Gewalt und Terror

Regelrechte Terrorakte gegen die Volksdeutschen hatten zwar in den Jahren nach 1922 abgenommen, waren jedoch nie ganz zum Erliegen gekommen. Vor allem in dem von den polnischen „Aufständen" auf-

[12] Theodor Bierschenk. Die deutsche Volksgruppe in Polen 1934–1939: Beihefte zum Jahrbuch der Albertus-Universität Königsberg. Würzburg 1954.

geheizten antideutschen Klima Ost-Oberschlesiens flackerten sie immer wieder auf. So wurden dort in den vier Jahren nach 1922 etwa 40 Sprengstoffanschläge gegen Deutsche und ihr Eigentum verübt, wobei die Strafverfolgungsbehörden untätig blieben. Vereinzelt wurden auch Deutsche ermordet, die beispielsweise deutsche Lieder sangen.

Besonders kulturelle Veranstaltungen der deutschen Volksgruppe in Oberschlesien wurden häufig von polnischen Banden zerschlagen. Eine Steigerung erfuhr der Terror in Oberschlesien erneut, als 1926 der oben bereits genannte Woiwode Grazynski, der auch Ehrenpräsident des polnischen Aufständischen-Verbandes war, ins Amt kam.

Bei bevorstehenden Wahlen waren die Umstände für die Deutschen besonders schlimm, da sie ständig Einschüchterungsversuchen ausgesetzt waren. Das war in allen Deutschland genommenen Gebieten der Fall.

Das deutsche Konsulat in Thorn berichtete am 31. Oktober 1930 von einem noch harmlosen, aber bezeichnenden Fall im Vorfeld der Parlamentswahlen des Jahres 1930: „In den Städten Konitz und Briesen sind nächtlicherweise die Schilder der handel- und gewerbetreibenden Deutschen und ihrer Organisationen mit Teer besudelt und unleserlich gemacht worden, um die niederen Instinkte der Masse gegen die Minderheit aufzuhetzen. In Thorn sind verschiedene deutsche Geschäfte in der Hauptverkehrsgegend von einem hochgestellten Verwaltungsbeamten, dem Regierungsdirektor Zapala von der hiesigen Woiwodschaft, persönlich aufgesucht worden.

Die Geschäftsinhaber wurden von dem genannten Herrn aufgefordert, deutschsprachige Anpreisungen, Inschriften und dergleichen sowie deutsche Zeitungen und Zeitschriften aus den Schaufensterauslagen unverzüglich zu entfernen, widrigenfalls die Unversehrtheit der Scheiben nicht gewährleistet sei. Mit besonderer Genugtuung lenkte Zapala seine Schritte auch in das Geschäft eines deutschen Möbelhändlers, dem er es verübelte, daß er bei ihm eine Wohnungseinrichtung, die auf Abzahlung gekauft war, wieder abholen ließ, nachdem sich der Käufer nicht einmal zur Zahlung der ersten Kaufrate verstehen wollte. Das hiesige Deutsche Heim ist in letzter Zeit wiederholt Gegenstand von politischen Attentaten gewesen. Schilder mit deutschen Inschriften sind regelmäßig besudelt und zerbrochen worden. Bei geselligen Zusammenkünften sind Ziegelsteine mit solcher Wucht in die Fenster der Vereinszimmer geschleudert worden, daß nicht nur die Scheiben, sondern auch die Fensterkreuze zertrümmert wurden."

In Oberschlesien nahm der Terror noch weitaus schlimmere Formen an. Immer wieder wurden schwere Fälle, allerdings erfolglos, an die Genfer Liga gemeldet.

Den Wahlterror des Jahres 1930 hatte auch der britische Außenminister Arthur Henderson zum Anlaß eines scharfen Protests genommen. Doch schon im Sommer 1931 erfolgten neue Terrorakte bis hin zur Ermordung eines jungen Deutschen am 9. August 1931, der gemeinsam mit anderen deutsche Lieder sang. Im Frühjahr 1933 erfolgte die nächste Welle. Der polnische Westmarken-Verband forderte zu diesem Zeitpunkt schon die „Vernichtung" der Deutschen. Der Terror – Mißhandlungen, Folterungen und sogar Mord –, der von polnischen Banden ungehindert und ungestraft ausgeübt wurde, forderte auch in den kommenden Jahren zahlreiche Todesopfer.

Ein Bericht der „Wiener Neuesten Nachrichten" vom 9. September 1930 meldete unter der Überschrift „Ein Hetzsonntag" aus Warschau: „In ganz Polen fanden gestern abermals Protestkundgebungen gegen die deutsche Revisionspolitik statt." Dann berichtete das unverdächtige österreichische Blatt von der besonders scharfen Resolution, die von der Volksversammlung in Posen gefaßt worden war. Darin werde unter anderem die Ausweisung der deutschen Optanten, die Durchführung der Bodenreform auf dem deutschen Grundbesitz, die Verringerung der Minderheitenrechte, die Auflösung der deutschen nationalen Organisationen und der Entzug des Postdebits aller reichsdeutschen Blätter, die für die Grenzrevision eintreten, verlangt.

Das Wiener Blatt druckte im Anschluß an die Meldung eine „Deutsche Klarstellung", in der es hieß: „Dadurch, daß man Deutsche verjagt, enteignet und zum Abwandern zwingt, zerstört man nicht Deutschlands Ansprüche auf ein Land, in dem nie eine andere Kultur etwas geschaffen hat außer der deutschen, das in den Jahrhunderten seiner Zugehörigkeit zu Deutschland geblüht hat und in der polnischen Zeit das äußerste Bild der Verwahrlosung bot."

Unmenschliche Zustände in polnischen Gefängnissen

Die in diesen Jahren vom polnischen Staat erfolglos bekämpfte Solidarität der verschiedenen Minderheiten in Polen ist ein erfreuliches Kapitel. So setzte sich 1937 die Führung der deutschen Volksgruppe in Polen dafür ein, daß die in der Minderheitenerklärung vom 5. November 1937 den Deutschen auf dem Papier zugestandenen Rechte auch für die jüdische Minderheit gelten sollen. Dies sei ein Gebot der Gerechtigkeit, nachdem die deutsche und die jüdische Minderheit im Bunde gegen die Minderheitenpolitik Polens gekämpft hätten. Diese Erklärung rief beim polnischen Außenminister Josef Beck angesichts der NS-Judenpolitik Verärgerung und Erstaunen hervor.

Der „Manchester Guardian" vom 12. Dezember 1931 gab in dem Artikel „Die Unterdrückung der Ukrainer. Mittelalterliche Methoden in

Polen wiederbelebt" einen Überblick über die Behandlung aller Minderheiten in Polen: „Es wäre vielleicht langweilig, die Unterdrückungstaten einzeln aufzuführen. Aber bestimmte Dinge können nicht unerwähnt bleiben, die zivilisierte Welt muß sie hören – nämlich die schrecklichen und unmenschlichen Barbareien in den polnischen Kerkern."

Das Ziel der polnischen Minderheitenpolitik seit Beendigung des Ersten Weltkrieges war und blieb weiterhin die Vertreibung oder die Polonisierung der Ukrainer, Deutschen, Juden und Weißrussen.

In der polnischen Außenpolitik erwiesen sich die Gebietsgewinne des jungen Staates in den Jahren 1918 bis 1923 als verheerende Hypothek. Die territoriale Expansionspolitik Polens hatte dafür gesorgt, daß eine Verständigung zwischen Polen und der Sowjetunion auf der einen und Polen und dem Deutschen Reich auf der anderen Seite unmöglich war.

Die Mißachtung des Selbstbestimmungsrechts der Völker, wie es Wilson proklamiert hatte, verhinderte die Verständigung zwischen den Staaten, verhinderte damit reelle Chancen zur Bewahrung des Friedens. Nach Versailles und St. Germain waren fast überall in Mitteleuropa Bedingungen geschaffen worden, die auf Dauer unhaltbar erschienen. Der deutsche Außenminister Gustav Stresemann stellte dazu 1925 treffend fest: „Das ist ja gerade die diabolische Art des Versailler Diktates gewesen, daß sie an allen Ecken und Enden Unfrieden zwischen Deutschland und seinen Nachbarn geschaffen hat. Von allem anderen abgesehen, suchte sie Feindschaft zu legen zwischen Deutschland und Frankreich (Elsaß-Lothringen), Belgien (Eupen-Malmedy), Dänemark (Nordgrenze), Polen (Danzig, der Korridor, Oberschlesien), Tschechoslowakei (Deutschböhmen und Verhinderung des Anschlusses), Litauen (Memelland). Dazu alle Unterdrückungen der Deutschen, die Streitpunkte mit Jugoslawien und Rumänien schaffen, genauso wie die Südtiroler Frage eine brennende Wunde für die deutsche Seele ist."

VIII. Die Weimarer Republik

Am 3. Oktober 1918 war in der Politik des Deutschen Reiches durch die Berufung des Prinzen Max von Baden zum Reichskanzler ein Umschwung eingetreten. Im Kabinett des Prinzen waren die Parteien vertreten, die die Friedensresolution von 1917 eingebracht hatten, und zwar die SPD, das Zentrum und die Demokraten. Es war die erste Regierung seit Kriegsbeginn, die sich auf eine parlamentarische Mehrheit im Parlament stützen konnte.

Mit den Oktoberreformen von 1918 wurde der Regierungschef abhängig von der Reichstagsmehrheit. Das Vorrecht des Kaisers, einen Kanzler seines Vertrauens einzusetzen, war entfallen. Das Kaiserreich wurde dadurch zur parlamentarischen Monarchie umgestaltet. Nach der Revolution wurde in Preußen das Dreiklassenwahlrecht ersetzt durch das allgemeine, gleiche und geheime Wahlrecht, wie es seit 1871 für die Reichstagswahl längst bestand. Zudem wurde das Wahlrecht auf die Frauen ausgedehnt, die bisher vom politischen Leben weitgehend ausgeschlossen waren.

Überall traten die alten Gewalten widerstandslos zurück. Der Kaiser dankte ab und ging nach Holland ins Exil. General Ludendorff emigrierte nach Schweden. Als militärisch Verantwortlicher sorgte Feldmarschall Paul von Hindenburg für die ordnungsgemäße Rückführung des deutschen Heeres in die Heimat, ehe er in den – vorläufigen – Ruhestand ging.

In Berlin trat der „Rat der Volksbeauftragten" als neue Regierung zusammen, der aus gemäßigten und radikalen Sozialdemokraten bestand. „Arbeiter- und Soldatenräte" konstituierten sich nach russischem Vorbild und übernahmen die ausführende Gewalt. Die Regierung stand vor schweren Aufgaben. Da bei ihrem Zusammentritt am 9. November der Krieg noch nicht beendet war, mußte sie die Waffenstillstands-Bedingungen annehmen, um die andauernden verlustreichen Kämpfe zu beenden. Die weiterbestehende britische Seeblockade sorgte für Ernährungsmangel und Hungeraufstände, die den radikalen politischen Elementen in die Hände spielten. Ein Bürgerkrieg stand vor der Tür. Das in die Heimat zurückgehende Heer mußte entlassen, die Soldaten wieder in Arbeit und Brot gebracht werden. Die Kriegsmaterial produzierende Wirtschaft mußte auf Friedensproduktion umgestellt werden. Die neue Regierung sah einen Friedensvertrag auf sich zukommen, der – nach den Waffenstillstandsbedingungen zu urteilen – nichts Gutes erwarten ließ. Im Osten wurde Deutschland von dem neu erstandenen polnischen Staat bedrängt.

Zwischen den Mitgliedern des Rates der Volksbeauftragten entstanden bald Meinungsverschiedenheiten. Die Gemäßigten erstrebten eine demokratische Staatsform nach dem Vorbild der westlichen Länder. Ebert wollte sogar für den Enkel des Kaisers, den Prinzen Wilhelm, den Thron retten und war unangenehm überrascht, als Scheidemann am 9. November vom Reichstag aus spontan die Republik ausrief, um die aufgebrachten Volksmassen zu beruhigen und einen Bürgerkrieg zu verhindern.

Die Linksextremisten gedachten, eine Diktatur des Proletariats in Anlehnung an Rußland einzuführen. Am 25. November 1918 beschloß eine „Reichskonferenz" der Vertreter der Landesregierungen in Berlin die Einberufung einer verfassunggebenden Nationalversammlung. Ein Kongreß der „Arbeiter- und Soldatenräte" in Berlin vom 16. bis 20. Dezember bestätigte diesen Beschluß. Als die Kommunisten merkten, daß sie ihre Ziele auf friedlichem Wege nicht erreichen würden, initiierten sie den gewaltsamen Putsch. Ende 1918 und Anfang des Jahres 1919 flackerten an vielen Stellen Unruhen auf.

Schon am 19. Januar 1919 fand die Wahl zur Nationalversammlung statt, bei der die Mehrheitssozialisten mit 163, das Zentrum mit 89 und die Demokraten mit 74 von insgesamt 421 Sitzen einen Sieg errangen. Die unabhängigen Sozialisten erhielten nur 22 Sitze. Die Kommunisten hatten sich nicht an der Wahl beteiligt. Von den übrigen Parteien erhielten die Deutsche Volkspartei 19 und die Deutschnationale Volkspartei 44 Abgeordnete. Auf die Splitterparteien entfielen sieben Sitze. Frauen übten bei der Wahl zum ersten Mal ihr Stimmrecht aus. Die Deutschen hatten sich mit großer Mehrheit für die parlamentarische Demokratie entschieden.

Am 6. Februar 1919 trat die Nationalversammlung in Weimar, deshalb der Name „Weimarer Republik", zusammen, weil in Berlin Kämpfe der Regierungstruppen gegen die Kommunisten vom „Spartakusbund" tobten. Als ersten Reichspräsidenten wählte die Nationalversammlung Friedrich Ebert, den Vorsitzenden der SPD. Er berief Philipp Scheidemann zum Reichskanzler, der aus Mehrheitssozialisten, Zentrum und Demokraten die erste Regierung bildete.

Die Nationalversammlung beriet und beschloß die neue Verfassung des Deutschen Reiches am 11. August 1919. In Artikel 1 der neuen Verfassung hieß es: „Die Staatsgewalt geht vom Volke aus." Das wichtigste Recht des Volkes war das Wahlrecht. Der Reichstag und der Reichspräsident waren vom Volke zu wählen. Das Reichstagswahlrecht von 1871 wurde in nur drei Punkten geändert: Das Wahlalter wurde auf 20 Jahre herabgesetzt, auch Frauen durften nun wählen, statt des Mehrheitswahlrechts wurde das Verhältniswahlrecht eingeführt. Auch kleine Gruppen konnten nun hoffen, im ganzen Reichsgebiet die für einen Sitz erforderlichen 60.000 Stimmen zu gewinnen. So reizte das neue Wahlrecht zu immer neuen Parteigründungen. Im Jahre 1932 bewarben sich schließlich 37 Parteien um die Gunst der Wähler. Diese Zersplitterung machte eine stabile Regierungsmehrheit fast unmöglich.

Von 1920 bis 1932 wurde der Reichstag siebenmal gewählt und doppelt so oft wechselte der Kanzler und mit ihm die Regierungen. Dem unmittelbaren Einfluß des Volkes auf die Politik sollten besonders zwei neue Einrichtungen dienen: Das Volksbegehren und der Volksentscheid. Wenn der Reichspräsident oder ein Drittel des Reichstages oder fünf Prozent der Wahlberechtigten es verlangten, wurde ein vom

Reichstag beschlossenes Gesetz erst gültig, wenn die Wähler die Vorlage eines Gesetzentwurfes verlangten, über dessen Annahme dann ein Volksentscheid bestimmen konnte.

Die Reichsverfassung sprach jedem Deutschen bestimmte unverletzliche Grundrechte zu: Gleichheit vor dem Gesetz, Freiheit der Meinungsäußerung, Versammlungsfreiheit, Religions-, Glaubens- und Gewissensfreiheit, Schutz des Eigentums und des Hausfriedens usw.

Der Reichstag hatte die Gesetze zu beschließen und die Innen- und Außenpolitik zu bestimmen. Der Reichskanzler und die Reichsminister waren dem Reichstag verantwortlich und konnten von ihm zum Rücktritt gezwungen werden.

Die Regierung schloß Bündnisse und Verträge mit fremden Staaten. Der Reichspräsident ernannte und entließ den Reichskanzler und die Reichsminister. Die Wehrmacht wurde seinem Oberbefehl unterstellt. Der Artikel 48 räumte ihm das Recht ein, im Falle der Gefahr gewisse Grundrechte außer Kraft zu setzen und notwendige Maßnahmen zu treffen, für die er erst nachträglich die Zustimmung des Reichstages einzuholen brauchte.

Deutschland war föderal gegliedert wie schon das von Bismarck geschaffene Kaiserreich. Die Länderparlamente wählten die Vertreter für den Reichsrat. Dieser mußte zu allen Gesetzen gehört werden. Sein Einspruch konnte jedoch durch eine Zweidrittelmehrheit des Reichstages oder auch durch einen Volksentscheid außer Kraft gesetzt werden. Die Verfassung hielt in den Artikeln 2 und 61 die Möglichkeit des Anschlusses der Deutschösterreicher offen.

Über die Reichsflagge kam es zu einem Meinungsstreit. Ein Teil des Volkes wollte Schwarz-Weiß-Rot behalten, während die Mitte und die Sozialdemokraten für die Farben Schwarz-Rot-Gold aus den Befreiungskriegen eintraten, die dann von der Deutschen Nationalbewegung im 19. Jahrhundert popularisiert worden waren. Schließlich schlossen beide Gruppen einen Kompromiß: Die Nationalflagge wurde Schwarz-Rot-Gold. Auf See und in der Reichswehr wurden die alten Reichsfarben Schwarz-Weiß-Rot beibehalten, allerdings mit einer schwarz-rot-goldenen Gösch.

Länger als ein Jahrzehnt nach Kriegsende stand die Reparationsfrage im Mittelpunkt der Weltpolitik. Insbesondere wurde die Stellung Deutschlands zu den Siegermächten von der Lösung dieser Frage bestimmt. Eine beherrschende Rolle spielten dabei die Kriegsschulden der Entente-Mächte. Die USA hatten der Entente während des Krieges große Anleihen gewährt. England mußte sich verpflichten, seine Schulden von über zehn Milliarden Dollar in 62 Jahren zu verzinsen und abzuzahlen. Frankreich sollte im gleichen Zeitraum vier Milliarden Dollar an die USA und fast genauso viel an England zurückzahlen. Diese Schulden versuchten die Sieger von Deutschland eizutreiben.

Um die Höhe der deutschen Reparationszahlungen wurde gleich nach Kriegsende erbittert gestritten. Zahlreiche Konferenzen befaßten sich mit der Höhe der deutschen Zahlungen. Im Mai 1921 stimmte der Reichstag unter dem Druck eines Ultimatums einer Zahlungsverpflichtung von 132 Milliarden Mark zu. In den ersten Jahren versuchten die Alliierten, möglichst viele Sachleistungen wie Kohle, Holz, Maschinen usw. zu bekommen, weil ihre eigenen Industrien den Bedarf noch nicht decken konnten. Die schwerringende deutsche Wirtschaft konnte diese Forderungen kaum erfüllen. Außerdem war der Wert der Sachleistungen wie der Zahlungen sehr umstritten. Die Alliierten bewerteten die gesamte deutsche Reparationsleistung bis zum Jahr 1932 mit 21 Milliarden, während die deutsche Regierung sie auf 68 Milliarden Mark berechnete. Wegen der Währungszerrüttung ließ sich die deutsche Zahlungsfähigkeit kaum schätzen.

Die deutschen Regierungen versuchten, die Forderungen der Feindmächte zu erfüllen, während große Teile des deutschen Volkes an dem Sinn der „Erfüllungspolitik" zweifelten. Das, was die Alliierten verlangten, war völlig unerfüllbar, so daß sie nur einen Bruchteil davon erhielten und nie zufriedengestellt werden konnten.

Sie hätten allen Grund gehabt, sachlich zu überlegen, was Deutschland wirklich zahlen könne und welche Auswirkungen die deutschen Zahlungen auf die Weltwirtschaft ausüben mußten. Deutschland konnte doch nur Reparationen zahlen bei einer entsprechenden Warenausfuhr, die aber wieder drückte auf die Wirtschaft der Feindstaaten. Eine andere Möglichkeit wäre gewesen, daß Deutschland für die Reparationszahlungen Auslandsanleihen aufnahm, die es aber nie hätte zurückzahlen können.

Als Hauptbegründung für die unsäglich harten Bedingungen des Versailler Diktats war die von den Siegern diktierte „alleinige Schuld Deutschlands" am Ausbruch des Ersten Weltkrieges.

Hierzu sagte der britische Außenminister Lloyd George am 3. März 1921: „Für die Alliierten ist die deutsche Verantwortung für den Krieg grundlegend; sie ist das Fundament, auf dem der Bau von Versailles errichtet wurde. Wenn dies abgelehnt oder aufgegeben wird, ist der Vertrag zerstört."

Der US-Präsident Wilson sagte am 5. September 1919: „Gibt es einen Mann oder eine Frau – ja, laßt mich sagen – gibt es ein Kind, das nicht weiß, daß der Samen des Krieges in der modernen Welt der industrielle und wirtschaftliche Wettbewerb zwischen den Nationen ist? Dieses war ein Industrie- und Handelskrieg."

Der britische Premierminister Lloyd George erklärte am 23. Dezember 1920: „Je mehr man Memoiren und Bücher liest, die in den verschiedenen Ländern über die Vorgänge vor dem 1. August 1914 geschrieben wurden, desto mehr kommt man zu der Überzeugung, daß niemand von denen, die damals die Staatsgeschäfte leiteten, wirklich den Krieg wollte. Es war etwas, in das man hineinglitt oder vielmehr -taumelte oder -stolperte, vielleicht aus Torheit. Eine Diskussion, daran zweifle ich nicht, hätte ihn verhindert."

Der italienische Ministerpräsident Francesco Nitti schrieb: „Zunächst: Kein ehrlicher, von Haß freier Mensch kann behaupten, daß die Verantwortung am Krieg 1914/18 allein auf Deutschland falle; ja, es besteht berechtigter Zweifel, ob nicht Rußland einen größeren Teil der Schuld trage als Deutschland. Und wer will leugnen, daß auch Frankreich mit seiner Politik höchst wirksam zur Katastrophe beigetragen habe? Die Archive von Petersburg und Berlin haben sich geöffnet und die größten Überraschungen gebracht. Lloyd George hat gesagt, die Schuld am Kriege verteile sich auf alle und wir seien hineingestolpert, fast ohne es zu wissen."

In seinem Vortrag „Deutschland und der Frieden Europas" vom 29. Juni 1937 sagte der britische Diplomat und spätere Botschafter in Washington Lord Lothian: „Der Versailler Vertrag gründete sich auf die Theorie von Deutschlands Alleinschuld am Weltkrieg. Ich glaube, niemand, der die Vorgeschichte des Krieges ernsthaft studiert hat, kann diese Ansicht heute aufrechterhalten. Der Krieg hatte eine lange Vorgeschichte. Sie geht zurück bis zu dem Marokko-Ägypten-Abkommen zwischen Frankreich und England und dem französischen Vorrücken auf Fez, das jene Serie von überstürzten Schritten Deutschlands zu Folge hatte, die so viel dazu beigetragen haben, die Welt in verschiedene Lager zu teilen.

Am Ende des Krieges jedoch hatten wir uns eingeredet, daß Deutschland allein an dem Unglück schuld sei. Diese Überzeugung war das Ergebnis von Meinungen, die wir uns aufgrund eines sehr unzureichenden Materials, ergänzt durch die Propaganda der Kriegszeit, gebildet hatten. Das Wesen der Kriegspropaganda aber bestand darin, die Einigkeit und Moral der eigenen Landsleute aufrechtzuerhalten durch den Nachweis, daß wir völlig recht, der Feind aber völlig unrecht habe. Auf diesem Grundsatz war der Versailler Vertrag aufgebaut."

Späte Einsichten – Stimmen damaliger Politiker zum Versailler Vertrag

Zahlreiche alliierte Politiker, die während des Krieges leidenschaftlich gegen den „preußischen Militarismus" und den „autokratischen Kaiser" gewirkt hatten, wandten sich von Beginn an gegen die übermäßig harten Versailler Friedensbedingungen.

- Herbert Hoover, Mitglied der US-amerikanischen Friedensdelegation in Versailles und späterer US-Präsident, schrieb über sein Gespräch mit dem US-Präsidenten Wilson nach dessen Ankunft in Europa am 15. Dezember 1918: „Ich bemerkte zu ihm (Wilson), daß die ganze Atmosphäre plötzlich von Strömungen unbeschreiblicher Bösartigkeit durchsetzt war. Der große Schwung des Krieges war tiefer Niedergeschlagenheit gewichen, ganz Europa von Verzweiflung erfüllt. Wenn es sich dabei um Einzelpersonen handelte, meinte ich, so würde ich ihre Haltung als überwiegend habsüchtig, machtgierig, gehässig und rachsüchtig beschreiben. Jedoch könnte ich mir keine gleichwertigen Ausdrücke denken, die sich auf Nationen anwenden ließen. Auf jeden Fall müsse es mit aufgepeitschtem Nationalismus, Imperialismus, Militarismus, Gleichgewicht der Kräfte, Reaktion und mit der Entschlossenheit zu tun haben, das Rennen als erster zu machen."
- Aus dem Memorandum („Eine Erwägung für die Friedenskonferenz, ehe sie ihre Bedingungen endgültig festsetzt") des britischen Premierministers Lloyd George vom 25. März 1919 zur Behandlung Deutschlands auf der Versailler Friedenskonferenz: „Die Aufrechterhaltung des Friedens wird davon abhängen, daß keine Ursachen zur Verzweiflung vorhanden sind, die dauernd den Geist des Patriotismus, der Gerechtigkeit oder des Fairplay aufstacheln. Unsere Bedingungen dürfen hart, sogar grausam und selbst erbarmungslos sein, um Genugtuung zu erlangen, aber gleichzeitig können sie so gerecht sein, daß das Land, dem sie auferlegt werden, in seinem Herzen fühlen wird, daß es kein Recht zur Klage hat. Aber Ungerechtigkeit und Anmaßung, ausgespielt in der Stunde des Triumphes, werden nie vergessen und vergeben werden.
  Aus diesen Gründen bin ich auf das schärfste dagegen, mehr Deutsche als unerläßlich nötig der deutschen Herrschaft zu entziehen, um sie einer anderen Nation zu unterstellen. Ich kann mir keine stärkere Ursache für einen künftigen Krieg vorstellen, als daß das deutsche Volk, das sich zweifellos als eine der kraftvollsten und mächtigsten Rassen der Welt erwiesen hat, rings von einer Anzahl kleiner Staaten umgeben werden soll, von denen viele aus Völkern bestehen, die noch nie vorher eine stabile Regierung aufgestellt haben, aber jeder breite Massen von Deutschen einschließen, die die Vereinigung mit ihrem Heimatland fordern. Der Vorschlag der polnischen Kommission, 2.100.000 Deutsche der Aufsicht eines Volkes von anderer Religion zu unterstellen, das noch niemals im Laufe seiner Geschichte die Fähigkeit zu stabiler Selbstregierung bewiesen hat, muß meiner Beurteilung nach früher oder später zu einem neuen Krieg in Osteuropa führen."

- US-Präsident Woodrow Wilson sagte 1919: „Wie kann sich zum Beispiel eine Macht wie die Vereinigten Staaten von Amerika – denn ich kann für keine andere sprechen – 3.000 Meilen über den Ozean nach Unterzeichnung dieses Vertrages zurückziehen und ihrem Volk berichten, daß eine Friedensregelung für die Welt geschaffen worden sei, wenn sie Elemente enthält, die man nicht für dauerhaft ansehen kann. Ich kann es nicht."
- Der Sowjetführer Wladimir I. Lenin urteilte über den Versailler Vertrag: „Der Friede von Brest-Litowsk, von dem monarchistischen Deutschland diktiert und dann der weitaus bestialischere und niederträchtigere Friede von Versailles, von ‚demokratischen' Republiken, von Amerika und Frankreich sowie vom ‚freien' England diktiert [zeigt], daß wir nicht Vertreter der Kultur und Zivilisation vor uns haben, sondern in der Gestalt Englands und Frankreichs zwar demokratische Staaten, die jedoch von imperialistischen Räubern regiert werden. Als Deutschland besiegt war, da schrie der Völkerbund, der Bund der Nationen, die gegen Deutschland gekämpft hatten, das sei ein Befreiungskrieg, ein demokratischer Krieg gewesen. Deutschland wurde ein Frieden aufgezwungen, aber das war ein Frieden von Wucherern und Würgern, ein Frieden von Schlächtern, denn Deutschland und Österreich wurden ausgeplündert und zerstückelt. Man nahm ihm alle Existenzmittel, ließ die Kinder hungern und des Hungers sterben.
  Was also ist der Versailler Vertrag? Ein ungeheuerlicher Raubfrieden, der Millionen und Abermillionen Menschen, darunter die zivilisiertesten, zu Sklaven macht. Es sind Bedingungen, die einem Wehrlosen mit dem Messer in der Hand diktiert worden sind."
- Der italienische Ministerpräsident Francesco Nitti urteilte so über Versailles: „Von dem Augenblick an, da ich als Ministerpräsident Italiens den Vertrag von Versailles unterschreiben mußte, habe ich mich dank der Entente-Konferenzen, an denen ich teilnahm, davon überzeugt, daß man nicht den Frieden wollte, sondern nur darauf aus war, Deutschland zu erwürgen und zu zerstückeln; und was die Sieger hierbei bestimmte, war nicht nur der Haß und die Rachsucht, sondern vor allem auch die Furcht, Deutschland stärker als je wieder auferstehen und kraft seiner machtvollen Arbeitsfähigkeit seinen Platz auf dem Weltmarkt zurückerobern zu sehen.
  Aber die Friedensverträge, im Hasse geboren, sind fast ausschließlich nach Frankreichs Willen ausgestaltet worden, und dieser Wille war nur eines: Deutschland demütigen, es erwürgen und zerstükkeln. Die Reparationspolitik ist der verabscheuungswürdigste Betrug, den die moderne Geschichte verzeichnet. Ganz Europa ist bal-

kanisiert worden und droht, nunmehr in der künstlich geschaffenen Zerrüttung unterzugehen."

- Der Unterhaus-Abgeordnete J.W. Kneeshaw sagte 1920 auf dem Labour-Parteitag in Scarborough: „Wären wir das besiegte Volk und hätten solche Bedingungen auferlegt bekommen, so würden wir, statt uns ruhig auf sie zu verpflichten, in unseren Schulen und Heimen begonnen haben, unsere Kinder auf einen Vergeltungskrieg vorzubereiten, der das unerträgliche Joch der Eroberer abschüttelt. Diese Bedingungen waren nicht nur ein Anschlag auf Deutschland, auf Österreich und andere besiegte Nationen, sie waren auch ein Anschlag auf das ganze Gewebe der Zivilisation."

Versailles – Geburtsstätte Hitlers?

Versailles und seine Bestimmungen waren von Anfang an eine schwere Bürde für die junge Weimarer Republik. Alles was damit zusammenhing – die Niederlage, der „Dolchstoß", das Alleinschulddogma, die Besetzungen, der Land- und Menschenverlust und die riesigen Reparationen – wurden zum Stigma der deutschen Demokratie, die sich schließlich ihrer Feinde nicht mehr erwehren konnte.

Der spätere erste Bundespräsident der Bundesrepublik Deutschland, Theodor Heuss, schrieb 1932: „Die Geburtsstätte der nationalsozialistischen Bewegung ist nicht München, sondern Versailles."

Der langjährige sozialdemokratische Ministerpräsident von Preußen, Otto Braun, urteilte: „Tatsächlich wurde im Mai 1919 in Versailles die Axt an die Wurzel der Weimarer Republik und die Giftsaat des neuen Nationalismus in den deutschen Boden gelegt. Sie brachte die junge deutsche Republik zum Erliegen."

Der britische Premierminister Neville Chamberlain sagte am 1. November 1938 im Unterhaus: „Ich weiß nicht, ob die Männer, die für die Grenzbestimmungen des Versailler Vertrages verantwortlich waren, gedacht hatten, sie würden ewig bestehen, wie sie festgelegt worden waren. Ich zweifle stark daran. Wahrscheinlich werden sie angenommen haben, daß die Grenzen von Zeit zu Zeit neu geregelt werden müßten. Man kann sich unmöglich vorstellen, daß jene Männer solche Übermenschen gewesen sein sollten, daß sie hätten wissen können, welche Grenzen für alle Zeit richtig sein würden."

Die Ruhrbesetzung und die Geldentwertung

Der Nachfolger Clemenceau, der französische Ministerpräsident Poincaré, sah sich am Ziel seiner Politik. Er stellte Ende 1922 gewisse Fehlbeträge in den Leistungen des Reiches fest und enschloß sich zu einer „Politik der produktiven Pfänder". Es fehlten 11.000 Telegraphenstangen und ein Siebtel der verlangten Kohlemenge. Poincaré sprach von einer absichtlichen Verfehlung und ordnete die Besetzung des Ruhrgebietes an.

Mit Hilfe eines solchen Faustpfandes glaubte er, die pünktliche Zahlung der Reparationen sichern zu können. Der englische Vertreter in der Reparationskommission wandte sich scharf gegen diese Maßnahme, wurde jedoch von Frankreich, Belgien und Italien überstimmt.

Am 11. Januar 1923 besetzten französische und belgische Truppen das Ruhrgebiet, das Herz der deutschen Industrie. Die USA zogen ihre Truppen aus dem Rheingebiet zurück, da das Land sich nicht in europäische Angelegenheiten einmischen wollte. England verhielt sich abwartend.

Poincaré erklärte: „Frankreich will das Wirtschaftsleben nicht stören, sondern nur eine Kommission unter militärischem Schutz entsenden – fünf Divisionen mit schweren Waffen und zwei Generalkommandos –, um das deutsche Kohlesyndikat zu überwachen und die Reparationen sicherzustellen.“

Gegen diese Gewaltpolitik erhoben die deutsche Regierung unter Reichskanzler Wilhelm Cuno und die deutsche Öffentlichkeit einmütig Einspruch. Die Reichsregierung bezeichnete das französische Vorgehen als Vertragsbruch und stellte alle Zahlungen und Lieferungen ein. Sie forderte die Ruhrbevölkerung zum passiven Widerstand auf, den alle befolgten.

Kein Geschäft verkaufte den fremden Soldaten Waren; keine Grube, die von den Machthabern besetzt wurde, förderte Kohle; die Straßenbahn, in der Angehörige der Besatzungstruppen Platz nahmen, blieb verlassen mitten auf der Straße stehen; das Gebäude, das sie besetzten, wurde in der nächsten Nacht von der Wasser-, Gas- und Stromversorgung abgeschnitten. Zeitungen, denen die Aufnahme bestimmter Nachrichten auferlegt wurde, erschienen nicht; die Post nahm keine Sendungen an; stumm, einig und verbissen stand die trotzige westfälische Einwohnerschaft den Eindringlingen gegenüber. Als Reaktion darauf wurde von den Besatzungsmächten der verschärfte Belagerungszustand verhängt.

Mit Druckmitteln aller Art versuchte Poincaré, sein Ziel zu erreichen. Zunächst dehnte er das Besatzungsgebiet noch weiter aus. Aus dem unbesetzten Deutschland versuchte man, die notleidende Ruhrbevölkerung zu unterstützen. Die Franzosen ergriffen Gegenmaßnahmen und verhängten eine totale Handelssperre zwischen dem besetzten und unbesetzten Deutschland. Es kam zu blutigen Zusammenstößen.

Über 150.000 Personen wurden aus dem Ruhrgebiet ausgewiesen und führende Industrielle zu hohen Gefängnisstrafen verurteilt. Das

Ein deutscher Zivilist und ein französischer Besatzungssoldat vor dem Essener Hauptbahnhof 1923

Ergebnis aller Bemühungen deckte nicht einmal die Kosten des Unternehmens. In der Weltöffentlichkeit, ganz besonders in England, wurde der französisch-belgische Schritt scharf verurteilt.

In Aachen und Düsseldorf ließen die Franzosen durch deutsche Separatisten die „Rheinische Republik" und in Speyer die Errichtung eines „autonomen Pfalzstaates" verkünden. Unterstützt von der Besatzungsmacht, konnten sich die Separatistengruppen vorübergehend durchsetzen, bis die empörte Bevölkerung dem Spuk mit Gewalt ein Ende bereitete.

Deutschland wurde durch den Ruhrkampf an den Rand des Abgrundes gebracht. Die Unruhen und Anstrengungen gingen weit über die Kräfte des Landes hinaus. Die Versorgung der streikenden Bevölkerung erforderte Geldmengen, die nur die Notenpresse beschaffen konnte. Durch diese schrankenlose Vermehrung des Notenumlaufs wurde das Geld entwertet.

Im Juli 1914 kostete ein Dollar 4,20 Mark, im Januar 1919 etwa 8,90 Mark, im Januar 1923 schon 17.972 Mark und am 15. November 1923 nicht weniger als 4,2 Billionen Mark. Die Aufwendungen für den Ruhrkampf hatten der deutschen Währung den Todesstoß versetzt. Die staatliche Notenpresse kam nicht mehr mit; Gemeinden und Firmen druckten eigenes Notgeld. Wer Schulden hatte, wurde sie nun los. Wer geschickt und rücksichtslos war, konnte sich ungeheuer bereichern. Aber für weite Schichten des Volkes wirkte sich die Inflation verheerend aus. Lohn- und Gehaltsempfänger konnten nur im Augenblick der Lohnauszahlung etwas kaufen. Einige Stunden später war ihr Geld vielleicht schon auf die Hälfte entwertet.

Noch schlimmer waren die dauerhaften Folgen dieser Inflation. Die Menschen hatten im Laufe ihres Lebens nicht selten große Sparbeträge zusammengebracht. Der eine wollte für sein Alter sorgen, der andere für die Ausbildung seiner Kinder oder für den Bau eines Eigenheimes. Die Gläubiger, die gutes Geld ausgeliehen hatten, verloren restlos ihr Vermögen. Große Armut unter den Rentnern war die Folge, die ihre schwer erarbeiteten Ersparnisse entwertet sahen und der Wohlfahrt anheimfielen. Weite Volkskreise gerieten in Not und Elend. Die Inflation und ihre Folgen führten ganze Bevölkerungsschichten in Opposition zur Weimarer Republik.

Im August 1923 mußte schließlich die Regierung Cuno zurücktreten. Die neue Regierung unter Gustav Stresemann sah sich gezwungen, den Ruhrkampf abzubrechen und nach einer Verständigung zu suchen. Die Franzosen aber wollten sich zunächst auf keine Verhandlungen einlassen. Erst als Poincaré bei einer Wahl gestürzt wurde und gemäßigte Kreise in Paris die Regierung übernahmen, kam es 1925 zum Locarno-Vertrag. Das Ruhrgebiet wurde im August 1925 geräumt, danach drei weitere besetzte Zonen.

Nach Abbruch der Ruhrkämpfe gelang es dem Reichswährungs-Kommissar Hjalmar Schacht im November 1923, der Inflation ein Ende zu bereiten. Bei der Währungsreform erhielt man für eine Billion Mark eine Rentenmark. Von nun an stabilisierte sich die wirtschaftliche Entwicklung.

Die Militarisierung der Weimarer Republik

Der Erste Weltkrieg hatte vier Jahre lang gedauert. Die gesamte männliche Jugend war erfaßt und dem bürgerlichen Leben entwöhnt worden. Millionen junger Menschen wurden nun aus dem Heer entlassen. Vielen davon, vor allen Dingen den Berufssoldaten, fiel es schwer, sich mit den neuen politischen und sozialen Verhältnissen anzufreunden. Kommunistische Aufstände im Land und die Bedrohung der deutschen Provinzen im Osten machte die Aufstellung neuer Truppenkontingente notwendig, die im Auftrag der demokratischen Regierung zum Einsatz kamen, da die Reichswehr selbst zu schwach war. So wuchsen überall im Lande Freikorps aus dem Boden. Viele Freiwillige strömten ihnen zu. Sie kamen gegen Polen und die Rote Armee im Baltikum zum Einsatz. Freikorpskämpfer gingen in den

Untergrund und verübten im besetzten Rheinland Sabotageanschläge. Sie beteiligten sich an der Niederwerfung des dritten polnischen „Aufstandes" in Oberschlesien, kämpften gegen „Spartakus" in Berlin und gegen Räterepubliken in München, Hamburg und Sachsen.

Viele Parteien der jungen Demokratie bildeten eigene Wehrorganisationen, zum Beispiel die DNVP den Stahlhelm, die SPD den Reichsbanner, die KPD den Roten Frontkämpferbund, die NSDAP die Sturmabteilung (SA). Ursprünglich dienten sie dem Schutz eigener Veranstaltungen, später entwickelten sich aus ihnen Bürgerkriegsarmeen, die gegeneinander oder gegen die Polizei kämpften. Sie leiteten ihre Existenzberechtigung aus den unruhigen Zeiten bis 1923 ab, blieben aber bestehen, als sich die Verhältnisse beruhigten.

Zu keiner Zeit gelang es der Politik, die Wehrorganisationen aufzulösen oder dauerhaft zu verbieten. Nach Beginn der Weltwirtschaftskrise erhielten sie weiteren Zuwachs durch arbeitslose Männer und erreichten bis 1933 eine Größe, die weit über die Stärke des 100.000-Mann-Heeres der Reichswehr hinausging.

Die Außenpolitik der jungen Demokratie

Die Republik hatte sich in den Jahren bis 1924 konsolidiert und unter schwerem außenpolitischen Druck Separatisten, linke Aufständische und rechte Putschisten überwunden. Die Verhältnisse zu den ehemaligen Feinden hatten sich gebessert. Frankreich gab seine Bestrebungen auf, seine Grenzen nach Osten vorzuschieben und das Ruhrgebiet zu annektieren. Mit der Wahl zur Deputiertenkammer von 1924 berief das französische Volk verständigungsbereite Politiker in die Regierung. England und Amerika sahen ein, daß Deutschland durch die Reparationszahlungen überfordert wurde.

Auf der Pariser Konferenz von 1924, die unter dem Vorsitz des US-Politikers Charles Dawes tagte, und auf der eine Neuordnung und Ermäßigung der von Deutschland zu zahlenden Wiedergutmachungskosten festgelegt wurde, beschloß man, Deutschland eine Anleihe von 800 Millionen Mark zur Sanierung seiner Währung zur Verfügung zu stellen.

Ein Zahlungsplan sah eine Schonzeit von vier Jahren vor, in denen nur geringfügige Beträge, 1,75 Milliarden Goldmark, abgeführt werden sollten. Danach sollten 33 Normaljahre mit einer Reparationsrate von jährlich etwa drei Milliarden folgen. Um die Währung nicht zu gefährden, wurde eine Reparationsbank gegründet, an die die Zahlungen zu leisten waren.

Da sich der Dawes-Plan trotz der herabgesetzten Raten als undurchführbar erwies, sobald die volle Belastung eintrat, wurde 1930 mit dem Young-Plan eine neue Vereinbarung getroffen. Die Jahresbeiträge ermäßigte man auf 1,6 Milliarden, wozu noch Schuldtilgung und Zinszahlungen kamen, so daß immer noch etwa zwei Milliarden jährlich abzuführen waren. Nach Beginn der großen Weltwirtschaftskrise 1930 beendeten 1932 das Hoover-Moratorium und das Lausanner Abkommen den Young-Plan und das gesamte Reparationsproblem.

Nach und nach nahm Deutschland zu allen früheren Feindstaaten wieder diplomatische Beziehungen auf. 1922 berief der englische Premierminister Lloyd George eine Weltwirtschaftskonferenz zur Regelung internationaler Wirtschafts- und Reparationsprobleme nach Genua ein. An ihr nahmen neben 26 anderen Staaten auch Deutschland und Sowjet-Rußland teil.

Einer der Verhandlungspunkte war die Anerkennung der Schulden durch die die neue Sowjet-Regierung, die das Zarenreich bei Frankreich gemacht hatte, was die sowjetische Regierung allerdings ablehnte. Da der Artikel 116 des Versailler Vertrages Rußland einen Anspruch auf deutsche Kriegsentschädigung vorbehielt, versuchte der französische Unterhändler Louis Barthou, den sowjetischen Außenminister Georgij Tschitscherin zu veranlassen, die Schulden anzuerkennen. Er wies darauf hin, der Artikel 116 gebe Rußland die Möglichkeit, diese Beträge auf Deutschland abzuwälzen. Damit hätten sich dann die Forderungen an Deutschland erheblich erhöht. Außerdem hätte sich Deutschland wieder einer geschlossenen Front der Alliierten gegenübergesehen.

Seit dem Waffenstillstand vom 11. November 1918, durch den der Friedensvertrag von Brest-Litowsk zwischen den Mittelmächten und Rußland vom 3. März 1918 aufgehoben worden war, herrschte zwischen Berlin und Moskau kein geregelter diplomatischer Verkehr. 1921 kam es zu Verhandlungen mit dem Ziel, die Beziehungen wieder aufzunehmen. Als Frankreich nun in Genua den Artikel 116 gegen das Reich auszuspielen versuchte, reagierte der Reichsaußenminister Walter Rathenau auf Veranlassung seines Beraters, des Staatssekretärs Adolf Georg („Ago") von Maltzan, mit dem Abschluß eines Vertrages mit Sowjet-Rußland. Darin verzichtete Moskau auf die aus Artikel 116 entspringenden Rechte und vereinbarte mit Deutschland die Aufnahme diplomatischer und konsularischer Beziehungen. Beide Staaten gestanden sich bei ihrem gegenseitigen Güteraustausch das Meistbegünstigungsrecht zu.

Der Rapallo-Vertrag – genannt nach dem italienischen Verhandlungsort – leitete eine Phase guter Beziehungen ein, die 1926 durch einen weiteren Vertrag ausgebaut wurden. Der Berliner Vertrag durchbrach zum ersten Mal erfolgreich Frankreichs Bemühen, Deutschlands Ringen um Gleichberechtigung zu hintertreiben. Entgegen zahlreicher

Mythen sah der Vertrag keine geheimen Militärabmachungen vor. Die Kooperation zwischen Reichswehr und Roter Armee war bereits vorher von Reichswehrchef Hans von Seeckt in die Wege geleitet worden.

Die nach der Ruhrbesetzung in Frankreich in die Regierung gekommenen Politiker zeigten sich verständigungsbereiter als die abgewählten. Mit dem deutschen Außenminister Gustav Stresemann hatten sie einen kongenialen Partner. Wohl kein anderer deutscher Politiker hat für den Wiederaufstieg Deutschlands nach dem Ersten Weltkrieg so viel getan wie dieser Mann. Seiner großen Geduld und Verhandlungskunst ist es gelungen, Deutschland als angesehenen Partner auf die Bühne der Weltpolitik zurückzuführen.

Gewürdigt wird heute Gustav Stresemanns Außenpolitik fast ausschließlich mit Blick auf Frankreich und Westeuropa. Hauptsächlich wegen dieser Verdienste erhielt dieser große Politiker zusammen mit dem französischen Außenminister Aristide Briand 1926 den Friedensnobelpreis verliehen. Sein Engagement für die Revision der Ostgrenzen der Weimarer Republik wird in der öffentlichen Diskussion der Gegenwart meist ausgeblendet.

Durch die um Ausgleich bemühte Politik Stresemanns kam es 1925 zum Vertrag von Locarno. Hierin verpflichteten sich Deutschland, Frankreich und Belgien, ihre gemeinsamen Grenzen nicht anzugreifen und die entmilitarisierte Rheinlandzone bestehen zu lassen. England und Italien garantierten ebenfalls diesen Vertrag, auch zugunsten Deutschlands. Gleichzeitig wurde auf dieser Zusammenkunft auch die Aufnahme Deutschlands in den Völkerbund vorbereitet.

Wegen dieses Vertrages wurde Stresemann von rechten Oppositionsparteien heftig angegriffen, weil Deutschland nunmehr freiwillig auf Elsaß-Lothringen verzichtete. Dieses Grenzland, Ursache des ständigen Streites in der Vergangenheit zwischen Deutschland und Frankreich, war 14.521 Quadratkilometer groß und hatte eine Bevölkerung von 1,8 Millionen Menschen.

Im Gegensatz dazu verstand sich Gustav Stresemann als Anwalt der von Polen annektierten Ostgebiete des Deutschen Reiches. Kein verantwortlicher Politiker der Weimarer Republik hat die Interessen der Deutschen in Polen nachdrücklicher vertreten als Stresemann. Er trat entschieden gegen ein „Ost-Locarno" auf.

Dafür steht seine geheime Anweisung an den deutschen Botschafter in London vom 19. April 1926. Darin warnte der deutsche Außenminister: „Zu einer Zwischenlösung (der deutsch-polnischen Grenzfrage) irgendwelcher Art dürfen wir es unter keinen Umständen kommen lassen. Als solche Zwischenlösungen müssen alle diejenigen angesehen werden, die unserem bekannten Standpunkt in der östlichen

Grenzfrage hinsichtlich des Korridors, Danzigs, Oberschlesiens und gewisser Teile von Mittelschlesien nicht gerecht werden. Dahin gehört auch eine Regelung, die dem Korridor Autonomie verleiht, sei es im Zusammenhang mit Danzig, sei es in anderer Weise.

Beim Auftreten derartiger Gedanken muß die Gegenseite stets darauf hingewiesen werden, daß wir es für absolut unmöglich halten, die törichte Lösung des Versailler Vertrages durch eine andere törichte zu ersetzen."

Interessant ist in diesem Zusammenhang die revisionistische Polenpolitik der deutschen Sozialdemokratie in der Weimarer Zeit. Anläßlich der Grundsteinlegung der Handelshochschule in Königsberg/Pr. sagte der sozialdemokratische preußische Ministerpräsident Otto Braun in einer großen Grundsatzrede: „Ich bestreite nicht das Interesse Polens an einem Ausgang zum Meer. Aber wie er dem neuen tschechischen Staat durch Elbe und Hamburg gesichert wurde, könnte er Polen auch durch Weichsel und Danzig eröffnet werden, ohne daß Ostpreußen vom Mutterlande losgerissen, Hunderttausende deutsche Volksgenossen ohne Befragung unter fremde Staatshoheit gepreßt, wo sie jetzt schlimmstem Terror ausgesetzt sind, oder gar aus ihrer Heimat verdrängt wurden. Gegen dieses Unrecht werden wir immer protestieren. Die gewaltsam durchgeführte, willkürliche, ungerechte neue Grenzziehung werden wir niemals als berechtigt anerkennen. Sie wird immer einen Stachel im deutschen Volkskörper bilden und einer wahren Befriedung Europas hindernd im Wege stehen."

Nach Aussage dieses führenden Sozialdemokraten, der 1925 bekanntlich auch für das Amt des Reichspräsidenten kandidiert hatte, sollte also die Zerreißung Deutschlands in Ostpreußen und das übrige Reich korrigiert werden und der sogenannte polnische Korridor verschwinden. Das hätte die Rückgliederung von Danzig und Westpreußen an das Deutsche Reich bedeutet.

Die Aufnahme in den Völkerbund

Auf der September-Tagung 1926 trat Deutschland dem Völkerbund bei. Seiner Bedeutung als Großmacht entsprechend, wurde es nicht nur als Mitglied aufgenommen, sondern es erhielt auch einen ständigen Sitz im Völkerbundrat. Von der Weltöffentlichkeit wurde dieser Schritt als der eigentliche Abschluß des Krieges angesehen und allgemein begrüßt.

Ein Augenzeuge, der Dolmetscher Paul Schmidt, schrieb: „Ich sah noch, wie Stresemann sich plötzlich aufrichtete und dann als erster Deutscher im wahrsten Sinn des Wortes über die Schwelle der kleinen Tür in den Völkerbund eintrat. Bei seinem Erscheinen setzte im ganzen Saal ein Beifallssturm ein, der eine wahre Orkanstärke erreichte. Von allen Seiten wurde geklatscht und Bravo gerufen. Nur mit Mühe konnten sich die drei deutschen Delegierten durch die herandrängende Masse der ausländischen Völkerbundvertreter den Weg zu ihren Plätzen bahnen. Inzwischen tobte das Publikum auf den Tribünen, Tücherwinken, Hüteschwenken, eine Szene, wie sie sich im Völkerbund noch nie abgespielt hatte."

Mit ebenso großer Begeisterung nahmen Versammlung und Zuschauer die Erklärung des französischen Außenministers Briand auf: „Es ist jetzt Schluß mit jener langen Reihe schmerzlicher und blutiger Auseinandersetzungen, welche die Seiten unserer Geschichte beflekken, es ist Schluß mit dem Krieg zwischen uns, Schluß mit den langen Trauerschleiern. Keine Kriege, keine blutigen Gewaltlösungen soll es von jetzt an mehr geben. Auf den Schlachtfeldern haben beide Völker eine reiche und ruhmvolle Ernte gehalten. Sie können sich von jetzt an um Erfolge auf anderen Gebieten bemühen."

Durch den frühen Tod des große Staatsmannes, des deutschen Außenministers Gustav Stresemann im Jahre 1929, kündigte sich der Untergang der Weimarer Republik an.

Stresemann, der sich der deutschen Minderheiten besonders annahm, sah sich Jahr für Jahr mehrmals genötigt, über Polens Politik Beschwerde zu führen. Am 6. August 1925 beklagte er im Reichstag die Vertreibung der Deutschen aus den abgetrennten Gebieten: „Es ist nicht das erste Mal, daß Polen in einer Weise vorgeht, die man bei anderen europäischen Nationen nicht findet. Damals hat Polen durch dieses Vorgehen zu denjenigen Maßnahmen des Zollkrieges den Grund geboten, die jetzt die Wirtschaft beider Länder schädigen.

Heute sehen wir, daß Polen durch Inanspruchnahme des Rechts auf Abschiebung, auf Austreibung der Deutschen auch zu politischen Gewaltmaßnahmen gegen Deutschland greift. Vor wenigen Monaten hat ein angesehenes Blatt – es war die ‚Times' – geschrieben, Polen täte gut, Deutschland gegenüber eine große Geste zu tun, um sich die Freundschaft eines mächtigen Nachbarvolkes zu erhalten. Die Geste, die Polen uns gegenüber tut, ist nichts anderes als die Geste der Gewalt."

1926 warb Stresemann international um eine Unterstützung für eine Revision der deutschen Ostgrenzen, des Korridors und des Status von Danzig, weil er erkannt hatte, daß hier die Gefahren eines weiteren Krieges lauerten. Erfolgreich war er vor allem in England. Was die Revision der deutsch-polnischen Grenzziehung von Versailles anging, die Millionen Deutsche unter polnische Herrschaft brachte, zeigte sich Stresemann kompromißlos.

In einem geheimen Schreiben an den deutschen Botschafter in London, Friedrich Stahmer, vom 19. April 1926, zeigte er auf, wie „eine Lösung auf friedlichem Wege – und nur eine solche kommt für uns in Betracht", erreicht werden könnte: „Eine friedliche Lösung der polnischen Grenzfrage, die unseren Forderungen wirklich gerecht wird, wird nicht zu erreichen sein, ohne daß die wirtschaftliche und finanzielle Notlage Polens den äußeren Grad erreicht und den gesamten polnischen Staatskörper in einen Zustand der Ohnmacht gebracht hat. Solange sich das Land noch irgendwie bei Kräften befindet, wird keine polnische Regierung in der Lage sein, sich auf eine friedliche Verständigung mit uns über die Grenzfrage einzulassen.

In der Tat fehlt es einstweilen an der Sanierung Polens, an jeder ausreichenden wirtschaftlichen Grundlage. Eine solche Grundlage wird sich schwerlich ohne deutsche Mitwirkung schaffen lassen."

1928 ereignete sich die als „Faustschlag von Lugano" in die Geschichte eingegangene Kontroverse mit seinem Warschauer Kollegen Zaleski. Der deutsche Außenminister reagierte auf eine Erklärung des polnischen Außenministers über oberschlesische Fragen auf der Tagung des Völkerbundrats in Lugano am 16. Dezember 1928: „Mit dem größten Erstaunen bin ich der Rede des polnischen Außenministers gefolgt. Diese Rede – ich bedaure, es sagen zu müssen – war ganz allein von dem Geist des Hasses gegen die deutschen Minderheiten inspiriert; sie ist gegen diejenigen gerichtet, die von dem Recht Gebrauch machen, das ihnen durch den Völkerbund, durch den Völkerbundrat, der hier versammelt ist, garantiert wurde.

Es mag ja sein, daß es im Hinblick auf Verhandlungen über einen Handelsvertrag oder auf Friedensverhandlungen nicht sehr wichtig ist, zu wissen, ob ich meine Kinder in meiner Sprache und in der Kultur meines Volkes erziehen lassen kann. Aber es handelt sich um einen Teil des Rechtes, das den Minderheiten durch den Völkerbund zu ihrem Schutz zugebilligt worden ist.

Wie können Sie erklären, daß es ‚unerhört' sei, wenn eine Minderheit in Oberschlesien von diesem Rechte Gebrauch gemacht hat? Wie können Sie behaupten, daß diese Minderheiten unsere Zeit mißbrauchen? Sie kennen die Genfer Konvention, Sie wissen, daß es ein Recht gibt, an den Völkerbundrat zu appellieren…

Sie haben gegen den Deutschen Volksbund gesprochen. Seit wann ist es denn den Minderheiten untersagt, Organisationen zu schaffen und ihre Klagen vor den Völkerbundrat zu bringen? Wenn also der Volksbund geschildert wird als eine Organisation, die auf die Dauer nicht geduldet werden könne, die die Existenz des polnischen Staates erschüttere und Schwierigkeiten schaffe, wenn gesagt worden ist, daß in einem Staat die Minderheiten sich nicht organisieren und ihr Recht der Berufung an den Völkerbund hinsichtlich der Erziehung ihrer Kinder nicht ausüben dürften, soll damit gesagt sein, daß hier eine Bedeutung des Staates vorliegt?

Ich wünsche daher, daß die nächste Sitzung des Völkerbunds mit einer prinzipiellen Diskussion über die Rechte der Minderheiten aus den Konventionen eröffnet wird, und zwar nicht nur als Anhängsel an eine Diskussion über Schulangelegenheiten, wie das soeben geschehen ist."

Auf einer anderen Tagung des Völkerbundes schlug Stresemann seinem französischen Kollegen Briand vor, alsbald das besetzte Rheinland zu räumen und das Saargebiet an das Reich zurückzugeben. Aber die öffentliche Meinung in Frankreich ließ eine schnelle Lösung dieser beiden Fragen, die im Friedensvertrag erst für 1935 vorgesehen war, nicht zu. Endlich, im Jahre 1929, konnte Briand seinem erkrankten Freunde eine vorzeitige Rheinlandräumung ankündigen.

Im Jahre 1930 verließen die Besatzungstruppen deutschen Boden. Stresemann erlebte diesen Erfolg seiner Politik nicht mehr; wenige Monate vorher war er gestorben. Es war ein schwerer Schlag für die Weimarer Republik, die gerade auf dem Wege war, sich zu festigen. Es gab Stimmen, die meinten, wenn das Schicksal Gustav Stresemann ein längeres Leben beschieden hätte, dann wäre es kaum zum Untergang der Weimarer Republik und zum NS-Regierungsantritt gekommen.

Um Europa endlich den Frieden zu bringen, hatte Briand die Anbahnung eines geeinigten Europas vorgeschlagen. Er war darin von seinem Freund Stresemann bei seiner letzten Rede unterstützt worden: „Wir haben die nüchterne Aufgabe, die Völker einander näherzubringen. Zweifeln wir nicht daran, es gibt Gegensätze. Es handelt sich um eine harte Arbeit, diese Gegensätze zu vermindern und uns jenem Zustand zu nähern, den wir alle erhoffen."

IX. Das „Dritte Reich"

Nur 57 Tage lang konnte sich im Dezember 1932 und im Januar 1933 die Regierung unter Kanzler Kurt von Schleicher halten. An seinem Sturz war im Hintergrund auch der Ex-Kanzler Franz von Papen beteiligt. Seit Wochen verhandelte er mit den Deutschnationalen und mit Reichspräsident Paul von Hindenburg. Er wollte die Massenbasis der Nationalsozialisten nutzen, um wieder in Regierungsverantwortung zu gelangen.

Der Reichspräsident, der lange Zeit Bedenken gegen eine Kanzlerschaft Adolf Hitlers gehabt hatte, ließ diese schließlich fallen und ernannte den Führer der NSDAP am 30. Januar 1933 zum Reichskanzler. Außer ihm gehörten dem neuen Kabinett nur zwei Nationalsozialisten an: Hermann Göring und Wilhelm Frick. Papen und seine konservativen Freunde hofften, die Regierung der „nationalen Konzentration" unter Hitler lenken zu können.

Der immer noch weit verbreitete Glaube, daß Hitler durch verfassungswidriges Handeln („Machtergreifung") an die Macht kam, ist nicht zutreffend. Die Wähler hatten die NSDAP mit 33,1 Prozent zur stärksten Partei gemacht, und dem Chef dieser Partei hat der Reichspräsident auf streng legalem Wege die Kanzlerschaft übertragen. Noch dazu übernahm der NS-Parteichef die Regierungsverantwortung unter der Prämisse, unverzüglich Neuwahlen herbeizuführen, in denen er mit einer parlamentarischen Mehrheit im Reichstag rechnete.

Bei den Wahlen am 5. März 1933 erhielt die NSDAP 43,9 Prozent, die DNVP – der Koalitionspartner – 8 Prozent der Stimmen. Damit hatte die neue Regierung eine stabile Mehrheit der Abgeordneten hinter sich.

Durch die Annahme des Ermächtigungsgesetzes durch den Reichstag am 24. März 1933 mit Zweidrittel-Mehrheit konnte die Regierung Gesetze auf dem Verordnungswege erlassen. Grund für die Zustimmung war die Furcht vor einer kommunistischen Erhebung, ausgelöst durch den Reichstagsbrand am 27. Februar 1933. Wie sich später herausstellte, war der Brandstifter, der holländische Kommunist Marinus van der Lubbe nur ein Einzeltäter. Einzig die SPD stimmte geschlossen gegen das Ermächtigungsgesetz. Der wichtigste Punkt darin lautete: „Reichsgesetze können außer durch die in der Reichsverfassung vorgesehenen Verfahren auch durch die Reichsregierung beschlossen werden. Die von der Reichsregierung beschlossenen Gesetze können von der Reichsverfassung abweichen."

Damit war der Weg zur Alleinherrschaft der NSDAP frei. Mit der Entwicklung zur autoritären Staatsführung stand Deutschland allerdings nicht allein. Andere Staaten waren zum Teil schon vorher einen ähnlichen Weg gegangen: Polen, Italien, Ungarn, die baltischen Staaten, Rumänien, Türkei, Spanien, Portugal, Österreich.

Und in Sowjet-Rußland herrschte seit 1917 die kommunistische Partei, die mit dem offen propagierten Programm einer Weltrevolution alle Herrschaftsverhältnisse umkrempeln wollte.

Der Frieden von Versailles hatte alles andere als eine gerechte Weltordnung hervorgebracht. Und den Verliererstaaten wurden Bürden aufgelastet, unter denen sie zusammenbrechen mußten, wenn es nicht gelang, sie vorher abzuschütteln. Viele Menschen in Deutschland empfanden die Demokratie, die mit der Kriegsniederlage gekommen war, nicht als Wohltat, sondern als vergiftete Gabe.

Nach dem Ersten Weltkrieg fanden bis Mitte der 1930er Jahre zahlreiche Konferenzen mit dem offensichtlichen Ziel statt, die Abmachungen der Versailler „Friedensordnung“ zu festigen, mit deren Umsetzung der von US-Präsident Wilson initiierte Völkerbund betraut war. Alle Folgeabmachungen und -verträge hatten den Zweck, im Rahmen eines nicht handlungsfähigen Völkerbundes die eigentlich allmählich unhaltbar gewordene Versailler Ordnung zu verewigen.

Dies wurde von klugen Politikern schon beizeiten so gesehen. Besonders in Großbritannien stand man deshalb der Politik des Dritten Reiches nicht durchweg negativ gegenüber. Für London war die „Balance of Power“ auf dem Kontinent immer wichtig gewesen. Ein zu mächtig gewordenes Frankreich sollte durch ein erstarktes Deutsches Reich ausgeglichen, außerdem der Sowjetunion ein geeignetes Gegengewicht entgegengestellt werden.

Der neue Wind, der von London blies, beunruhigte nicht nur Paris, sondern auch Moskau. Die Folge war der französisch-sowjetische Beistandspakt vom Mai 1935, in dem sich beide Staaten verpflichteten, „trotz ihrer aufrichtig friedfertigen Absichten im Falle eines nicht herausgeforderten Angriffs seitens eines europäischen Staates sich sofort Hilfe und Beistand zu gewähren“. Diesem Pakt folgte gleichzeitig ein Militärbündnis Moskaus mit der Tschechoslowakei.

Während Frankreich durch sein Bündnis mit der Sowjetunion Deutschland in die Enge treiben wollte, betrieb England eine Politik, die Hitlers einzelne Schritte nach außen hin zwar mißbilligte, sich aber dennoch mit ihnen abgefunden hatte.

Im Juni 1935 wurde ein Flottenabkommen mit dem Deutschen Reich abgeschlossen, nach welchem „die zukünftige Stärke“ der deutschen Kriegsmarine gegenüber der gesamten Flottenstärke des britischen Weltreiches im Verhältnis von 35 zu 100 stehen sollte, worauf Frankreich in London lebhaft Einspruch erhob. Jedenfalls wurde durch dieses Abkommen die gemeinsame Front der alten „Entente Cordiale“ zum ersten Mal öffentlich durchbrochen.

Zu diesem außenpolitischen Erfolg der Regierung Hitlers kam die Abstimmung im Saarland sechs Monate zuvor, bei der 92 Prozent der Bevölkerung unter internationaler Kontrolle für die Rückkehr zum Deutschen Reich gestimmt hatten. Nach der Verkündung der zweijährigen Dienstzeit in Frankreich verordnete Hitler die Wiedereinführung der Wehrpflicht im März 1935 und die Wiederwehrhaftmachung. Dieser Akt war gemäß der Präambel zum Teil V des Versailler Vertrages moralisch gerechtfertigt, war er doch Voraussetzung für die Wiederherstellung des militärischen Gleichgewichtes auf dem Kontinent. Seit Ende des Ersten Weltkrieges und der Entwaffnung Deutschlands bis auf ein 100.000-Mann-Heer hatten alle deutschen Regierungen – auch die Hitlers – eine allgemeine Abrüstung gefordert.

Laut Versailler Vertrag sollte die deutsche Entwaffnung den Weg zu einer allgemeinen Abrüstung in Europa freimachen. Außer Frankreich waren alle Staaten bereit abzurüsten. Graf Bernstorff, der Leiter der deutschen Abordnung, hatte auf der Sitzung des Völkerbundes im Mai 1926 seinen Vorschlag bezüglich Abrüstung wie folgt erklärt: „Die Alliierten haben dem Reich ein 100.000-Mann-Heer aufgezwungen. Der Friedensvertrag, die Völkerbundsatzung und nunmehr die Schlußakte von Locarno erkennen jedoch übereinstimmend an, daß die deutsche Entwaffnung den Weg zu einer allgemeinen Abrüstung freimachen soll. Zu einer solchen kann man nur auf drei Wegen gelangen: Entweder senken Sie Ihre Rüstungen auf den Deutschland zugebilligten Stand; oder Sie gestatten Deutschland, seine Rüstung auf Ihren Stand anzuheben; oder aber Sie verbinden beides miteinander, senken Ihre eigenen Rüstungen und gestatten uns, die unseren zu verstärken, so daß wir uns in der Mitte treffen."

Frankreich wollte jedoch in der Lage bleiben, die Durchführung der im Versailler Vertrag enthaltenden wirtschaftlichen Bestimmungen mit Waffengewalt einzufordern. Folglich wollte es, daß Deutschland entwaffnet blieb, und es wollte deshalb die Freiheit behalten, nach Lust und Laune zu rüsten.

Seit dem Eintritt Deutschlands in den Völkerbund im September 1926 verweigerte man dem Reich die Gleichberechtigung hinsichtlich der Rüstung. Als auch ein letzter großer Appell an die Siegermächte nichts fruchtete, beschloß Hitler im Oktober 1933 den Austritt aus dem Völkerbund.

Dazu Ernst Freiherr von Weizsäcker, späterer Staatssekretär im Auswärtigen Amt: „Verstanden hat man in der Schweiz, daß nach sieben Jahren mühsamen und schließlich fruchtlosen Verhandelns das Reich sein natürliches und verbrieftes Recht auf gleiche Sicherheit sich nicht noch länger vorenthalten lassen wollte. Schon einmal in der Zeit vor Hitler, im Sommer 1932, hatte die deutsche Delegation die Abrüstungskonferenz auf einige Monate verlassen, um einen legitimen Druck auszuüben. Ein Recht zum endgültigen Verlassen der Konferenz konnte man auch Hitler nicht abstreiten. Ende 1933 machte Hitler ein gemäßigtes Kompromißangebot. Hier war für die westlichen Großmächte der Moment, zuzugreifen und Hitler festzulegen. Statt dessen opponierten sie wiederum."

Die Wiederaufrüstung Deutschlands war nur ein Bestandteil im Programm zur Revision der Versailler Nachkriegsordnung. Die unnatürliche militärische Schwäche des Reiches stand in keinem Verhältnis zur Zahl seiner Bevölkerung und der Stärke seiner Nachbarn. Wie gefährlich dieser Zustand war, zeigten deutlich die deutsch-polnischen Beziehungen jener Zeit.

In den letzten Monaten der Weimarer Republik waren polnische Pläne für einen Präventivkrieg gegen Deutschland virulent geworden. Warschau wollte weitere deutsche Gebiete in Ostpreußen und Schlesien erobern und die Freie Stadt Danzig endgültig annektieren. Marschall Pilsudski fragte damals in Paris wegen einer gemeinschaftlichen militärischen Aktion an, fand aber kein Gehör. Polen war dem Deutschen Reich, obwohl es nicht einmal die Hälfte der Bevölkerung Deutschlands zählte, militärisch erdrückend überlegen. Zu einem stehenden Heer von fast 300.000 Mann konnte die polnische Republik innerhalb kurzer Zeit weitere 2,5 Millionen Reservisten einberufen.

Die deutsch-polnischen Beziehungen waren in der Zeit der Weimarer Republik ausgesprochen kühl. Keine der damaligen Regierungen hatte sich mit dem Verlust der deutschen Gebiete an Polen abgefunden. So schrieb der Reichsaußenminister Gustav Stresemann am 7. September 1925 an den deutschen Kronprinzen: „Eine meiner wesentlichsten Aufgaben ist die Korrektur der Ostgrenzen: Die Wiedergewinnung Danzigs, des polnischen Korridors und eine Korrektur der Grenze in Oberschlesien...“

Am 26. Januar 1934 wurden ein Nichtangriffspakt und ein Verständigungsabkommen mit Polen abgeschlossen. Vor dem Vertragsabschluß betonte Außenministers Konstantin von Neurath in einer Anweisung an den deutschen Gesandten Hans-Adolf von Moltke in Warschau ausdrücklich: „Zu Ihrer Information möchte ich noch darauf hinweisen, daß die Fassung in keiner Weise die Anerkennung der heutigen deutschen Ostgrenzen in sich schließt, sondern im Gegenteil zum Ausdruck bringt, daß mit dieser Erklärung eine Grundlage für die Lösung also auch der territorialen Probleme geschaffen werden soll.“

Hitler hatte den Verständigungskurs gegenüber Polen und den Vertrag gegen die Widerstände einflußreicher Kreise durchgesetzt, die aufgrund der Erfahrungen mit Polen seit 1919 nicht an einen Erfolg glaubten. In Anbetracht der chauvinistischen Einstellung großer Teile der politisch Verantwortlichen in Polen sei es eine Illusion, auf diesem Weg zu einer Verständigung mit Warschau über die Grenzfrage zu kommen.

Hitler hatte damals wie auch später dieses Abkommen als einen erfolgversprechenden Schritt für eine dauernde Verständigung zwischen Deutschland und Polen bezeichnet und hielt sich zugute, nur durch seine persönliche Initiative diesen Vertrag zustande gebracht zu haben. Er war damit weitergegangen als alle demokratischen Kanzler vor 1933.

Über die seit 15 Jahren andauernden deutsch-polnischen Realitäten setzte sich Hitler einfach hinweg, nicht wissend, daß Polen noch wenige Monate vorher für einen „Präventivkrieg" gegen das Deutsche Reich geworben hatte. Kein Wunder, daß er mit seinem Kurs nicht nur Zustimmung fand. In konservativen Kreisen interpretierte man den Vertragsabschluß als einen Verrat an den Deutschen in Polen und fragte sich, wie auf der Grundlage der Versailler Nachkriegsordnung eine Verständigung beginnen könne.

Aus den bisherigen „bittersten Erfahrungen" mit Polen (Reichskanzler Wirth, Zentrum) lag der Schluß nahe, daß Polen freiwillig einer Revision seiner Westgrenzen nicht zustimmen würde. Die Warner behielten recht, Stresemanns Politik gegenüber Polen scheint im Rückblick realistischer gewesen zu sein als die Verständigungspolitik des Jahres 1934.

Hitler, der Macher

Durch den Flottenvertrag mit England gewann Hitler auch international weiter an Ansehen. Die damalige Schwäche des Völkerbundes nutzte er zu einem gewagten Schritt: Am 7. März 1936 ließ er deutsche Truppen in die entmilitarisierte Rheinland-Zone einmarschieren.

Das war nicht nur eine Verletzung des Versailler Diktats, sondern auch des Locarno-Vertrages. Ein Einmarsch deutscher Truppen in die entmilitarisierte Zone berechtigte die Siegermächte zu einem militärischen Eingreifen; deswegen hatten deutsche Generäle auch die stärksten Bedenken gegen Hitlers Vorhaben geäußert. Dieser erklärte später: „Die 48 Stunden nach dem Einmarsch in das Rheinland sind die aufregendste Zeitspanne in meinem Leben gewesen. Wären die Franzosen damals im Rheinland eingerückt, hätten wir uns mit Schimpf und Schande zurückziehen müssen; denn die militärischen Kräfte hätten keineswegs auch nur zu einem mäßigen Widerstand ausgereicht. Tatsächlich wissen wir jetzt, daß in Frankreich die Möglichkeit einer militärischen Intervention sehr ernstlich erwogen wurde."

Französische Militärs aber waren der Ansicht, daß eine Kriegshandlung nicht ohne eine allgemeine Mobilmachung unternommen werden könne. Die Regierung schrak vor einer solchen Möglichkeit aber zurück.

So kam das Ausland nicht über papierene Proteste hinaus. Als sich der Sturm im Ausland gelegt hatte, erschien Hitler nicht nur seinen Anhängern als ein Mann von genialer Eingebung, der die Gefahren haargenau zu berechnen und den richtigen Augenblick zu wählen verstand. Sein Vabanque-Spiel blieb den meisten verborgen. Sogar im Ausland gewann er auch unter einflußreichen Persönlichkeiten manche Bewunderer.

André François-Poncet, französischer Botschafter in Berlin, schrieb in seinen Erinnerungen: „Hitler hatte sich Europa als eine außergewöhnliche Persönlichkeit aufgedrängt. Er verbreitete nicht nur Furcht und Abscheu, er erweckte auch Neugier, er gewann auch Sympathien. Sein Ansehen wuchs, die Kraft der Anziehung, die von ihm ausging, wirkte auch über die Grenzen seines Landes hinaus. Könige, Fürsten, berühmte Gäste kamen, um diesem für die Zukunft so bestimmenden Mann zu begegnen, der das Schicksal des Kontinents in seinen Händen zu halten schien, auch um dieses Deutschland zu sehen, das er mit unwiderstehlichem Zwang verändert und wiederbelebt hatte.“

Die Uneinigkeit der anderen Mächte bildete eine Grundlage der politischen Erfolge Adolf Hitlers und nicht die damals noch gar nicht vorhandene militärische Stärke des Dritten Reiches. Unter diesen Umständen konnte der „Führer und Reichskanzler“ auch den langgehegten Traum der Vereinigung Österreichs mit Deutschland Wirklichkeit werden lassen.

Seit dem Zerfall der Donaumonarchie 1918 hatte Österreich ein engeres Verhältnis mit dem Reich angestrebt. Der damals schon von Wien erwünschte „Anschluß“ wurde aber durch das Versailler Diktat verboten. Im Frühjahr 1938 steuerte die Entwicklung auf ihren Höhepunkt zu. Bundeskanzler Kurt Schuschnigg weigerte sich, dem Einmarsch deutscher Truppen ohne vorherige Volksbefragung zuzustimmen. Doch als Hitler am 12. März 1938 an der Spitze der Wehrmacht in Österreich erschien, überwältigte ihn der maßlose Jubel der Bevölkerung.

Am 10. April, vier Wochen nach dem Einmarsch der deutschen Truppen, stimmten 99,8 Prozent der Wahlberechtigten für den Anschluß an Deutschland. England und Frankreich erkannten daraufhin die politischen Realitäten an.

Als Folge des erfolgreichen Kampfes gegen die ungerechten Versailler Verträge stieg Hitlers Ansehen im Volk. Deutschland gelang es, außenpolitisch aus der Isolierung auszubrechen, und innenpolitisch die Folgen der Wirtschaftskrise zu überwinden.

Bei Hitlers Regierungsübernahme war die Zahl der Arbeitslosen auf 6,3 Millionen Menschen angewachsen. Die Zahl sank innerhalb eines Jahres auf 3,8 Millionen und betrug 1939 nur noch 0,3 Millionen. Ein umfangreicher, staatlich initiierter Investitionsschub besonders im öffentlichen Sektor ließ die Nachfrage nach Arbeitskräften sprunghaft ansteigen. Millionen Menschen kamen wieder in Lohn und Brot.

Wie alle Massenbewegungen zählte auch der Nationalsozialismus nicht nur überzeugte Anhänger, sondern auch zahlreiche Mitläufer. In der Hoffnung, in ihrem Beruf Vorteile erwerben zu können, sind viele

Menschen nach der NS-Regierungsübernahme in die NSDAP eingetreten. Die Mehrheit tat es allerdings deshalb, weil sie von der Richtigkeit des politischen Kurses überzeugt war.

Im Zuge der „Gleichschaltung“ aller Lebensbereiche sowie dem Verbot politischer Parteien und NS-unabhängiger Organisationen waren politisch Andersdenkende gezwungen, sich anzupassen oder in die Illegalität zu gehen. Die KPD war als erste Partei verboten worden. Ihre Anhänger und Aktivisten wurden verfolgt, gingen ins Ausland oder wurden in schnell errichteten Lagern inhaftiert, wo Willkür und Brutalität herrschten.

Juden wurde die Möglichkeit genommen, als gleichberechtigte Bürger in Deutschland zu leben. Sie durften viele Berufe nicht mehr ausüben. Der Auswanderungsdruck auf Andersdenkende und religiöse Minderheiten nahm zu.

Durch die rasche Beseitigung der Arbeitslosigkeit und den Aufschwung der Wirtschaft war Hitler bei den Arbeitermassen und dem Großteil der Mittelklasse allgemein populär. Die Generalität verhielt sich im Unterschied zum jungen Offizierskorps trotz der Wiederaufrüstung eher zurückhaltend. Den alten militärischen Eliten, sozialisiert in Kadettenkorps und Kaiserzeit, paßte die neue politische Richtung ganz und gar nicht. Obwohl sie wie die Regierung Hitler für die Revision der Versailler Nachkriegsordnung eintraten, beunruhigte sie die Schnelligkeit der politischen Entwicklung und die Gefahr, vor Beendigung der Wiederaufrüstung in einen Krieg mit den Westmächten verwickelt zu werden.

Die Sudeten-Krise

Die Hälfte der Staatsbürger der ČSR bestand aus nicht-tschechischen Minderheiten, von denen die deutsche mit 3,4 Millionen Menschen die größte war. Die Tschechen hatten sich in keiner Weise bemüht, die verschiedenen Völkerschaften für ihren Staat zu gewinnen. Genau wie in Polen wurden stattdessen auch hier die Minderheiten benachteiligt und auf vielen Gebieten unterdrückt.

Entgegen dem Selbstbestimmungsrecht wurden auch die Sudetendeutschen nach dem Ersten Weltkrieg mit ihrem Siedlungsgebiet von den Siegern dem neugegründeten tschechoslowakischen Staat zugeschlagen. Nach und nach waren die Proteste verstummt, und die unterdrückten Bevölkerungen hatten sich ihrem Schicksal vorübergehend gefügt. Doch mit der Zeit fanden sie ihre Situation in wachsendem Maße unerträglich.

Andererseits brachten die Regierungen des Westens weder die Kraft noch den Willen auf, die von ihnen durch „Friedensverträge“ verursachten Mißstände durch eine Revisionspolitik zu beheben. Dieser unselige Brauch, dem Unterlegenen nach einem verlorenen Krieg große Landstriche zu rauben und einem fremden Staat einzuverleiben, war in diesem Falle besonders tragisch.

Durch die Zerschlagung und Balkanisierung der Donaumonarchie mußten die Sudetendeutschen zwanzig Jahre lang warten, bis sie ihr Selbstbestimmungsrecht endlich ausüben durften und ihrem Wunsch entsprochen wurde, sich dem Deutschen Reich anzuschließen.

Der unter der Oberfläche gärende Unmut der Minderheiten brach dann Mitte der 1930er Jahre offen aus. Nach dem NS-Regierungsantritt und den zunehmenden wirtschaftlichen Erfolgen des Reiches, wurde der Wunsch nach „Anschluß“ an Deutschland weiter befördert. Endlich sollte den Minderheiten das Selbstbestimmungsrecht wiedergeben werden, das ihnen die Demokratien in Versailles vorenthalten hatten.

Auf Vorschlag des italienischen Staatschefs Benito Mussolini wurde zur Regelung dieser Frage im September 1938 die Münchner Konferenz einberufen, an der die vier Großmächte England, Frankreich, Italien und Deutschland teilnahmen. Das Erscheinen der beiden Westmächte Frankreich und England drückte bereits die Bereitschaft dieser Staaten aus, in der Frage des in Mehrheit von Deutschen besiedelten Sudetenlandes dem Selbstbestimmungsrecht zum Durchbruch zu verhelfen. Das in München getroffene Abkommen bestimmte das Territorium, das an Deutschland abzutreten war und regelte die Fristen, in denen sich der tschechische Staat und seine Vertreter daraus zurückzuziehen hatten.

Vielfach wird das Münchner Abkommen als ein von den vier Großmächten der angeblich unbeteiligten Tschechoslowakei aufgenötigter Gewaltakt dargestellt. Dabei weist bereits der erste Satz des Vertragstextes auf eine schon vorher getroffene Übereinkunft hin und stellt den nachfolgenden Text als bloßen zeitlichen und organisatorischen Vollzug dieser getroffenen Vereinbarung hin. Er lautet: „Deutschland, das Vereinigte Königreich, Frankreich und Italien sind unter Berücksichtigung des Abkommens, das hinsichtlich der Abtretung des sudetendeutschen Gebiets bereits grundsätzlich erzielt wurde, über folgende Bedingungen und Modalitäten dieser Abtretung und über die danach zu ergreifenden Maßnahmen übereingekommen…“

Das darin erwähnte „Abkommen, das hinsichtlich der Abtretung des sudetendeutschen Gebiets bereits grundsätzlich erzielt wurde“, ist übrigens ohne die direkte Beteiligung Deutschlands zwischen der Tschechoslowakei einerseits und den Anglofranzosen anderseits geschlossen worden. Die Initiative dazu ging dabei von Prag aus. Der tschechoslowakische Staatspräsident Edvard Benesch hatte am 16. September 1938 in einem Geheimschreiben an die französische Regierung „die Abtretung des sudetendeutschen Gebiets" angeboten, um der von London angeregten Volksabstimmung der Sudetendeutschen über ihre künftige Staatszugehörigkeit zuvorzukommen.

Aufgrund einer im Mai 1938 stattgefundenen Kommunalwahl wußte nämlich der tschechische Staatschef, daß ein solches Plebiszit mit überwältigender Mehrheit für einen Anschluß des Sudetenlandes an das Deutsche Reich ausgehen würde und suchte daher einer solchen politischen Niederlage zu entgehen. Um dies zu verschleiern, leitete Benesch sein geheimes Abtretungsangebot mit den Sätzen ein: „Niemals erlauben, daß gesagt wird, der Plan komme von den Tschechoslowaken. Er muß äußerst geheimgehalten werden, veröffentlicht werden darf nichts." Konkret schlug er vor: „Er müßte nach genauer Abgrenzung des Gebiets, das wir abtreten könnten, durch uns insgeheim zwischen Frankreich und England vereinbart werden, da die Gefahr besteht, daß sich jene beiden Mächte im Augenblick, da wir den Grundsatz der Gebietshingabe zulassen, Hitler gegenüber nachgiebig zeigen und alles geben. Der ganze Plan muß Hitler als in sich geschlossene Einheit und letzte Konzession vorgelegt und ihm, zusammen mit anderen Konzessionen, aufgezwungen werden.

Das würde bedeuten, daß Deutschland soundsoviel tausend Quadratkilometer Gebiet (es werden wohl 4.000 bis 6.000 Quadratkilometer sein; in dieser Hinsicht darf man sich nicht festlegen) unter der Bedingung erhält, daß es wenigstens 1,5–2 Millionen der deutschen Bevölkerung übernimmt."

Dann schlug Benesch noch eine „Bevölkerungsumsiedlung" vor, bei welcher „die Demokraten, Sozialisten und Juden" in der übrigen ČSR bleiben würden, um abschließend nochmals zu betonen, daß „ein Plebiszit politisch unmöglich ist".

Nach Eingang dieses Geheimangebots trafen sich der französische Ministerpräsident Èduard Daladier und der britische Premierminister Neville Chamberlain am 18. September in London, um die Offerte Prags zu beraten und der Anregung Beneschs zu entsprechen. Sie sandten am gleichen Tage eine „gemeinsame Botschaft" an Präsident Benesch und führten darin aus: „Wir sind beide davon überzeugt, daß nach den jüngsten Ereignissen jetzt ein Punkt erreicht ist, wo das weitere Verbleiben der hauptsächlich von Sudetendeutschen bewohnten Bezirke innerhalb der Grenzen des Tschechoslowakischen Staates tatsächlich nicht mehr ohne eine Gefährdung der Interessen der Tschechoslowakei selbst und des europäischen Friedens möglich ist.

Im Lichte dieser Erwägung sind beide Regierungen zu der Schlußfolgerung veranlaßt worden, daß die Aufrechterhaltung des Friedens

Die Elbe bei Schreckenstein im Sudetenland

Blick auf die Kurstadt Karlsbad im Sudetenland

und der Sicherheit der Lebensinteressen der Tschechoslowakei nur dann wirksam gesichert werden können, wenn diese Gebiete jetzt an das Reich abgetreten werden…"

Mit diesen Ausführungen entsprachen die beiden Westmächte dem Wunsche Beneschs, die Abtretung der sudetendeutschen Gebiete ihm gleichsam von außen abzunötigen.

Mit dem Versprechen, eine „internationale Körperschaft" zur Regelung des Bevölkerungsaustauschs zu schaffen, die Prager Regierung an diesem Gremium zu beteiligen und der Rest-Tschechoslowakei eine Bestandsgarantieerklärung zu geben, kamen sie noch seinem Verlangen nach „anderen Konzessionen" nach, die „Hitler aufgezwungen werden" sollten.

Es bedurfte nunmehr nur noch der Festsetzung des Zeitpunktes der Abtretung und ihres technischen Vollzuges. Und diese erfolgte dann im Münchner Abkommen. Dessen Artikel III, V und VI richteten auch den von den Westmächten versprochenen „internationalen Ausschuß" mit der Beteiligung der Tschechoslowakei ein und wiesen ihm die besprochenen Ziele zu. Ferner legte der Artikel VII ein Optionsrecht für den Übertritt oder Austritt aus den zu übertragenden Gebieten fest, wie dies Benesch gefordert und von den Westmächten in Aussicht gestellt worden war. Schließlich wurde das Münchner Abkommen noch durch Garantie-Erklärungen für den Bestand der Rest-Tschechoslowakei abgerundet.

So konnten die alliierten Staatsmänner am 30. September 1938 das von ihnen mit Hitler und Mussolini ausgehandelte Abkommen ihren nationalen Parlamenten guten Gewissens als „fairen Kompromiß" zur Annahme empfehlen und sich als Retter des Friedens fühlen.

Sie präsentierten sich als diplomatische Gewinner von München und wurden von den Zeitgenossen auch so gesehen. Ähnlich dachten die führenden Männer der deutschen Militäropposition gegen Hitler, die den Ausbruch eines europäischen Krieges befürchtet hatten, der durch die schweren Zwischenfälle zwischen Sudetendeutschen und Tschechen im Laufe des Sommers 1938 in der Luft gelegen hatte. Einer der führenden Köpfe des Widerstandes, Oberstleutnant Helmuth Groscurth, notierte unter dem Datum des 28. und 30. September 1938 in sein Tagebuch: „Admiral (Canaris) teilt mit, daß Führer in München Daladier, Chamberlain, Mussolini am 29. 9. trifft. Man faßt diesen Wechsel nicht. Führer hat nun endlich nachgegeben, aber gründlich. Münchener Besprechungsergebnis wird bekannt. Starke Konzessionen des Führers."

Die Zeitgenossen – auch Hitlers Gegner – wußten, daß Hitler seine am 23. September 1938 Chamberlain in Godesberg überreichten Forderungen nicht hat voll durchsetzen können. Statt der darin verlangten Übergabe des gesamten, in seinen Grenzen eigenmächtig bestimmten, sudetendeutschen Gebietes bis zum 1. Oktober 1938 mußte er sich im Münchner Abkommen – neben der Inbesitznahme von vier getrennten Zonen zwischen dem 1. und 7. Oktober – mit der Besetzung eines von einer internationalen Kommission abzugrenzenden Gebietes überwiegend deutschen Charakters begnügen. Hitler hatte sich also kompromißbereit gezeigt.

Auch sah er sich veranlaßt, das förmliche Versprechen einer Garantie der Rest-Tschechoslowakei abzugeben, sobald die polnischen und ungarischen Gebietsforderungen an Prag geregelt waren.

Alle diese Umstände scheinen jedoch der zeitgenössischen Geschichtsschreibung aus dem Blickfeld geraten zu sein, wenn sie das Münchner Abkommen letztlich nur als ein Abtretungsdiktat der damaligen vier Großmächte hinstellt. Ganz zu schweigen von der Tatsache, daß die Angliederung des Sudetenlandes an das Deutsche Reich für die betroffenen Menschen endlich die um zwanzig Jahre verspätete Erfüllung des versprochenen Selbstbestimmungsrechtes war.

Bereits im Herbst 1918 hatten die Deutschböhmen den Anschluß an Österreich beziehungsweise an Deutschland gewollt, nachdem die Donaumonarchie, der sie bis dahin angehört hatten, von den Siegermächten zerstückelt worden war. Durch die „Friedensverträge“ von Versailles und St. Germain wurden sie jedoch an der Erfüllung ihres Wunsches gewaltsam gehindert.

Die positive Bewertung des Münchner Abkommens wurde auf Seiten des Westens lediglich vom US-Präsidenten Franklin D. Roosevelt nicht geteilt. Als der eigentliche weltpolitische Gegenspieler Hitlers hatte er schon ungleich früher als andere ausländische Politiker gegen Deutschland und Italien Stellung bezogen. Er wollte beide Staaten unter „Quarantäne“ gestellt sehen. Das Münchner Abkommen bewertete seine Regierung als „die Kapitulation der demokratischen Staaten“ und ein Zeichen „ihrer Schwäche gegenüber dem Deutschen Reich“.

Nach einem Geheimbericht des polnischen Botschafters in Washington, Graf Jerzy Potocki, vom 16. Januar 1939 war es „die entschiedene Ansicht des Präsidenten, daß Frankreich und England jeder Kompromißpolitik mit den totalitären Staaten ein Ende machen müssen“. Nach Roosevelts Auffassung sollten die Westmächte „auf keine Diskussionen eingehen, die irgendwelche Gebietsveränderungen bezwecken“.

England, Frankreich und ihre Verbündeten schwenkten auf die antideutsche Linie des US-Staatschefs ein, als im Zuge des Zerfalls der Rest-Tschechei deutsche Truppen im März 1939 Prag besetzten und das „Reichsprotektorat Böhmen und Mähren“ errichtet wurde.

Die vom tschechischen Staatspräsidenten Emil Hácha gegebene Einverständniserklärung, die Resttschechei von deutschen Truppen besetzen zu lassen, hinderte die Westmächte daran, militärisch einzugreifen. Dagegen sprach auch der Rückstand der angelsächsischen Rüstung gegenüber der deutschen Wehrmacht.

Letztlich wurde nur forciert, was wohl ohnehin eingetreten wäre. Ohne das Sudetenland und die Slowakei waren Böhmen und Mähren nicht lebensfähig. Die Tschechen wären bald gezwungen gewesen, ihr Verhältnis zum Reich zu regeln, ohne daß sich dabei die Engländer betrogen gefühlt hätten. Dann wäre Londons Haltung wahrscheinlich auch in der Polenfrage – wo das Recht ebenfalls auf deutscher Seite war – flexibler gewesen als nach Hitlers Gewaltakt.

X. Polens Deutschlandpolitik in den dreißiger Jahren

Die deutsch-polnischen Beziehungen waren in der Zeit der Weimarer Republik kühl. In Berlin hatte man weder Oberschlesien noch Danzig vergessen und betrachtete die Behandlung der deutschen Minderheit durch den polnischen Staat als nicht akzeptierbar. In Warschau schaute man mißtrauisch auf die deutsche Politik, weil Berlin sich mit dem Verlust der deutschen Ostgebiete nicht abfinden wollte. Die Polen zeigten sich vor allem über den allmählichen Aufschwung des deutschen Nachbarn nach 1923 besorgt, fürchtete aber gleichzeitig die Sowjetunion im Osten.

Trotz dieser Lage setzte die Politik Polens gegenüber Deutschland nicht auf Verständigung und Ausgleich, sondern auf eine Mischung aus Drohungen und dem Bemühen, das Reich schwach zu halten. Drei Jahre vor Hitlers Regierungsantritt, im September 1930, erklärte der polnische Außenminister Zaleski dem Präsidenten des Danziger Senats Ziehm, daß nur ein polnisches Armeekorps die Danziger Frage lösen könne.

Der uneingeschränkte Führer Polens in jener Zeit war Marschall Pilsudski, der seit 1926 zunächst als Kriegsminister und später als Ministerpräsident diktatorisch amtierte. Das Bild, das der polnische Staat sowohl in seiner Innen- wie auch in seiner Minderheiten- und Außenpolitik bot, war erschütternd. Das verschärfte sich noch, als Pilsudski ein „Ermächtigungsgesetz" durchsetzte. Doch der autoritäre Charakter des Regimes in Polen schien niemanden im Westen zu stören. Frankreich hielt in Treue fest zum kaum demokratisch zu nennenden Bundesgenossen, denn Polen fungierte in der Versailler Nachkriegsordnung als wichtiger Faktor, um Deutschlands Wiederaufstieg und internationale Gleichberechtigung zu blockieren.

Die explosive Mischung von Expansionismus, Intoleranz und polnischen Kriegsgelüsten zu Beginn der 1930er Jahre können drei Zeitdokumente beispielhaft charakterisieren.

Am 3. Oktober 1930 zitierten die „Münchner Neuesten Nachrichten" unter der Überschrift „Polnische Kriegsfanfaren" das Warschauer Blatt „Die Liga der Großmächte": „Der Kampf zwischen Polen und Deutschland ist unausbleiblich. Wir müssen uns darauf systematisch vorbereiten. Unser Ziel ist ein neues Grunwald,[13] aber diesmal ein Grunwald in den Vororten Berlins. Die Niederlage Deutschlands muß von polnischen Truppen in das Zentrum des Terrorismus getragen werden, um Deutschland im Herzen zu treffen. Unser Ideal ist ein Polen im Westen mit der Oder und der Neiße als Grenze. Preußen muß für Polen zurückerobert werden, und zwar das Preußen an der Spree. In einem Krieg mit Deutschland wird es keine Gefangenen geben, und es wird weder für menschliche noch kulturelle Gefühle Raum sein. Die Welt wird erzittern vor dem deutsch-polnischen Krieg. In die Reihen unserer Soldaten müssen wir übermenschlichen Opfermut und den Geist unbarmherziger Rache und Grausamkeit tragen. Vom heutigen Tag an wird jede Nummer dieses Blattes dem kommenden Grunwald in Berlin gewidmet sein."

Der ehemalige Reichsinnenminister und Reichskanzler der Weimarer Zeit, Joseph Wirth, erklärte 1946 als Zeuge vor dem Tribunal der Sieger in Nürnberg: „Alle deutschen Regierungen zwischen 1918 und 1933 und die deutsche Heeresleitung waren von der Sorge um den Bestand des Reiches beseelt, den sie innen- und außenpolitisch bedroht sahen. Bereits in den ersten Jahren nach dem Weltkrieg hatte Polen wiederholt versucht, Teile des Reichsgebietes gewaltsam vom Reich abzutrennen.

Die Furcht vor weiteren Angriffen war nicht unbegründet. Nationalistische polnische Kreise forderten weitere Gebietsabtrennungen... Die Unruhe an der deutschen Ostgrenze war eine dauernde.

In den Jahren 1930 und 1931 ging eine neue Welle großer Besorgnisse durch die Ostgebiete des Reichs. Als Reichsminister des Inneren bereiste ich Schlesien, um den Vertretern aller Parteien klarzumachen, daß die Reichsregierung willens ist, Schlesien wie im Jahre 1921 zu verteidigen... Dabei war die Bewaffnung unserer Reichswehr kläglich. In keiner Weise war sie befähigt, der polnischen Armee längere Zeit zu widerstehen.

Reichskanzler Heinrich Brüning und Reichswehrminister Wilhelm Groener beschlossen daher, bei einem Angriff der Polen Schlesien zu

[13] 1410: Sieg eines polnischen Heeres über den Deutschen Ritterorden.

räumen. Wer angesichts dieser Tatsachen noch behauptet, daß wir Angriffsabsichten gehabt hätten, ist zu bemitleiden. Allen Provokationen der Polen gegenüber blieben wir ruhig und gelassen. Es war angesichts der jammervollen Lage an den deutschen Ostgrenzen selbstverständlich, daß Umschau gehalten worden ist, wie man wehrpolitisch die Lage verbessern könne. Als süddeutsche, katholische Demokraten war uns jeder Haß gegen Polen durchaus fern. Aber gerade meine Freunde und ich machten mit den Polen die bittersten Erfahrungen."

Konkret wurden die polnischen Kriegspläne 1933. Im November 1932 war der erst 38jährige Josef Beck mit der Außenpolitik Polens betraut worden. Der neue Außenminister, der bis 1939 eine Schlüsselfigur der polnischen Außenpolitik blieb, war alles andere als ein Freund Deutschlands und pokerte hoch, im Vertrauen auf die Stärke der polnischen Armee.

Polens Ziel war es, die führende Stellung in Ostmitteleuropa zu erlangen. Pilsudski befürwortete unter diesen Umständen einen Krieg gegen Deutschland. 1958 enthüllte Lord Vansittart, der bekannte britische Gegner Deutschlands, die Kriegspläne Pilsudskis mit Einverständnis der britischen Regierung im Detail. Vansittart hieß dessen Pläne für richtig, da man 1933 einen Krieg gegen Deutschland noch mit 30.000 Opfern statt mit 30 Millionen Opfern hätte gewinnen können.

Der tschechische Gesandte in Warschau, Girso, berichtete am 10. Mai 1933: „In den polnischen Offizierskreisen herrscht die Ansicht vor, daß der Krieg zwischen Polen und Deutschland unvermeidlich ist. Ein beträchtlicher Teil höherer Offiziere, der von dieser Überzeugung ausgeht, vermutet, daß Polen aus diesem Kriege nur dann siegreich hervorgehen kann, wenn es zum Kriege jetzt (1933) kommt, wo Deutschland militärisch noch nicht vorbereitet ist und wo es in inneren Verwirrungen hin und her geschleudert wird. Der Gedanke eines Präventivkrieges hat Anhänger nicht nur in Marschall Pilsudski, sondern auch im Generalstab, der schon gewisse Maßnahmen an den Grenzen getroffen hat. So wurde Anfang April mit der Konzentration der Kavallerie an der deutsch-litauischen Grenze und im Korridor begonnen."

Da Pilsudski aber nicht allein marschieren wollte, baute er auf die Mithilfe Englands und Frankreichs bei seinem geplanten Krieg. England lehnte dieses Vorhaben, wie Lord Vansittart bedauernd berichtet, ab und beeinflußte auch Paris in diesem Sinne.

Dazu sagte der bekannte französische Militärhistoriker Ferdinand Otto Miksche: „Vergeblich hoffte Polen damals auf Frankreichs Zustimmung, gegen Deutschland Krieg zu führen."

Um doch noch einen Krieg gegen Deutschland auslösen zu können, betrieb Polen mehrere Provokationen. Die gravierendste war die plötzliche Besetzung des Polen zugesprochenen Munitionsdepots auf der Westerplatte im Danziger Hafen mit weit stärkeren Truppen als vereinbart.

Am 19. November 1925 hatte der Völkerbundrat Polen eine „ständige Wachmannschaft von 88 Mann polnischen Militärs" zugestanden. Polen interpretierte das großzügig und stationierte trotz vielfältiger Proteste eine weitaus stärkere Besatzung. Die Westerplatte war Danziger Hoheitsgebiet, doch Polen baute sie festungsartig aus mit schwerem Geschütz, Granatwerfern und Maschinengewehren.

Am 6. März 1933 – einen Tag nach der Reichstagswahl, bei der die NSDAP 43,9 Prozent der Stimmen erzielt hatte – beging Polen noch einen weiteren Vertragsbruch.

Das polnische Kriegsschiff „Wilja" setzte am frühen Morgen des 6. März 1933 Truppen auf der Westerplatte bei Danzig ab, mit denen die Besatzung nochmals erheblich verstärkt wurde. Der polnische Hochkommissar Danzigs, Kasimierz Papee, unterrichtete davon den dänischen Völkerbundskommissar und begründete das polnische Vorgehen mit den Umzügen der Danziger SA.

Dank der Besonnenheit der deutschen Seite blieben die erwarteten Zwischenfälle zum Ärger der polnischen Führung aber aus. Der ehemalige Reichskanzler Wirth hatte recht, als er in Nürnberg aussagte: „Allen Provokationen Polens gegenüber blieben wir ruhig und gelassen."

Diesen Grundsatz beherzigte auch Hitler 1933. Damit war die eigentliche Absicht Polens, einen Kriegsgrund herbeizuführen, gescheitert. Mit der überraschenden Aktion hatte Warschau nicht nur Danzig und damit Deutschland bedroht, sondern auch einen unfreundlichen Akt gegenüber dem Völkerbund gesetzt, über dessen bindende Vorschriften es sich hinweggesetzt hatte. Entsprechend groß war die internationale Erregung, auch in der Presse, die aufsehenerregende Berichte über den „polnischen Coup in Danzig" veröffentlichte.

Sir John Simon, der britische Außenminister, kritisierte seinen polnischen Kollegen Josef Beck im Völkerbundrat scharf. Beck gab bei der öffentlichen Ratssitzung in Genf schließlich die Zusage, die neu stationierten Truppen von der Westerplatte wieder abzuziehen.

Das zehntägige Intermezzo dieser polnischen Provokation endete für Polen alles andere als rühmlich. Begleitend hatte Pilsudski starke polnische Truppen im Korridorgebiet zusammengezogen. Man hatte auf eine Gelegenheit gehofft, in Ostpreußen und Oberschlesien einzumarschieren und die zu 95 Prozent von Deutschen besiedelte Stadt Danzig zu annektieren. Das waren Forderungen, die in ganz Polen zu dieser Zeit auf chauvinistischen Veranstaltungen erhoben wurden.

Die kommunistischen Parteien Europas wollten den Deutschen in Danzig und der deutschen Bevölkerung von Ost-Oberschlesien und im Korridor schon auf der Konferenz aus Anlaß des zehnten Jahrestages der französischen Ruhrbesetzung am 1. Januar 1933 in Essen das Selbstbestimmungsrecht zugestehen. Die Konferenz begrüßte den Kampf der kommunistischen Partei Polens für das Selbstbestimmungsrecht der Menschen in diesen Gebieten bis zur Lostrennung von Polen und dem Anschluß an das Deutsche Reich.

Bei dieser Vorgeschichte ist es kein Wunder, daß das 1932 erschienene Buch „Achtung Ostmarkenrundfunk!“[14], in dem der westpreußische Autor Hans Nitram die Vision eines polnischen Überfalls auf Ostpreußen schilderte, auch in Polen auf große Resonanz stieß. Das bekannte Buch, das in Deutschland Furcht und Sorge hervorrief, war so realitätsnah, daß es in Polen, vor allem in der polnischen Presse, unverhohlene Begeisterung auslöste.

Doch ganz so kam es nicht, denn auch erneute Versuche, einen „Präventivkrieg“ vom Zaun zu brechen, scheiterten im November 1933. Hitler bekundete gegenüber Polen mehrmals friedliche Absichten. Den Warnungen des deutschen Botschafters in Warschau, von Moltke, schenkte er wenig Gehör. Im Zeichen seiner Verständigungspolitik mit Polen stand auch seine bekannte Friedensrede vom 17. Mai 1933. Der im Mai gewählte Danziger Senatspräsident, der Nationalsozialist Hermann Rauschning, bemühte sich, die Konflikte um Danzig zu bereinigen.

Deutsch-polnische Verständigung?

Nachdem Pilsudski für seine militärischen Pläne keine Unterstützung gefunden hatte, sah auch er sich gezwungen, seine Vorgehensweise zu ändern. Eine direkte Verständigung mit dem Reich erschien unter diesen Umständen sinnvoll. Bereits am 15. November trafen Hitler und der polnische Botschafter in Berlin, Jósef Lipski, zusammen, wobei der deutsche Reichskanzler nochmals versicherte, er wünsche Freundschaft mit Polen.

Am nächsten Tag wurde in einem deutsch-polnischen Kommuniqué die Absicht verkündet, einen Nichtangriffspakt zu schließen. In der Unterredung, an der auch Reichsaußenminister von Neurath teilnahm, betonte der polnische Botschafter ausdrücklich, es sei stets der Wunsch des Marschalls Pilsudski gewesen, mit Deutschland freundschaftliche Beziehungen zu pflegen. Hitler erkannte ausdrücklich den polnischen Staat an und den polnischen Wunsch nach freiem Zugang

[14] Hans Nitram. Achtung! Ostmarkenrundfunk! Polnische Truppen haben heute nacht die ostpreußische Grenze überschritten. Oldenburg 1932.

zum Meer, ließ aber keinen Zweifel daran, daß der durch den Versailler Vertrag geschaffene Zustand „für Deutschland unerträglich" sei. Bei gutem Willen und in freundschaftlicher Atmosphäre könne man auch schwierige Fragen einer friedlichen Lösung zuführen.

Schon am 2. Mai 1933 hatte sich der deutsche Reichskanzler in ähnlicher Form gegenüber dem polnischen Gesandten Wysocki geäußert. Über die unveränderte Absicht Deutschlands, die in Versailles geschaffenen Grenzen, die das Reich in zwei Teile spalteten, einer Revision zu unterziehen, konnte also auch 1933 kein Zweifel bestehen.

Der deutsche Entwurf der geplanten deutsch-polnischen Erklärung wurde Pilsudski vom deutschen Gesandten in Warschau „mit aufrichtigen Grüßen" Hitlers übergeben.

Marschall Pilsudski nahm den deutschen Entwurf in einer herzlichen Atmosphäre entgegen, wie aus dem Bericht Moltkes an das Auswärtige Amt deutlich wird.

Bereits am 26. Januar 1934 wurde die „Erklärung der deutschen und der polnischen Regierung" unterzeichnet, nachdem sich beide Seiten über den Vertragstext geeinigt hatten. Die wichtigsten Bestimmungen des Vertragswerks lauteten: „Die deutsche und die polnische Regierung halten den Zeitpunkt für gekommen, um durch eine unmittelbare Verständigung von Staat zu Staat eine neue Phase in den politischen Beziehungen zwischen Deutschland und Polen einzuleiten. Sie haben sich deshalb entschlossen, durch die gegenwärtige Erklärung die Grundlage für die künftige Gestaltung dieser Beziehungen festzulegen...

Beide Regierungen erklären ihre Absicht, sich in den ihre gegenseitigen Beziehungen betreffenden Fragen, welcher Art sie auch sein mögen, unmittelbar zu verständigen... Unter keinen Umständen werden sie zum Zweck der Austragung von Streitfragen zur Gewalt schreiten.

Die durch diese Grundsätze geschaffene Friedensgarantie wird den beiden Regierungen die große Aufgabe erleichtern, für Probleme politischer, wirtschaftlicher und kultureller Art Lösungen zu finden, die auf einem gerechten und billigen Ausgleich der beiderseitigen Interessen beruhen."

Das Abkommen beendete den neunjährigen Zollkrieg und leitete eine Reihe wirtschaftlicher und technischer Verträge ein. Hitler betrachtete es als ersten Schritt zu einer Verständigung mit Polen und zur Grundlage einer friedlichen Revision der Grenzen. Entsprechend wurde der Vertrag in der Öffentlichkeit hervorgehoben und seine Bedeutung betont.

In Polen stieß das Abkommen teils auf Zustimmung, teils auf Ablehnung. Man sah darin auch einen Schutz gegen die Gefahr aus der Sowjetunion, die auf eine Wiedergewinnung ihrer verlorenen Westgebiete aus war. Pilsudski selbst glaubte, daß der Vertrag einen deutsch-polnischen Krieg nur verzögern werde, bezweifelte aber, daß er für die gesamte Geltungsdauer von zunächst fünf Jahren – mit automatischer Verlängerung auf weitere fünf Jahre, sollte er nicht gekündigt werden – Bestand haben werde.

Im Ausland, außer in Frankreich, lobte man die Linie der Vernunft, die nach 15 Jahren ständiger Auseinandersetzungen in das deutsch-polnische Verhältnis einzukehren schien.

In Deutschland fand die deutsch-polnische Erklärung in konservativen und deutschnationalen Kreisen Gegner, die in Zuschriften an den Reichspräsidenten von Hindenburg starke Besorgnisse über die in diesem Abkommen liegende Preisgabe der Interessen Deutscher unter polnischer Herrschaft äußerten. Sie wiesen darauf hin, daß die Hoffnungen Hitlers auf eine friedliche Lösung der Grenzfragen in Anbetracht der chauvinistischen Einstellung der Mehrheit der polnischen Verantwortlichen eine Illusion seien.

Außer der deutsch-polnischen Entspannung sah Hitler die Vorteile dieses Vertrages auch darin, das französisch-polnische Bündnis in seinem Wert gemindert und damit die von Frankreich angestrebte Einkreisung durchbrochen zu haben.

Die Situation der deutschen Minderheit

Das Verständigungsabkommen vom 26. Januar 1934 brachte allein durch sein Vorhandensein eine spürbare Entspannung in den Beziehungen beider Staaten mit sich. Aber den Worten folgten auf polnischer Seite bei den wichtigsten Problemen, die es auf der Grundlage eines „gerechten und billigen Ausgleichs der beiderseitigen Interessen“ zu lösen galt, keine Taten.

Seit Ende des Ersten Weltkrieges kannte Polen in der Behandlung der Minderheiten nur ein Ziel: Mit allen Mitteln eine möglichst rasche Polonisierung aller fremden Volksgruppen zu erreichen. Dabei spielte es keine Rolle, ob es sich nun um Deutsche, Ukrainer, Weißrussen, Juden, Litauer, Tschechen oder andere handelte.

So hatte schon am 10. April 1923 der damalige polnische Ministerpräsident Wladyslaw Sikorski in einer Rede in Posen erklärt: „Es liegt im unmittelbaren Interesse der [polnischen] Minderheit [in Posen], daß dieser historische Prozeß, nach langer Bedrückung durch die preußische Regierung, dieser Prozeß, den man Entdeutschung der westlichen Wojewodschaften nennt, in einem möglichst kurzen und raschen Tempo vollführt werde.

Der Starke hat immer recht, und der Schwache wird als besiegt angesehen, und man schiebt ihn auf den zweiten Platz. Ich stelle fest, daß am Vortage der Aufnahme der Liquidierungsaktion deutscher Güter unsere bisherige Nachgiebigkeit und unser Schwanken einer radikalen Änderung unterliegen müssen. Die Regierung, die ich repräsentiere, will, daß diese Angelegenheit innerhalb eines Jahres bestimmt geregelt wird…

Was nun die deutschen Kolonisten, die Entdeutschung der Städte und die Liquidierung der dazu bestimmten Industrieunternehmen betrifft, so betone ich, daß, wer immer uns vor der Welt des Mangels an Humanität bezichtigt, nicht im Einklang ist mit der tatsächlichen Lage."

Dies waren Äußerungen, die in ihrer Radikalität und unverblümten Intoleranz in dieser Zeit ohne Beispiel dastehen. Dabei hatte sich Polen bereits in einem sogenannten Minoritätenschutzvertrag mit den Alliierten vom 28. Juni 1919 verpflichtet, „allen Einwohnern ohne Unterschied der Geburt, der Staatsangehörigkeit, der Sprache, des Volkstums und der Religion den umfassendsten Schutz ihres Lebens und ihrer Freiheit zu gewähren" und in diese Zusicherung ausdrücklich die Deutschen einbezogen.

Auch war der Schutz nationaler Minderheiten eigens in der polnischen Verfassung verbürgt und damit den Volksdeutschen gleichsam ein doppelter Rechtsschutz versprochen.

Diese Zusagen und Garantien schienen jedoch in der Praxis allesamt von der polnischen Staatsführung beiseitegeschoben, so daß der deutsche Sejm-Abgeordnete Spickermann bereits am 23. Januar 1923 vor dem polnischen Parlament im Namen seiner deutschen Landsleute klagen mußte: „Wir haben lange genug unter dem unerträglichen Zustand gelitten … Der gesamte Apparat der inneren Verwaltung hat ausgesprochen unter der Parole gestanden: Kein Mittel ist unversucht zu lassen, die polnischen Bürger deutschen Stammes aus dem Land zu treiben, das Land zu entdeutschen, zu purifizieren, wie man so geschmackvoll auszudrücken beliebte. Auch das brutalste Mittel ist zu diesem Zweck erlaubt."

Ein solcher brutaler Unterdrückungsakt der polnischen Seite war in den Augen der Volksdeutschen auch das Gesetz, das der oberschlesische Sejm beschlossen hatte und das den ausschließlichen Gebrauch der polnischen Sprache auch in solchen Gemeindevertretungen vorschrieb, die sich in Mehrheit aus Deutschen zusammensetzten.

Der aggressive Polonismus der Warschauer Regierung und ihrer Behörden belastete nicht nur nachhaltig die deutsch-polnischen Beziehungen, sondern gab immer wieder Anlaß zu „Polen-Debatten" und „Minderheitenschutz-Diskussionen" im preußischen Landtag und im Deutschen Reichstag.

So merkte im preußischen Parlament Ministerpräsident Braun am 9. Juni 1923 zur Warschauer Politik gegenüber der deutschen Bevölkerung Polens an: „Wir müssen leider feststellen, daß die Vertreter der Nation, die früher jahrelang hier über Unterdrückung geklagt haben, dort jetzt die ihrer Staatshoheit ausgelieferte Minderheit in einer Weise behandelt, wie bisher wohl nie in einem Lande zu verzeichnen war."

Mit den Vertretern Polens im früheren preußischen Abgeordnetenhaus meinte der preußische Ministerpräsident Wojciech Korfanty und dessen polnische Fraktion, die nun in Polen ein intolerantes Regime gegenüber den Deutschen praktizierten, wie sich auch im blutigen Kampf um Oberschlesien gezeigt hatte. Braun schloß seine Rede über die polnische Minderheitenpolitik mit den Worten: „Gewiß ist es eine Kulturschande, wenn man dem Kinde die Muttersprache raubt, aber eine noch viel größere Kulturschande ist es, wenn, wie es jetzt in Polen gegenüber den Deutschen geschieht, nicht nur die Muttersprache, sondern Haus, Hof und Heimat geraubt werden!"

Nach Abschluß des deutsch-polnischen Verständigungsvertrages besserte sich die Situation der Volksdeutschen ab Beginn des Jahres 1934 keineswegs. Im Gegenteil: Der deutsche Generalkonsul in Thorn beobachtete einen Monat später „statt Verbesserung eine weitere Verschlechterung der Lage der deutschen Volksgruppe".

Von woher der Wind wehte – von der polnischen Regierung oder von niedrigen Beamten –, wurde rasch deutlich. Schon acht Monate nach Abschluß des Abkommens kündigte Polen ohne Konsultierung einer deutschen Stelle den Minderheitenschutzvertrag vom 28. Juni 1919. Dieser Vertrag wurde von der Friedenskonferenz nach dem Ersten Weltkrieg Polen, das Millionen von Nicht-Polen in sein Staatsgebiet einbeziehen durfte, zur Bedingung gemacht. Warschau hatte diesen Vertrag zu keinem Zeitpunkt beachtet, weder gegenüber Ukrainern noch gegenüber Deutschen, noch gegenüber irgendeiner anderen Minderheit.

Immer wieder rief diese Politik Polens internationale Proteste hervor. So lautete der Text einer Protestschrift französischer Politiker und Intellektueller, darunter der bekannte Sozialist Leon Blum, gegen die Behandlung der Minderheiten in Polen, die in Paris veröffentlicht wurde und in dem in Wien erschienenen Buch „La terreur blanche en Pologne" wiedergegeben ist: „Eine Woge des Terrors rollt in diesem Augenblick über Polen hinweg. Die Presse kann kaum davon sprechen, da sie geknebelt ist. Es handelt sich um ein Polizeiregime in all seiner Schrecklichkeit und in seinen wilden Unterdrückungsmaßnahmen. Die Gefängnisse der Republik umschließen heute mehr als 3.000 politische Verbrecher. Von ihren Kerkermeistern mißhandelt, beleidigt, mit Gürteln und Stöcken geschlagen... das Leben, das man ihnen aufzwingt, ist derartig, daß in zahlreichen Gefängnissen die Gefangenen den Tod der Marter vorziehen."

Besonders unangenehm war für die polnische Regierung daher die Überwachung der Minderheitenpolitik durch den Völkerbund. Der Vertrag verbot unter anderem die Assimilierung durch Gewalt, die Unterdrückung der Muttersprache, von Vereinigungen und Presse sowie die wirtschaftliche Benachteiligung der Minderheiten. Entsprechend häufig kam es zu Beschwerden beim Völkerbund, die in aller Regel mit scharfen Rügen der Politik Polens endeten.

Der polnische Außenminister Beck hielt 1934 die Zeit für gekommen, den Minderheitenschutzvertrag in Genf aufzukündigen. Daß er damit in letzter Konsequenz zugleich auch das deutsch-polnische Abkommen vom 26. Januar 1934 gebrochen hatte, wollte man in Berlin jedoch nicht wahrhaben.

In seinem offenkundigen Bestreben, die Polen in keiner Weise vor den Kopf zu stoßen, vermied es Hitler, beim Abschluß des Verständigungsvertrages ein Wort für die Volksdeutschen in Polen einzulegen. Denn trotz der nunmehrigen polenfreundlichen Politik Berlins betrieb Warschau gegenüber den nationalen Minderheiten seine systematische Polonisierungspolitik weiter, nationalisierte auch in den dreißiger Jahren das Minoritätenschulwesen und setzte seine Bodenreform zuungunsten der deutschen Gutsbesitzer fort.

Nach dem im Oktober 1933 erfolgten Austritt Deutschlands aus dem Völkerbund war der deutschen Minderheit in Polen das internationale Forum genommen, vor das das Reich bislang ihre Anliegen und Beschwerden gebracht hatte. Im Nichtangriffsabkommen vom Januar 1934 hatte Hitler dann auf jede wirkungsvolle Hilfsmaßnahme für die Deutschen in Polen verzichtet, und als Polen gar am 13. September 1934 die Minderheitenschutzverträge kündigte, waren die Deutschen in Polen auf sich allein gestellt und mußten versuchen, sich mit den polnischen Behörden zu arrangieren. Das gelang jedoch nur zum Teil und wäre unter Umständen von Berlin aus zu fördern gewesen, wenn sich Hitler der deutschen Minderheit in Polen stärker angenommen hätte. Er machte gute Miene zum bösen Spiel und versuchte, die polnische Führung mit Komplimenten und Konzessionen von ihrem deutschfeindlichen Kurs abzubringen.

Der im Jahre 1919 wiedererrichtete polnische Staat war durch gewaltsame territoriale Expansionen zu einem Vielvölkerstaat geworden. Weder die Regierungen noch die untergeordneten Verwaltungsorgane Polens haben es verstanden, die nationalen Minderheiten in ihrem Land anständig und menschlich zu behandeln.

Da sich die Lage der Deutschen in Polen nach Abschluß des deutsch-polnischen Vertrages keineswegs besserte, sondern sich eher noch verschlechterte, erhielt der deutsche Gesandte in Warschau am 15. September 1934 von Staatssekretär von Bülow folgende Mitteilung: „Minderheitenschutzbestimmungen sind in Verträgen von 1919 zum Ergänzungswerk damaliger territorialer Regelungen geworden. Dies gilt insbesondere für die deutsch-polnische Grenze, wie sich aus Artikel 93 des Versailler Vertrages, der Präambel des Minderheitenschutzvertrages und dem bekannten Brief Clemenceaus an Paderewski vom 24. Juni 1919 ergibt: Verpflichtung zu Minderheitenschutz war Gegenleistung neuer Staaten für den Erwerb neuer Gebiete, so daß mit Anullierung dieser Gegenleistungen im Grunde die gesamten Territorialfragen neu aufgeworfen wurden."

Trotzdem sah man in Berlin von Konfrontationen ab und setzte weiter auf Verständigung. Nach Hinweisen auf die vertragswidrige Behandlung der deutschen Minderheit versuchte der polnische Außenminister, die entstandenen Bedenken auszuräumen. Er erklärte dem deutschen Botschafter in Warschau, daß die schlechte Behandlung der Deutschen an den unteren Verwaltungsbehörden liege, denen er seine Auffassung noch einmal mitteilen werde.

Doch in den folgenden vier Jahren änderte sich nichts. Beschwerden und Berichte über Verfolgung und Diskriminierung der Deutschen häufen sich im Auswärtigen Amt. Sie wurden der Öffentlichkeit verschwiegen, um den Schein zu wahren.

Das ging so weit, daß Botschafter von Moltke am 16. Oktober 1935 das Auswärtige Amt nachdrücklich darauf hinwies, daß sich die deutsche Öffentlichkeit im Interesse der deutschen Minderheit mehr mit deren Schicksal befassen müsse, als dies in letzter Zeit der Fall gewesen sei. Das Ziel der völligen Polonisierung innerhalb zweier Generationen werde seit Abschluß des deutsch-polnischen Vertrages durch Polen sogar noch beschleunigt verfolgt.

Der Tod von Marschall Pilsudski am 12. Mai 1935 bedeutete einen weiteren Rückschlag für das deutsch-polnische Verhältnis. Denn für Pilsudski, der persönlich integer war und mit ganzem Herzen nur Polen diente, war Deutschfeindlichkeit keine zwanghafte Notwendigkeit wie für zahlreiche andere polnische Politiker. Er hat diese Ideologie, deren Territorialansprüche nicht einmal vor Schleswig-Holstein haltmachten, wenn es darum ging, polnische Ursprünge zu behaupten, nie geteilt. Mit Pilsudskis Tod gewannen wieder jene Kräfte die Oberhand, die den Krieg um jeden Preis wollten, die etwa schon am 9. Oktober 1925 in der „Gazeta Gdansk" gefordert hatten: „Polen muß darauf bestehen, daß es ohne Ostpreußen nicht existieren kann. Wir müssen jetzt in Locarno fordern, daß ganz Ostpreußen liquidiert wird. Dann wird es ja keinen Korridor mehr geben. Sollte dies nicht auf friedlichem Wege geschehen, so muß es eben ein zweites Tannenberg[15] geben."

XI. Auf dem Weg zum Krieg

Seit Abschluß des deutsch-polnischen Verständigungsvertrages vom 26. Januar 1934 kamen die deutsche und die polnische Regierung sehr gut miteinander aus und ihre Beziehungen untereinander konnten nicht freundlicher sein. Störend wirkten nur immer wieder die nicht nachlassenden Provokationen und Angriffe gegen die deutsche Minderheit.

Der französische Diplomat und spätere Botschafter in Berlin, André François-Poncet, sagte über das damalige deutsch-polnische Verhältnis: „Oberst Beck stand mit Göring auf vertrautem Fuß, und dieser folgte jedes Jahr einer Einladung zur Jagd in den polnischen Wäldern. Bei diesen freundschaftlichen Zusammenkünften sprach man natürlich auch über die Danziger Frage und den polnischen Korridor, also über Probleme, die eines Tages im Interesse der guten Beziehungen der beiden Länder gelöst werden mußten. Der polnische Außenminister Oberst Beck gab zu verstehen, Polen werde sich nicht weigern, Danzig an das Reich zurückzugeben, wenn es dort wirtschaftliche Vorrechte behielte. Auch würde sich Polen mit einer exterritorialen Autobahn und Eisenbahnlinie, also einer direkten Verbindung zwischen West- und Ostpreußen einverstanden erklären."

Am 20. September 1938 trug der polnische Botschafter in Berlin, Jósef Lipski, Hitler dieselben Überlegungen vor und fragte ihn sicherheitshalber, ob er immer noch nichts dagegen habe, daß Polen sich die Sudetenkrise zunutze mache und das Teschengebiet wiedererlange. Und am 24. wiederholte er dies gegenüber dem deutschen Außenminister Joachim von Ribbentrop.

Das war alles, was Hitler damals von Polen forderte. Und da er davon ausging, daß Beck seine Meinung nicht ändern würde, war er aufrichtig, als er gegenüber Chamberlain äußerte, das Sudetenland sei die letzte territoriale Forderung, die er in Europa zu stellen habe.

Auf dem Höhepunkt der Sudetenkrise im Herbst 1938 erkannte auch Polen seine Chance. Der polnische Außenminister Beck forderte am 21. September 1938 von Prag die Übergabe des Teschener- oder

[15] Bezieht sich, wie oben, auf Grunwald 1410.

Olsagebietes und kündigte den 1925 abgeschlossenen polnisch-tschechischen Minderheitenvertrag.

Zwei Tage später wurde in Paris bekannt, daß die polnische Armee zum Einmarsch in die Tschechoslowakei bereitstand. Frankreichs Regierung schlug Prag vor, Polen das Teschener Gebiet zu übergeben, unter der Bedingung, daß es das verbündete Frankreich loyal mit seinen Streitkräften unterstütze, „um die Tschechoslowakei zu schützen".

Prag machte ein entsprechendes Angebot, doch Warschau lehnte ab, das tschechoslowakische Angebot sei unbefriedigend. Am Abend des 30. September stellte Polen der Tschechoslowakei ein Ultimatum, in dem es die bedingungslose Abtretung des Teschener Gebietes forderte. Frankreichs Außenminister protestierte gegen das polnische Vorgehen und mahnte: „Eines Tages könnte Polen selbst Opfer ähnlicher Methoden werden." Doch dabei ließ er es auch bewenden, so daß die Prager Regierung keine andere Alternative hatte, als das Ultimatum Polens am 1. Oktober anzunehmen.

Am folgenden Tag marschierten polnische Truppen in die Tschechoslowakei ein und besetzten Teschen, bis 3. Oktober das gesamte Olsa-Gebiet. Ende Oktober nahm die polnische Armee schließlich noch sechs Grenzkreise in den Karpaten in Besitz. Insgesamt hatte Polen mit dieser Aggression etwa 1.000 Quadratkilometer Landes mit 250.000 Einwohnern hinzugewonnen. Das Gebiet hatte eine starke deutsche Volksgruppe. Vor allem auf den mehrheitlich deutschen Bahnknotenpunkt Oderberg hatte auch das Deutsche Reich Anspruch erhoben. Obwohl über Polens Coup Verstimmung entstand, unterstützte das Deutsche Reich das polnische Vorgehen gegen die Tschechoslowakei.

Mit der polnischen Besetzung des Olsa-Gebietes setzte auch hier unverzüglich eine rücksichtslose Polonisierung ein. Nach zwanzigjähriger tschechischer Herrschaft, über deren Intoleranz der Beauftragte der britischen Regierung, Lord Runciman, im September 1938 neutral und objektiv berichtete, erschien den Deutschen die polnische Unterdrückung so unerträglich, daß ein Großteil von ihnen innerhalb eines Monats floh.

Polen zog dazu auch in Teschen erneut alle Register der Repression. Deutsche Arbeitnehmer wurden oft unverzüglich von ihren Arbeitsplätzen verdrängt, Pensionären und Rentnern die Zahlungen entzogen, deutsche Betriebe Zwangsverwaltern unterstellt, deutschen Staatsangehörigen die Rückreise ins Olsa-Gebiet untersagt, deutsche Schulen aufgelöst und deutsche Kinder zwangsweise in polnische Schulen gegeben.

Diese neuerlichen Schikanen von Polen gegen Deutsche im Olsa-Gebiet waren insofern unverständlich, als genau ein Jahr zuvor, am 5. November 1937, die „Übereinstimmende Erklärung der Deutschen und der Polnischen Regierung über den Schutz der beiderseitigen Minderheiten" veröffentlicht worden war. Da am 15. Juli 1937 die Genfer Konvention für Oberschlesien abgelaufen war, hatte die deutsche Regierung monatelang versucht, eine Nachfolgeregelung zum Schutz der Minderheiten zu schaffen.

Die erwähnte „Übereinstimmende Erklärung" konnte Polen nur als „Kompromiß" abgehandelt werden, da Warschau einen üblichen zweiseitigen Vertrag über den Schutz der Minderheiten strikt ablehnte. Noch vor der Veröffentlichung dieser Erklärung hatte die polnische Regierung ein ganzes Bündel von gesetzlichen Maßnahmen ergriffen, die fast alle die Interessen der deutschen Minderheit gravierend verletzten. So wurde unter anderem durch die Erweiterung der Vorschriften über die Durchführung der Agrarreform und die Aufhebung des Fideikommisses des Fürsten Pleß die Voraussetzung geschaffen, den noch in deutscher Hand befindlichen Grundbesitz zu parzellieren und zu enteignen.

Nach dem Ende der Sudetenkrise, als deren Ergebnis das Deutsche Reich die sudetendeutschen Gebiete erhielt, Ungarn einen Teil der südlichen Slowakei besetzte und Polen der Tschechoslowakei das Olsa-Gebiet abnahm, begann mit der Unterredung des deutschen Außenministers von Ribbentrop und des polnischen Botschafters Lipski am 24. Oktober 1938 in Berchtesgaden ein neues Kapitel der deutsch-polnischen Beziehungen.

Hitlers Einstellung zu Polen war allgemein bekannt. Es wäre seines Erachtens unsinnig, Polen dem Deutschen Reich einverleiben zu wollen; Polen müsse als Pufferstaat zwischen Deutschland und Sowjetrußland fortbestehen; es sei kein künstlicher Staat; seine Widerstandskraft habe drei Teilungen im Laufe der Geschichte verkraftet; die Danzig- und Korridorfrage müsse zwar irgendwann eine Lösung finden, dies könne aber auf gütlichem Weg erfolgen.

Diese Überlegungen hatte er in einem Gespräch mit dem Hochkommissar des Völkerbundes in Danzig wiederholt, wobei beide Seiten übereinstimmten.

Bei der Unterredung in Berchtesgaden trug zunächst der polnische Botschafter Lipski seine Wünsche vor, die sich auf eine polnisch-ungarische Grenze richteten. Um dies zu erreichen, sollte die im Münchner Abkommen autonom gewordene Karpaten-Ukraine Ungarn angegliedert werden.

Der deutsche Außenminister von Ribbentrop versicherte, er werde sich diese ihm neuen Ideen in Ruhe überlegen.

Von Ribbentrop kam dann auf das Thema zu sprechen, weswegen er Lipski nach Berchtesgaden gebeten hatte, das auf keinen Fall an die

Presse kommen sollte. Nachdem er eine Einladung an den polnischen Außenminister für den kommenden Monat ausgesprochen hatte, äußerte er seine Auffassung, es sei an der Zeit, zwischen Deutschland und Polen zu einer Generalbereinigung aller bestehenden Reibungspunkte zu kommen.

Unter Hinweis auf die Verständigung mit Italien unter Verzicht auf Südtirol und die mit Frankreich unter Verzicht auf Elsaß-Lothringen bezeichnete von Ribbentrop eine solche Generalbereinigung als „Krönung des von Marschall Pilsudski und dem Führer eingeleiteten Werkes". Bevor der deutsche Außenminister schließlich ein Sieben-Punkte-Programm für die Generalbereinigung eröffnete, wies er den polnischen Botschafter noch auf eins hin: Danzig sei deutsch und werde immer deutsch bleiben.

Die deutschen Vorschläge lauteten:

1. Der Freistaat Danzig kehrt zum Deutschen Reich zurück.
2. Durch den Korridor würde eine exterritoriale, Deutschland gehörende Reichsautobahn und eine ebenso exterritoriale mehrgleisige Eisenbahn gelegt.
3. Polen erhält im Danziger Gebiet ebenfalls eine exterritoriale Straße oder Autobahn und Eisenbahn und einen Freihafen.
4. Polen erhält eine Absatzgarantie für seine Waren im Danziger Gebiet.
5. Die beiden Nationen anerkennen ihre gemeinsamen Grenzen (Garantie) oder die beiderseitigen Territorien.
6. Der deutsch-polnische Vertrag wird um 10 bis 25 Jahre verlängert.
7. Die beiden Länder fügen ihrem Vertrag eine Konsultationsklausel bei.

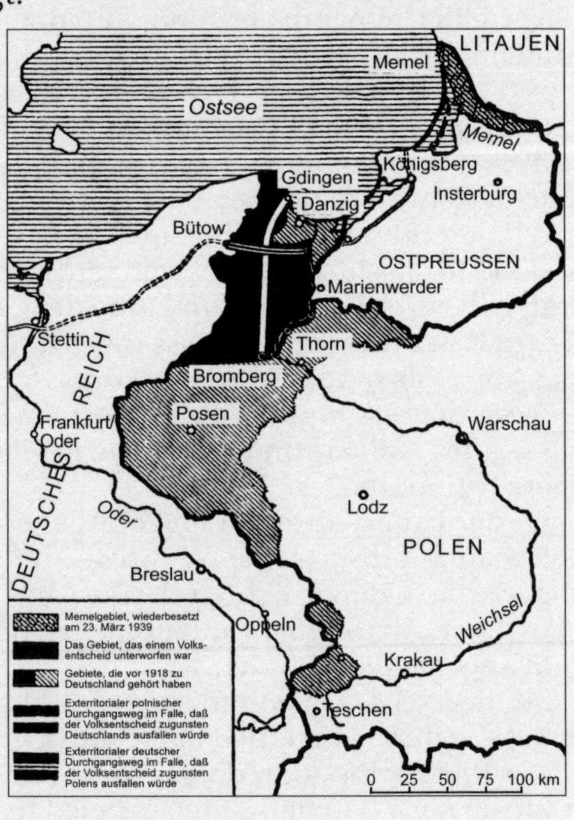

Der polnische Botschafter versprach, die deutschen Vorschläge genauestens mit dem polnischen Außenminister zu besprechen. Bereits jetzt sagte er, daß es falsch sei, Danzig als ein Produkt von Versailles, etwa wie das Saargebiet, zu betrachten. „Man müsse die historische und geographische Entstehungsgeschichte Danzigs verfolgen, um die richtige Einstellung zu dem Problem zu bekommen." (Hewel-Protokoll)

Von Ribbentrop wies schließlich darauf hin, daß die endgültige Anerkennung des Korridors durch Hitler innenpolitisch nicht leicht sei. Abschließend äußerte er, daß im Fall einer Globallösung der deutsch-polnischen Probleme auch für das von Lipski nochmals angesprochene Problem der Karpaten-Ukraine und der von Polen gewünschten polnisch-ungarischen Grenze ein „günstiges Arrangement" gefunden werden könne.

Wie Staatssekretär Walter Hewel berichtete, verlief die Unterredung „in sehr freundschaftlichem Tone".

War die deutsche Forderung noch Rückkehr der Stadt Danzig und seiner Umgebung mit einem fast 100prozentigen Anteil deutscher Bevölkerung berechtigt? Am Willen der Danziger, wieder zum Reich zu gehören, konnte es keinen Zweifel geben. Um Polen entgegenzukommen, hatte der deutsche Außenminister in seiner Unterredung am 24. Oktober 1938 mit dem polnischen Botschafter Lipski keine Volksabstimmung in Danzig verlangt. Denn das daraus zweifellos hervorgehende überwältigende Bekenntnis der Bevölkerung Danzigs zu Deutschland wäre von den Polen als Affront aufgefaßt worden.

Hunderte von Übergriffen Polens auf Danzig hatten in der jüngeren Vergangenheit zu ständigen Streitfällen vor dem Völkerbund geführt. Deshalb bedurften Danzig und seine Bevölkerung einer Lösung des Problems, für das Deutschland gewillt war, auch Opfer zu bringen. Fast alle führenden Politiker in Europa und auch der USA anerkannten damals und später die deutschen Forderungen als vernünftig und überaus maßvoll. Schließlich hatten diese Politiker zum größten Teil Schuld daran, daß ein so unsinniger Zustand überhaupt geschaffen worden war.

Carl Jakob Burckhardt, der Schweizer Völkerbundkommissar für Danzig von 1937 bis 1939, schrieb dazu in „Meine Danziger Mission": „Schon 1919 erklärte in der französischen Kammer Marcel Sembat, ‚daß Danzig den Keim zu einem neuen Krieg in sich trage…'"

Mit Recht hat der französische Botschafter in Berlin, Robert Coulondre, in seinen Memoiren aufgezeichnet, daß das deutsche Volk sich mit der Rückkehr des Elsaß an Frankreich abgefunden habe, daß es ihm aber unmöglich gewesen sei, die Verstümmelung seiner Ostgebiete anzuerkennen.

Bei dem ganzen Vorgang schien man damals vergessen zu haben, daß es eine Danziger Bevölkerung gab (bestehend aus 96 Prozent Deutschen und nur 4 Prozent Polen), über deren Köpfe hinweg man verfügte. Die Freie Stadt war geschaffen worden, weil Polen einen Hafen verlangte, dieser Hafen war nun in Gdingen vorhanden. Nachdem diese Tatsache eingetreten war, soll schon Graf Manfredi Gravina, Hoher Kommissar des Völkerbundes in Danzig in den Jahren 1929 bis 1932, gesagt haben, daß der Zeitpunkt zu einer Revision des gefährlichen Danziger Statuts gekommen sei.

Dies äußerte er, als in Deutschland der Zentrumspolitiker Heinrich Brüning Reichskanzler war. Hätte man damals die Weisheit besessen, so wurde von Danziger Seite später geäußert, in diesem einen Punkt den deutschen Wünschen entgegenzukommen und hätte man Brüning diesen Erfolg verschafft, so hätte die Geschichte einen anderen Verlauf genommen.

Statt dessen nahmen Unterdrückung, Hetze und Terror gegen die Volksdeutschen in Polen immer schärfere Formen an. Die Notwendigkeit einer „Generalbereinigung", bei der zumindest Danzig dem Deutschen Reich wieder angegliedert werden mußte, lag auf der Hand. Im Westen hatte Hitler – damit die Politik Stresemanns fortsetzend – auf den „ewigen Zankapfel" zwischen Deutschland und Frankreich, Elsaß-Lothringen, verzichtet. Wenn nun Deutschland auch im Osten bereit war, die polnische Annexion Posens, Westpreußens und Ost-Oberschlesiens im Gegenzug zur Rückkehr Danzigs anzuerkennen, stellte das deutsche Angebot einen überaus maßvollen Vorschlag dar, den sich keine deutsche Regierung der Weimarer Republik hätte erlauben können.

Außerdem war dieser Zustand, wie ein Blick auf die Landkarte zeigte, einfach widernatürlich. Trotzdem war der Standpunkt Polens in der Frage Danzigs von Anfang an völlig unnachgiebig.

Am 19. November 1938 empfing Ribbentrop den polnischen Botschafter Lipski in Berlin, der die Stellungnahme Becks zu den deutschen Vorschlägen überbrachte. In diesem Antwortschreiben aus Warschau war bereits eine kaum verhohlene Drohung enthalten, die zeigte, wie aggressiv Polen auf die berechtigten deutschen Vorschläge bezüglich Danzigs als anerkannte „rein deutsche Stadt" reagierte: „In Anbetracht all dieser Faktoren und in dem Wunsch, durch freundschaftliche Verständigung mit der Reichsregierung eine Festigung der Lage herbeizuführen, schlägt die polnische Regierung vor, die vom Völkerbund gegebenen Garantien und die ihm [Danzig] gewährten Privilegien durch einen bilateralen polnisch-deutschen Vertrag zu ersetzen. Dieser bilaterale Vertrag würde die künftige Existenz der Freien Stadt derartig garantieren, daß damit die Freiheit des nationalen und kulturellen Lebens ihrer deutschen Minderheit einerseits, die Rechte Polens anderseits gesichert werden könnten. Trotz des komplexen Charakters eines solchen Vertrages fühlt sich die polnische Regierung zu der Erklärung gezwungen, daß jede andere Lösung, insbesondere die Eingliederung der Freien Stadt in das Reich, zweifellos zu einem Konflikt führen müsse."

Dem entsprach auch die Nachricht des Hohen Kommissars des Völkerbundes, des Schweizers Carl Jakob Burckhardt, der aus Danzig nach Genf meldete: „Die Polen sind bereit, wegen Danzig Krieg zu führen!" Zwanzig Jahre lang war eine altehrwürdige deutsche Stadt gegen ihren Willen vom Deutschen Reich abgetrennt, hatte aber keineswegs dem polnischen Staat angehört. Um ihre Rückkehr zum Reich zu verhindern, war Polen bereit, Krieg gegen Deutschland zu führen. Ein solcher Krieg wäre ausschließlich ein Krieg gegen das Selbstbestimmungsrecht gewesen.

Die deutschen Vorschläge waren keineswegs aus der Luft gegriffen. Im Gegenteil: Es hatte vieles darauf hingedeutet, daß Polen sie akzeptieren würde. Seit der Schaffung der Freien Stadt und des Korridors hatte das Deutsche Reich nie ein Hehl daraus gemacht, daß es trotz aller deutsch-polnischen Verständigungspolitik nach einer Revision dieser unhaltbaren Zustände strebe.

Wie schon erwähnt, hatte der französische Diplomat André François-Poncet in seinem Buch „Von Versailles bis Potsdam" festgehalten, daß der polnische Außenminister Beck in einem Gespräch mit Göring zu verstehen gegeben hatte, daß „Polen sich nicht weigern würde, Danzig an das Reich zurückzugeben, wenn es dort wirtschaftliche Vorrechte behielte".

Auch mit dem Bau von exterritorialen Verkehrswegen durch den Korridor hatte sich der polnische Außenminister einverstanden erklärt.

Daher war die ablehnende Antwort Polens, die sich in den Gesprächen vom 24. Oktober und vom 19. November 1938 zwischen von Ribbentrop und Lipski gezeigt hatte, keineswegs vorhersehbar.

Am 5. Januar 1939 trafen sich der polnische Außenminister Beck und Hitler auf dem Obersalzberg zu einer Unterredung. Auch hier blieb Beck hart. Der deutsche Gesandte und Dolmetscher Paul Schmidt hat dieses Gespräch festgehalten: „Von deutscher Seite gebe es ... im direkten deutsch-polnischen Verhältnis das für Deutschland gefühlsmäßig sehr schwierige Problem des Korridors und Danzigs zu lösen. Man müsse seiner [Hitlers] Ansicht nach, von alten Schablonen abweichend, hier Lösungen auf ganz neuen Wegen suchen. So könne man sich im Falle Danzig zum Beispiel eine Regelung denken, nach der diese Stadt politisch wieder, dem Willen ihrer Bevölkerung entsprechend, der deutschen Gemeinschaft zugeführt würde, wobei selbstverständlich die polnischen Interessen, besonders auf wirtschaftlichem Gebiet, voll und ganz gewahrt werden müßten. Dies sei ja auch Danzigs Interesse, denn Danzig könne wirtschaftlich nicht ohne Hinterland leben, und so dächte er, der Führer, an eine Formel, nach der Danzig politisch zur deutschen Gemeinschaft gelange, wirtschaftlich aber bei Polen bliebe.

Danzig sei deutsch, werde stets deutsch bleiben und früher oder später zu Deutschland kommen. Bezüglich des Korridors, der, wie erwähnt, für Deutschland ein schweres psychologisches Problem darstelle, wies der Führer darauf hin, daß für das Reich die Verbindung mit Ostpreußen, ebenso wie für Polen die Verbindung mit dem Meer, lebenswichtig sei."

Becks Antwort nach Schmidt lautete: „Was das deutsch-polnische Verhältnis angehe, so nehme er von den vom Führer ausgesprochenen Wünschen Kenntnis. Die Danziger Frage erscheine ihm jedoch außerordentlich schwierig. In diesem Zusammenhang müsse man besonders die öffentliche Meinung in Polen in Rechnung stellen. Dabei sehe er ganz von der Haltung der ‚Kaffeehausopposition' ab. Während seiner siebenjährigen Amtszeit habe er sich nicht im geringsten um die Kaffeehaus-Meinung gekümmert und sei immer noch im Amt. Er müsse jedoch auf die wirkliche Meinung des Volkes Rücksicht nehmen und sehe hier allerdings Schwierigkeiten für eine Lösung der Danziger Frage. Er wolle jedoch das Problem gern einmal in Ruhe überlegen."

Ungeachtet dieses Gegensatzes sparten beide Politiker nicht mit „inhaltslosen Freundschaftsbeteuerungen", die, wie Schmidt später schrieb, damals Mode waren.

Kurz nach der deutschen Besetzung von Prag im März 1939 verhandelten in Bukarest eine deutsche und eine rumänische Delegation über ein Handelsabkommen. Am 17. März behauptete nun der rumänische Gesandte Vergil Tilea in der Downing Street, die deutsche Delegation habe der rumänischen übertriebene Forderungen gestellt. Er sprach sogar von einem „Ultimatum" und bat um eine Anleihe von zehn Millionen Pfund, um für den Fall einer deutschen Aggression mit diesem Geld Kriegsmaterial kaufen zu können.

Durch die allgemeine Verwirrung, die der deutsche Einmarsch in die Rest-Tschechei ausgelöst hatte, erschien Tilea glaubhaft, und der britische Außenminister Lord Halifax nahm die Sache ernst. Da Rumänien 400 Kilometer vom Deutschen Reich entfernt war und somit beide Länder keine gemeinsame Grenze besaßen, war ein Krieg zwischen beiden Staaten eine Unmöglichkeit.

Wiederum war die englische Öffentlichkeit für alles sehr empfänglich, was sich in Rumänien abspielte, da die britische Wirtschaft eine Mehrheitsbeteiligung an den rumänischen Ölfeldern besaß.

Am nächsten Tag, dem 18. März, erschien die diesbezügliche Meldung in der „Times" und im „Daily Telegraph". Man hat behauptet, diese Nachricht sei der Presse aus Regierungskreisen gezielt durchgestochen worden.

In Bukarest, wo die Meldung großes Aufsehen erregte, gab Außenminister Grigore Gafencu ein offizielles Dementi heraus: „Die deutsch-rumänischen Verhandlungen verlaufen weiterhin normal. Die Meldungen über ein deutsches Ultimatum entbehren jeglicher Grundlage. Die bezüglichen Behauptungen sind einfach lächerlich."

Sir Reginald Hoare, der britische Botschafter in Bukarest, dementierte ebenfalls. Der Gesandte der Vereinigten Staaten in Bukarest, Günther, telegraphierte US-Außenminister Cordell Hull: „Herr Gafencu ist wütend. Er hat Herrn Tilea einen strengen Verweis erteilt und würde ihn gern aus London abberufen, wenn er nicht befürchtete, Lord Halifax zu verärgern."

In Paris bestellte man den rumänischen Gesandten Tatarescu ins Außenministerium ein und erfuhr, daß „die deutsch-rumänischen Besprechungen zu einem Handelsabkommen geführt haben, das bald unterzeichnet werden soll" und daß es zu keiner Zeit ein Ultimatum gegeben habe.

Diese Flut der Dementis wurde der Presse nicht mitgeteilt: Die englischen, französischen und amerikanischen Zeitungen meldeten am nächsten Morgen, daß der Einmarsch der deutschen Truppen in Rumänien bevorstehe. Sie meldeten sogar aufgrund eines Drahtberichts des französischen Gesandten in Bukarest, Thierry, daß Rumänien jeden Augenblick mit einem Einmarsch der Wehrmacht rechne und in der Mobilmachung begriffen sei.

Da niemand sich in Geographie auskannte, glaubten alle daran: die Leser der „Times", des „Daily Telegraph", der „New York Herold Tribune" und von „Paris-Soir" ebenso wie die am besten unterrichteten Politiker.

Dieses Ereignis zeigt überaus deutlich, welche Bedeutung Telegraphie, Radio und Presse als eine Waffe der Politik sowohl im Frieden als dann auch später im Kriege erlangt haben. Viele politische Ereignisse sind dadurch beeinflußt worden.

In der durch falsche Pressemeldungen aufgepeitschten Stimmung wurden nun Verhandlungen zwischen England und Frankreich zum Schutze Polens und Rumäniens vor Deutschland aufgenommen. Das kam dem polnischen Außenminister Beck mehr als gelegen. Brauchte er sich doch in diesem Fall – mit den Westmächten im Rücken – nicht mehr um einen Kompromiß mit Deutschland zu bemühen.

Da Deutschland weiterhin eine friedliche Regelung des Danzig- und Korridorproblems anstrebte, kam es am 21. März 1939 in Berlin zwischen Ribbentrop und Lipski zu einer neuerlichen Unterredung. Von Ribbentrop legte abschließend noch einmal die deutschen Vorschläge zu einer „Generalbereinigung" zwischen Deutschland und Polen dar, die durch ihre aus der Vernunft geborene Bescheidenheit und ihre erstaunlich minimalen Forderungen mit gleichzeitigen umfassenden Garantieerklärungen verhandlungswert gewesen wären.

Ribbentrop führte aus, keine frühere Regierung wäre in der Lage gewesen, auf die deutschen Revisionsansprüche zu verzichten, ohne daß sie nicht innerhalb von 48 Stunden vom Reichstag fortgefegt wäre. Der Führer denke anders über das Korridor-Problem. Er erkenne die Berechtigung des polnischen Anspruchs auf einen freien Zugang zum Meer an. Er sei der einzige deutsche Staatsmann, der einen endgültigen Verzicht auf den Korridor aussprechen könne. Voraussetzung hierfür sei aber die Rückkehr des rein deutschen Danzig zum Reich sowie die Schaffung einer exterritorialen Bahn- und Autoverbindung zwischen dem Reich und Ostpreußen.

Nur hierdurch würde für das deutsche Volk der Stachel beseitigt, der in der Existenz des Korridors liege. Wenn die polnischen Staatsmänner in Ruhe den realen Tatsachen Rechnung trügen, dann könne man auf folgender Basis eine Lösung finden. Rückkehr Danzigs zum Reich, exterritoriale Eisenbahn- und Autoverbindung zwischen Ostpreußen und dem Reich und hierfür Garantie des Korridors. „Ich könnte mir vorstellen, daß man in einem solchen Falle die slowakische Frage im erwähnten Sinne zu behandeln in der Lage wäre."

Botschafter Lipski versprach, Außenminister Beck zu informieren und alsdann Nachricht zu geben. Ribbentrop schlug vor, daß Botschafter Lipski zur mündlichen Berichterstattung nach Warschau fährt. Botschafter Lipski fuhr tatsächlich, Ribbentrops Vorschlag entsprechend, nach Warschau.

Interessant sind in diesem Zusammenhang die Meinungen von zwei bedeutenden Politikern aus England und Polen. Der britische Botschafter in Berlin Nevile Henderson schrieb in einem Brief an Außenminister Halifax am 26. April 1939: „Persönlich habe ich größere Angst, als ich je im letzten September hatte, und doch sind die unmittelbaren Fragen, die sich abzeichnen, verhältnismäßig unwichtig an sich und wären einer Regelung durchaus fähig. Wenn Danzig an Deutschland vor sechs Monaten gefallen wäre, würde kein Hahn danach gekräht haben, und ein extraterritorialer Korridor durch den Korridor hindurch ist eine durchaus gerechte Regelung. Wenn Schottland von England durch einen irischen Korridor getrennt wäre, würden wir mindestens so viel verlangen, was Hitler jetzt verlangt. Wenn man diese Forderungen an und für sich betrachtet, würde es etwas Schlechtes sein, in einen Weltkrieg wegen solcher Punkte hineinzutreiben …

Ich kann mich nicht dazu bringen, zu glauben, daß die Politik einer Machtprobe jetzt, anstatt später irgendeine moralische oder praktische Rechtfertigung hat."

Am 6. Juli 1939 notierte der Unterstaatssekretär im polnischen Außenministerium, Graf Szembek, über die Eindrücke des aus Washington zurückgekehrten polnischen Botschafters Patocki: „Im Westen gibt es allerlei Elemente, die offen zum Kriege treiben; die Juden, die Großkapitalisten, die Rüstungsfabrikanten. Alle stehen heute vor einer glänzenden Konjunktur, denn sie haben einen Ort gefunden, den man in Brand stecken kann: Danzig; und eine Nation, die bereit ist zu kämpfen: Polen. Auf unserem Rücken wollen sie Geschäfte machen. Die Zerstörung unseres Landes würde sie gleichgültig lassen. Im Gegenteil: Da später wieder alles aufgebaut werden müßte, würden sie auch daran verdienen."

England im Rücken zu haben, hat die polnische Politik zur Kompromißlosigkeit veranlaßt. Am 23. März 1939 traf der polnische Außenminister Beck mit den Befehlshabern der Armee, die den Aufmarschplan gegen Deutschland erhielten, zusammen. Über diese Unterredung schrieb der französische Generalstabsoffizier und Militärhistoriker Ferdinand Otto Miksche: „Am 23. März 1939 – also sechs Monate vor Kriegsausbruch – erklärte der damalige polnische Kriegsminister gegenüber Beck bei einer Versammlung führender Politiker und Generäle, daß ein politisch von Polen abhängiges Danzig ein unerläßliches Symbol polnischer Macht sei und behauptete, ‚es ist vernünftiger, auf den Feind zuzugehen, als zu warten, bis er uns entgegenmarschiert'. Das war eine gewiß recht verwegene Äußerung, die sich in keiner Weise darauf stützen konnte, daß Hitler Polen wirklich anzugreifen beabsichtigte."

Noch am gleichen Tag erging ein polnischer Mobilmachungsbefehl. Der deutsche Botschafter in Warschau, von Moltke, teilte dem Auswärtigen Amt am 24. März 1939 mit: „Kurzfristige Reservisteneinziehung, drei bis vier Jahrgänge, und zwar 1911 bis 1914, ferner 1906 und 1907, örtlich verschieden, sicher bestätigt. Reserveoffiziere technischer Truppen eingezogen."

Am 26. März erschien der polnische Botschafter Lipski wieder bei Ribbentrop und brachte als Antwort auf die maßvollen deutschen Vorschläge ein Memorandum der polnischen Regierung. England hatte inzwischen Polen eine Zusage auf eine Garantieerklärung gemacht, und gestützt auf diese Zusage wurden die deutschen Vorschläge rundweg abgelehnt. Trotzdem versuchte der deutsche Außenminister, dem polnischen Botschafter die deutschen Vorschläge nochmal zu erklären.

Herr Lipski entgegnete, er habe die unangenehme Pflicht darauf hinzuweisen, daß jegliche weitere Verfolgung dieser deutschen Pläne, insbesondere soweit sie eine Rückkehr Danzigs zum Reich beträfen, den Krieg mit Polen bedeuteten.

Hierzu zeichnete Ribbentrop auf: „Ich wies darauf Botschafter Lipski auf die vorliegenden Meldungen über polnische Truppenzusammenziehungen hin und warnte ihn vor möglichen Konsequenzen. Die polnische Haltung schien mir eine merkwürdige Antwort auf mein kürzliches Angebot einer endgültigen Befriedung des deutsch-polnischen Verhältnisses darzustellen. Wenn die Dinge in dieser Richtung weiterliefen, so könne in Kürze eine ernste Situation entstehen."

Diese Darstellung wird von dem deutschen Dolmetscher Paul Schmidt bestätigt.

Die englische Garantieerklärung

Einige Tage später traf ein Telegramm von Moltkes aus Warschau ein, dem Beck erklärt hatte, daß jeder Versuch Deutschlands, auch des Danziger Senats, den Status Danzigs einseitig zu ändern, von Polen als Kriegsgrund angesehen werde.

Am 31. März erklärte der britische Premierminister Chamberlain im Unterhaus: „Ich habe dem Haus jetzt mitzuteilen, daß im Falle einer Aktion, welche die polnische Unabhängigkeit klar bedrohen und gegen welche die polnische Regierung entsprechend den Widerstand mit ihrer nationalen Wehrmacht als unerläßlich ansehen würde, Seiner Majestät Regierung sich während dieser Zeit verpflichtet fühlen würde, sofort der polnischen Regierung alle in ihrer Macht liegende Unterstützung zu gewähren."

Am 6. April 1939 war Beck in London, und das Abkommen wurde bekanntgegeben.

Von vielen namhaften Politikern und Historikern wird diese britische Garantieerklärung für Polen entscheidend mitverantwortlich dafür gemacht, daß es schließlich zum Kriegsausbruch zwischen Deutschland und Polen gekommen ist. Da sich auch Frankreich der Erklärung anschloß, wurde damit gezielt eine deutsch-polnische Verständigung verhindert, zu der Polen anfänglich durchaus Bereitschaft gezeigt hatte. Der große Leichtsinn dieser Erklärung bestand auch darin, daß man einem Land wie Polen praktisch die Entscheidung über Krieg oder Frieden in Europa überließ.

Das „Problem Danzig", im nachhinein betrachtet, war so klein und nachrangig, daß es unglaublich erscheint, eine Verständigung darüber damals nicht erreichen zu können.

Entsprechend heftig war auch die Kritik an der weitreichenden Garantieerklärung. Der britische Minister Duff Cooper stellte angesichts der Polen-Garantie fest: „Niemals in der Geschichte hat England einer zweitrangigen Macht die Entscheidung darüber eingeräumt, ob Großbritannien in einen Krieg einzutreten habe oder nicht. Jetzt ist die Entscheidung einer Handvoll Leuten überlassen, deren Namen – mit Ausnahme vielleicht des Obersten Beck – in England total unbekannt sind. Und diese Unbekannten können morgen die Entfesselung des europäischen Krieges befehlen."

Der Historiker Horst Jablonowski beurteilte die von Deutschland gemachten Vorschläge wie folgt: „Die Revisionsforderungen der deutschen Regierung 1938/39 waren für sich genommen zweifellos gemäßigt, zumal der polnische Staat als Gegenleistung die Garantie des Korridors durch Deutschland erhalten sollte. Auch in verantwortlichen britischen und französischen Kreisen wurde damals die Meinung vertreten, der deutsche Danzig-Vorschlag überschreite nicht die Grenze des Zumutbaren. Außenminister Beck hat aber – in Übereinstimmung mit sämtlichen politischen Parteien – die sich auf Danzig beziehenden deutschen Wünsche als unerfüllbar abgelehnt."

Die unmittelbare Konsequenz aus diesem Verhalten charakterisierte der US-amerikanische Historiker David Hoggan wie folgt: „Polens Führung machte einen deutsch-polnischen Krieg unvermeidbar, indem sie eine permanente Krise herbeiführte und sich dann weigerte, über ihre Beilegung zu verhandeln. Es hätte sich wahrscheinlich eine vollkommen andere Lage ergeben, wäre das Staatsruder in der Hand seines großen Führers Josef Pilsudski gewesen."

Der britische Geschichtswissenschaftler A.J.P. Taylor sagte über die Haltung britischer Politiker nach dem Münchner Abkommen: „Die offenherzigsten Gegner Münchens, wie zum Beispiel Winston Churchill, behaupteten ganz einfach, daß Deutschland für Europa zu mächtig würde und daß es durch die Drohung einer großen Koalition oder, wenn notwendig, durch Waffengewalt gebremst werden müßte…"

Duff Cooper, der erste Lord der Admiralität, der aus Protest gegen das Münchner Abkommen zurücktrat, „…sorgte sich um das Gleichgewicht der Mächte und um die britische Ehre, nicht um die Selbstbestimmung oder um die Ungerechtigkeit von Versailles".

Der amerikanische Historiker David Calleo schrieb über die britische Deutschland-Politik vor 1939: „Die Briten waren nicht bereit, den Deutschen auch nur den geringsten Raum zuzugestehen, den

Hitler bereits erlangt hatte, ganz zu schweigen von dem Großdeutschland seiner Träume. Im Zweiten ebenso wie im Ersten Weltkrieg hatte Großbritannien nicht die Absicht, der Hegemonie der Deutschen auf dem Kontinent ruhig zuzusehen. Unter diesen Umständen war ein allgemeiner Krieg ohne Zweifel unvermeidbar. Die Tatsache, daß er dann mit dem Einmarsch in Polen begann, war eigentlich mehr eine britische als eine deutsche Initiative. Und wie es dann so kam, während die britischen Militärstrategen die tschechische militärische Stärke gering einschätzten, hielten sie die polnische Armee für eine schlagkräftige Armee. Ohne die polnische Armee im Lager der Alliierten, so glaubten sie, schlüge das militärische Gleichgewicht zugunsten der Deutschen aus. Eher als das Risiko eines Verlustes einzugehen, kam Großbritannien mit einer Garantie, um die polnische Entschlossenheit zu stärken.

So nahm Großbritanniens taktische Beschwichtigungspolitik ein plötzliches Ende. Was auch immer die militärische Einsicht gewesen sein mag, Hitler die Tschechoslowakei zu überlassen und ihm Danzig zu verweigern, die grundlegende Strategie der Briten scheint jedoch klar: Sie beabsichtigten niemals, Deutschland in Europa in einem Maße zufriedenzustellen, das einen Krieg vermieden hätte."

Nach der scharfen Rede Chamberlains am 17. März 1939 in Birmingham und der britischen einseitigen Garantieerklärung für Polen am 31. März 1939 gab Großbritannien seine Entschlossenheit zu erkennen, Hitlers Bemühungen um eine Lösung der Danzig-Frage zu unterlaufen und mit Krieg zu beantworten. Dabei schlug jedoch die Hoffnung Londons, nach der Polen-Garantie auch die UdSSR in ein Bündnissystem gegen Deutschland einzubeziehen, auf eklatante Weise fehl. So hing den Briten die Polen-Garantie in den folgenden Monaten als Klotz am Bein und ließ den Krieg im September 1939 beinahe zwangsläufig werden.

Der polnische Unterstaatssekretär Graf Szembek schrieb am 7. Juli 1938 in sein Tagebuch: „Lord Robert Vansittart ist der hauptsächliche Antreiber der Einkreisungspolitik gegen Deutschland, die von gewissen Elementen in der englischen Regierung geleitet und ermuntert wird...

Sie möchten auch uns in die Politik einer Einkreisung Deutschlands einbeziehen und begünstigen deshalb den auf uns in diesem Sinne ausgeübten Druck aller englischen Kreise der Linken, die ... heute eine Kriegspartei gründen und sogar dem Gedanken eines Präventivkrieges zustimmen."

Der Staatssekretär im deutschen Auswärtigen Amt Ernst von Weizsäcker sagte zur britischen Garantie für Polen: „In einem normalen

Bündnisvertrag versprechen sich die Partner militärische Hilfe für den Fall eines nicht provozierten Angriffs durch Dritte. Ob der Fall vorliegt, entscheidet natürlich der Partner, der Hilfe leisten soll. Hier nun war es umgekehrt. Warschau hatte es in der Hand, das britische Empire in den Krieg zu ziehen."

Die englische Polen-Garantie bewirkte zusätzlich, daß die Sowjetunion ohne ihr Zutun in eine ungemein günstige Position gebracht wurde. Dieser Vorteil wurde von Stalin im weiteren Verlauf der politischen Ereignisse bis zur Neige genutzt. Nachdem man in München Stalin brüskiert hatte, ermöglichte die britische Garantieerklärung nunmehr Hitler, sich Stalin anzunähern.

Eine andere Auswirkung der Garantie war die Zunahme der polnischen Ausschreitungen gegen die Deutschen im Lande. Aus Ost-Oberschlesien und Posen wurden brutale Übergriffe von polnischen Banden auf Volksdeutsche gemeldet: Die deutsche Bevölkerung Polens war teilweise derart verängstigt, daß sie sich tagsüber nicht mehr auf Straßen und Felder wagte und die Nächte aus Angst vor Überfällen in irgendwelchen Verstecken verbrachte.

US-Präsident Roosevelt und Papst Pius XII.

Der US-amerikanische Präsident Franklin D. Roosevelt und der deutsche Reichskanzler Adolf Hitler waren die eigentlichen großen Gegenspieler während der Zeit des Dritten Reiches. Beide traten ihre Macht im Januar 1933 an und beendeten sie im April 1945 durch ihren Tod.

Ab 1935 bereits spielte die USA unter Führung von Roosevelt bezüglich Europa die Rolle als „graue Eminenz" im Hintergrund und beeinflußte in immer stärkerem Maße die Politik der Anglofranzosen und Polen. Nachdem dann endlich – aus Roosevelts Sicht – der Krieg begonnen hatte, war Roosevelt unablässig bemüht, eine Situation zu schaffen, die auch den USA den Eintritt in den Krieg ermöglichte.

Wie schon vor dem Ersten Weltkrieg moralisierte man in den Vereinigten Staaten auch vor Eintritt in den Zweiten Weltkrieg 1941 die politischen Verhältnisse in Europa und Asien. Die „faschistischen" Staaten Deutschland, Italien und Japan wurden als gefräßige Länder dargestellt, die, wenn man ihnen nicht entgegenträte, eines Tages die ganze Welt unter sich aufteilen würden.

Offenbar wurde vergessen, daß man dies schon selbst in der jüngeren Vergangenheit getan hatte. Von den 150 Millionen Quadratkilometern Landoberfläche der Erde beherrschten die Gegner Deutschlands im Zweiten Weltkrieg – die größten Mächte der Geschichte, das britische, französische, US-amerikanische und sowjetische Imperium

– 100 Millionen. Im Gegensatz hierzu verfügte das „imperialistische" Deutsche Reich 1939 über eine Fläche von nur 0,6 Millionen Quadratkilometern.

Eine aufschlußreiche Darstellung „deutscher Raubgier" hat ein Autorenkollektiv unter dem Namen „Germanus" zusammengestellt: „Das Deutsche Reich umfaßte im Jahre 1400 mitteleuropäische Gebiete von etwa 0,950 Millionen Quadratkilometer. Nach fünf Jahrhunderten, im Jahre 1939, waren es nur noch 0,635 Millionen, also ein Drittel weniger.

Als die Vereinigten Staaten von Nordamerika gegründet wurden, hatten sie eine Flächenausdehnung von knapp 1 Million Quadratkilometern. 160 Jahre später, im Jahre 1939, umfaßten sie ein Staatsgebiet von 10,854 Millionen, also das 10½fache. Das Großfürstentum Moskau – das Ausgangsstaatsgebilde des späteren Rußlands – umfaßte im Jahre 1462 etwa 0,7 Millionen Quadratkilometer. Das Gebiet der Sowjetunion betrug 1939 über 22 Millionen; Rußland hat demnach sein Staatsgebiet in 500 Jahren mehr als 31mal vergrößert.

Das Königreich England, das im Jahre 1400 noch von Schottland getrennt war, mag damals etwa 0,22 Millionen Quadratkilometer umfaßt haben. Der britische Besitzstand wurde von den Statistikern für das Jahr 1939 mit 40,12 Millionen Quadratkilometern angegeben. Dies war eine 182fache Ausdehnung gegenüber dem Ausgangsumfang.

Die Frage, welche Staaten in der neueren Weltgeschichte als ‚Angreifer' zu gelten haben, beantwortet sich aus diesen Zahlen und Tatsachen überzeugend."

US-Präsident Franklin D. Roosevelt sagte am 5. Oktober 1937 in seiner richtungsweisenden „Quarantäne-Rede": „Unschuldige Völker und Staaten werden grausam in der Gier nach Macht und Herrschaft geopfert, die kein Gefühl für Gerechtigkeit besitzt... Wenn sich solche Dinge in anderen Teilen der Welt ereignen, so soll sich niemand einbilden, daß Amerika davon verschont bleibt, daß es Gnade zu erwarten hat, daß diese westliche Hälfte der Erde nicht angegriffen wird und daß sie fortfahren kann, ruhig und friedlich zu leben... Die friedliebenden Nationen müssen sich gemeinsam gegen jene Vertragsverletzungen und jene Mißachtung menschlicher Instinkte zur Wehr setzen, die heute einen Zustand internationaler Anarchie und Unbeständigkeit schaffen, vor dem es kein Entweichen durch Isolierung oder Neutralität gibt... Ich bin gezwungen und Sie sind gezwungen, in die Zukunft zu blicken. Friede, Freiheit und Sicherheit von 90 Prozent der Menschheit werden von den übrigen 10 Prozent gefährdet, durch die der Zusammenbruch aller Ordnung und allen Rechts im internationalen Leben droht.

Die Situation ist zweifellos für die ganze Welt von größter Bedeutung. Unglückseligerweise scheint die Epidemie der Gesetzlosigkeit sich auf der Welt auszubreiten. Wenn eine Krankheit sich epidemisch ausbreitet, beschließt die Gemeinschaft, um sich vor Ansteckung zu schützen, die Patienten in Quarantäne zu legen. Der Krieg ist eine Seuche, ob er nun erklärt ist oder nicht."

Roosevelt, der um keinen Grund verlegen war, in europäische Fragen einzugreifen, obwohl die US-Amerikaner mehrheitlich dem Isolationismus anhingen, hatte Hitler und Mussolini, der gerade Albanien annektiert hatte, am 15. April 1939 einen Brief geschrieben. Unter Bezugnahme auf den deutschen Einmarsch in die Resttschechoslowakei und der italienischen Besetzung Albaniens erklärte Roosevelt darin: „Gerüchte, von denen wir hoffen, daß sie nicht zutreffen, deuten auf weitere geplante Aggressionen gegen andere unabhängige Völker hin." Dann folgte die Frage Roosevelts: „Sind sie bereit, eine Versicherung abzugeben, daß ihre Streitkräfte das Gebiet oder die Besitzungen folgender unabhängiger Nationen weder angreifen noch in sie einfallen werden?" Es folgte eine Liste, die die Namen von 31 Staaten enthielt.

Papst Pius der XII. hatte nach seiner Wahl am 2. März 1939 die politischen Ereignisse ebenfalls scharf kritisiert. Im Gegensatz hierzu aber war der Brief Roosevelts an Hitler eine Provokation. Deshalb fragte Außenminister von Ribbentrop bei allen aufgezählten Staaten mit Ausnahme Polens, Rußlands, Englands und Frankreichs, die ihre Auffassungen bereits mehrfach geäußert hatten, an, ob sie sich von Deutschland bedroht fühlten und ob sie den US-Präsidenten um sein Eingreifen gebeten hätten.

Die 27 verneinenden Antworten las Hitler am 28. April im Reichstag den belustigten Abgeordneten vor. Lächerlich machte der deutsche Reichskanzler auch die Behauptungen angeblicher Angriffsabsichten gegen die USA, „die nur einer albernen Phantasie entstammen könnten".

In der gleichen Rede kündigte Hitler das Verständigungsabkommen mit Polen und das mit England abgeschlossene Flottenabkommen aus dem Jahre 1935 auf. Da er beobachtet hatte, daß es wieder wie in früheren Zeiten zu einer „Einkreisung" Deutschlands kam, handelte er weniger überlegt als von Emotionen geleitet.

Hitler reagierte auf die polnische Mobilmachung, mit der Polen seine Ablehnung der deutschen Vorschläge am 26. März unterstrichen hatte, am 3. April mit dem Befehl an das Oberkommando der Wehrmacht, Pläne für einen Feldzug gegen Polen auszuarbeiten. Freilich hatte der polnische Marschall Rydz-Smigly zusätzlich noch betont: „Glauben Sie mir, diese Mobilmachung war keine bloße Demonstration!"

Sicher sind Pläne für militärische Operationen in keinem Land der Welt etwas Ungewöhnliches – auch heute nicht. Aber gerade weil die englische, polnische und auch französische Führung den Krieg einkalkulierten, hätte die deutsche Führung gelassen bleiben müssen. Andererseits aber wußte Hitler, daß die deutschen Streitkräfte damals noch den polnischen in der Zahl unterlegen waren, und er wollte, sollte es zum Krieg kommen, das deutsche Kräftepotential vollkommen ausschöpfen können.

In den regelmäßigen Berichten des SD über die Stimmungslage in der Bevölkerung konnte das Reichssicherheitshauptamt 1939 feststellen, daß die Deutschen nichts sehnlicher wünschten als den Frieden. Frieden um jeden Preis, das war die Haltung der Deutschen im Sommer 1939. Aber das galt auch schon im Herbst 1938, als die Menschen Chamberlain und Daladier in München zujubelten, weil der Frieden erhalten schien. Eine Kriegsbegeisterung wie 1914 hat es in der deutschen Bevölkerung nicht gegeben.

In Polen hingegen hatten Politiker und Medien die Emotionen in der Bevölkerung hochgekocht, wodurch den Polen ein Krieg gegen Deutschland als Spaziergang schmackhaft gemacht wurde. Polen bildete daher in Europa die einzige Ausnahme von der allgemeinen Friedenseuphorie. Denn auch in England und Frankreich, in Rußland, aber zweifellos auch in den USA wünschten sich die Menschen nichts so sehr wie Frieden.

Einer der Gründe für die aggressive Politik Warschaus und Londons gegenüber Deutschland im Sommer 1939 waren die Versprechungen Washingtons, in einem Konfliktfall in jedem Fall an ihrer Seite zu stehen.

Der polnische Botschafter in Paris, Julius Lukasiewicz, gab die Äußerungen des US-Botschafters in Paris, William Bullitt, vom Februar 1939 wieder: „Würden Großbritannien und Frankreich geschlagen, würde Deutschland für die realistischen Interessen der Vereinigten Staaten auf dem amerikanischen Kontinent gefährlich werden. Deshalb lasse sich vorhersehen, daß die USA von Beginn an an der Seite Frankreichs und Britanniens am Kriege teilnehmen würden. Eines scheint mir sicher, daß nämlich die Politik Präsident Roosevelts darauf gerichtet sein wird, den Widerstand Frankreichs zu unterstützen... und die britischen Kompromißneigungen zu schwächen."

Der US-Historiker Charles Tansill schrieb über die Hintergründe der englischen Polen-Garantie: „Heute ist wohl klar, daß der wirkliche Mad Hatter[16] Franklin D. Roosevelt war, der Chamberlain drängte,

[16] Verrückter Hutmacher, Figur aus Lewis Carrolls „Alice im Wunderland".

den Polen Versprechungen zu machen, als keine Möglichkeit bestand, sie zu erfüllen. Nach eigenen Berichten war es William C. Bullit, der Roosevelt in diese groteske Rolle einführte."

Präsident Roosevelt führte seinen Wahlkampf um die Wiederwahl 1940 unter den Vorzeichen, die USA in jedem Fall aus den Kriegen in Europa und im Fernen Osten herauszuhalten, um der damaligen pazifistischen Stimmung in den Vereinigten Staaten entgegenzukommen.

Roosevelt sagte am 23. Oktober 1940: „Euer Präsident und Euer Außenminister verfolgen den Weg des Friedens... Wir bewaffnen uns nicht zum Zweck eines Eroberungsfeldzuges oder eines Eingreifens in ausländische Streitigkeiten."

Und am 28. Oktober 1940 äußerte er in New York: „Die Regierung hat es unternommen, alle die Zufälle auszuschalten, die in der Vergangenheit zum Krieg geführt haben. Wir haben es klar gesagt, daß Schiffe unter amerikanischer Flagge nicht Munition in kriegführende Länder bringen können und daß sie sich außerhalb der Kriegszone halten müssen."

Auf einer Rede in Boston erklärte Roosevelt am 31. Oktober: „Während ich zu Euch, Ihr Mütter und Väter spreche, mache ich Euch eine weitere Zusicherung. Ich habe es bisher gesagt und werde es wieder und wieder und immer wieder sagen: Eure Jungen werden in keine fremden Kriege geschickt werden."

Und drei Tage später meinte er am gleichen Ort: „Ich kämpfe, um dieser Nation den Wohlstand und den Frieden zu erhalten. Ich kämpfe, um unser Volk aus dem Krieg herauszuhalten und um fremde Regierungsauffassungen den USA fernzuhalten."

Im Gegensatz dazu zeigte sich immer deutlicher, auf welcher Seite die USA standen. Was England, Frankreich und Polen 1939 auch taten, dahinter stand der US-Präsident, wichtige Fäden in seiner Hand haltend. Schon 1936 hatte Roosevelt Frankreich gedrängt, gegen die Wiederherstellung der deutschen Wehrhoheit im Rheinland Widerstand zu leisten.

Der Publizist Dirk Bavendamm beleuchtete sehr zutreffend die US-Politik am Vorabend des Krieges: „Mir war zumute, als würde ich an einer archäologischen Ausgrabung teilnehmen: Während ich in den Schuttmassen vorgefaßter Meinungen, voreiliger Urteile und moralisch zwar richtiger, sachlich ober unzutreffender Behauptungen herumgrub, stieß ich auf Roosevelts Weltfriedensplan, der die Utopie vom Frieden ohne Krieg letzten Endes mit militärischen Zwangsmitteln zu verwirklichen suchte."

Am Ende seiner Recherchen sei er zu der Gewißheit gelangt, daß 1938/39 nicht etwa Hitler das internationale Geschehen beherrschte, sondern „daß Roosevelt das Gesetz des Handelns aufzwang und daß genau hier der tiefere Grund für den frühzeitigen Kriegsausbruch und schließlich auch die deutsche Niederlage liegt".

Bavendamm zitiert den deutschen Geschäftsträger in Washington, Hans Thomsen, der am 27. März 1939 meldete, daß der „weltpolitische Führungsanspruch" des Präsidenten Roosevelt „in das Ziel einmündet, das nationalsozialistische Deutschland mit allen zur Verfügung stehenden Mitteln zu vernichten". Roosevelt glaubte, daß Deutschland ausgeschaltet werden müsse, weil es das Gleichgewicht der Kräfte und des Status quo empfindlich gestört habe. Den Präsidenten leite der Gedanke, einen Präventivkrieg gegen Deutschland zu wagen, und er betrachte die europäischen Demokratien als Amerikas erste Verteidigungslinie.

Bavendamm: „Zutreffender konnte man die Absichten des amerikanischen Präsidenten kaum beschreiben."

Die Einkreisungsbemühungen waren alles andere als verborgen geblieben. Mit Bezug auf die Zusicherungen Großbritanniens an Polen, Rumänien und Griechenland erklärte Chamberlain am 19. Mai 1939 im britischen Unterhaus offen: „Wir waren bestrebt, diese Staaten zu unterstützen oder für die Unterstützung durch den Beitritt anderer Länder zu erlangen, die, wie wir selbst, am Frieden interessiert, aber dem wahrscheinlichen Sitz der Unruhe erheblich näher sind als wir selbst. Und deshalb traten wir in Besprechungen mit den Regierungen der Türkei und der Sowjetunion ein, worüber die ehrenwerten Mitglieder des Hauses in der letzten und in der vorletzten Woche so viel gelesen haben."

Bei so vielen mächtigen Freunden glaubte man in Polen, sich alles erlauben zu können. Endlich war die Gelegenheit gekommen, mit den Deutschen, die 1919 unter polnische Herrschaft gekommen waren, aufzuräumen. In großer Zahl wurden noch vorhandene deutsche Schulen geschlossen, die Überfälle auf Deutsche steigerten sich in einem nie gekannten Ausmaß. Viele Deutsche verloren bei der Flucht ihr Leben.

Um den Frieden zu retten und die Welt vor einer neuen Katastrophe zu bewahren, versuchte Papst Pius XII., die fünf europäischen Mächte – die wegen Danzig und anderer Streitfragen miteinander in Konflikt standen – an den Verhandlungstisch zu bringen. Der Papst war der Überzeugung, daß durch eine solche Konferenz, bei der die Nichtbeteiligten USA und Sowjetunion außen vor blieben, die europäischen Streitfragen am ehesten zu lösen seien.

Als Berufsdiplomat und geistiges Oberhaupt von 500 Millionen Menschen war er der Auffassung, daß er befugt und verpflichtet war einzugreifen. In seinen Augen bedeutete ein neuer Krieg das Ende der Zivilisation und damit auch der Christenheit.

Bevor Papst Pius XII. seinen Plan den betroffenen Staaten unterbreitete, ließ er seinen diplomatischen Dienst vorfühlen. Er wollte sicher sein, daß er bei niemandem Anstoß erregen würde. Und so sind dann die Bemühungen des Papstes im einzelnen verlaufen:

1. Am 1. Mai 1939 empfing Mussolini Pater Tacchi Venturi, seinen persönlichen Freund und Mitglied des Jesuiten-Ordens, der ihn im Namen des Papstes um seine Meinung fragen sollte. Mussolini erbat sich zwei Tage Bedenkzeit. Wie versprochen gab er am 2. Mai seine Antwort: Es war eine uneingeschränkte Zustimmung. Auf die Frage des päpstlichen Gesandten, wie Hitler seiner Ansicht nach reagieren werde, antwortete er: „Ich neige zu der Auffassung, daß der Führer das Angebot nicht zurückweisen wird. Allerdings", fügte er hinzu, „sollte man in der Einladung darauf hinweisen, daß eine friedliche Lösung der Streitpunkte zwischen den fünf Staaten sowie der Nebenfragen angestrebt wird".
2. Mit diesem Zuspruch ausgerüstet, unterbreitete der Staatssekretär des Vatikans, Monsignore Maglione, den päpstlichen Vorschlag einen Tag später den Vertretern des Vatikans in Berlin, Paris, Warschau und London. Am 5. Mai wurde der Nuntius zu Berlin, Monsignore Orsenigo, von Hitler und Ribbentrop in Berchtesgaden empfangen. Aus seinem Bericht an das Staatssekretariat des Vatikans sowie aus dem die Unterredung zusammenfassenden Memorandum geht hervor, daß Hitler eigentlich „nicht an eine Kriegsgefahr glaube, da die gespannte Stimmung mehr auf Hetze als auf Tatsachen zurückzuführen sei", und daß er sich mit Mussolini in Verbindung setzen müsse, bevor er eine endgültige Antwort geben könne. Er werde nämlich nichts unternehmen ohne dessen Einverständnis, und er fügte hinzu: „Der Duce und ich werden immer einstimmig handeln."
   Am 5. Mai 1939 sah die Sache folgendermaßen aus: Mussolini war auf den Vorschlag des Papstes eingegangen, und Hitler, der keine Einwände vorzubringen hatte, hatte gesagt, seine offizielle Antwort könne erst nach einer Beratung mit Mussolini erfolgen. Von seiten Deutschlands und Italiens stand einer Friedenskonferenz nichts im Wege.
3. Am 6. Mai empfing der französische Außenminister George Sonnet Valerio Valeri, den Nuntius in Paris. Er sagte ihm, er müsse sich zunächst mit Ministerpräsident Daladier und dem Generalsekretär des Quai d'Orsay, Alexis Leger, besprechen, bevor er ihm eine Antwort geben könne. Am Abend ließ er Veleri ins Ministerium kommen und teilte ihm mit, daß „die französische Regierung den Schritt für unangebracht halte". Er äußerte außerdem die Bitte, der Kardinal-Staatssekretär möge „die Veröffentlichung der Botschaft bis auf weiteres zurückstellen". Seine Meinung zu dem eben unternommenen Schritt teilte Valeri dem Staatssekretariat des Vatikans erst

am 12. Mai, nach dem Scheitern der päpstlichen Friedensaktion, mit: „Die Staaten, die als Demokratien zu bezeichnen sind, möchten zur Zeit die diplomatischen Schritte offenbar nicht intensivieren, sondern dem Aufschwung der totalitären Staaten eine Schranke setzen, sie erweitern und festigen. Sie sind im übrigen überzeugt, daß in wenigen Monaten die Waage der einander gegenüberstehenden Kräfte ganz auf ihre Seite sinken wird. Das sagte Außenminister Bonnet und bestätigte der US-Botschafter in Paris, Bullitt. Dieser verbarg nicht seine Genugtuung zu erfahren, daß die Friedensaktion des Papstes eine Eintagsfliege war. Nach seiner Auffassung müssen die totalitären Staaten an die Wand gedrückt werden. Erst wenn sie sich dafür verbürgen, worauf Roosevelt in seiner Botschaft anspielte, werden neue Gespräche möglich sein."

4. Der Londoner Nuntius Monsignore Godfrey wurde seinerseits am 5. Mai von Lord Halifax empfangen, um den Standpunkt der britischen Regierung zu erfahren: „Seine Heiligkeit möge seine guten Dienste getrennt und hintereinander Polen und Deutschland, Frankreich und Italien anbieten." Auch hier wurde das Vermittlungsangebot abgelehnt.
5. Die Antworten aus Paris und London, die Maglione bereits am 7. Mai vorlagen, vernichteten alle Hoffnungen, die Italien und Deutschland bei dem Staatssekretär und dem Papst hervorgerufen hatten. Am 8. Mai 1939 traf die Antwort Polens ein: Selbstverständlich war sie auf die französische und die britische abgestimmt.

   Deutschland und Italien gaben eine gemeinsame offizielle und endgültige Antwort. Sie traf als letzte, am 9. Mai, ein. In Anbetracht der negativen Stellungnahmen Frankreichs, Englands und Polens stellten beide Mächte fest: Eine Konferenz der fünf Mächte zur Verbesserung der internationalen Lage sei verfrüht und im Augenblick überflüssig, schon deshalb, um den hohen Einfluß des Papstes nicht in Frage zu stellen.

Ohne es zu wollen, hatte Papst Pius XII. den Nachweis gebracht, daß diejenigen, die gegen eine Lösung der europäischen Streitfragen durch internationale Verhandlungen waren, weder Hitler noch Mussolini hießen, sondern in Frankreich, England und Polen zu finden waren. Diese Staaten – mit den USA im Hintergrund – arbeiteten nicht auf die Lösung der europäischen Differenzen, sondern auf den Sturz der deutschen Regierung hin, und sie wußten, daß sie dieses Ziel nur mit Krieg erreichen könnten. Deshalb wollten sie auf keinen Fall eine Neuauflage der Münchner Konferenz. Sie wollten weiterhin den Anschein erwecken, daß Hitler selbst jede Wiederaufnahme der internationalen Gespräche verhinderte. Nach der Intervention Papst Pius' XII. konnten sie es allerdings nicht mehr.

In der Folge machten sie sich weitere Gesichtspunkte der päpstlichen Haltung zunutze: Pius' XII. Appell vom 24. August 1939, unmittelbar nach der Unterzeichnung des deutsch-sowjetischen Abkommens, sowie seine letzte Friedensbemühung am 31. August.

Der deutsch-sowjetische Pakt vom 23. August hatte den Papst erschüttert: Der allgemeine Krieg schien ihm nun unvermeidlich zu sein. In der Ansprache, die er an diesem Tage hielt, war er darauf bedacht, „die Bestrebungen der Völker und den Verstand der Regierenden" gegenüberzustellen, und zwar auf eine Weise, die niemanden kränkte.

„Wir schließen die vielen gutwilligen Seelen in unser Gebet ein, die zwar außerhalb der Kirche leben, dennoch nach Frieden trachten, und wir wollen Gott anflehen, er möge alle Menschen vor der Plage neuer blutiger und entsetzlicherer Konflikte bewahren. Durch die Macht der Vernunft, und nicht durch die Macht der Waffen, wird die Gerechtigkeit ihren Weg gehen. Ein Reich, das nicht auf der Gerechtigkeit gründet, ist nicht gottgesegnet... Es ist noch Zeit, daß die Menschen sich wieder verständigen und wieder verhandeln... Sie werden erkennen, daß ein achtbarer Erfolg nie von ehrlichen Verhandlungen ausgeschlossen ist... Mit dem Frieden ist nichts verloren, alles kann es aber mit dem Krieg sein..."

Am 31. August, 13 Uhr, hatte sich noch kein polnischer Bevollmächtigter in der Wilhelmstraße eingefunden, obwohl die von Hitler gesetzte Frist – er hatte sie seit dem 26. August ständig verlängert – um Mitternacht abgelaufen war. In Anbetracht dessen hatte Papst Pius XII. einen letzten Schritt unternommen und den Botschaftern Deutschlands, Polens, Großbritanniens, Frankreichs und Italiens folgende Note überreichen lassen: „Seine Heiligkeit bittet im Namen Gottes inständig die Regierungen Deutschlands und Polens, alles zu tun, um irgendeinen Zwischenfall zu vermeiden, von jeder Maßnahme Abstand zu nehmen, die geeignet wäre, die gegenwärtige Spannung zu verschärfen. Sie bittet die britische, französische und italienische Regierung, seine Ersuchen zu unterstützen."

Der beigefügte „Friedensplan" sah folgendes vor:

„1. Zwischen Deutschland und Polen wird ein Waffenstillstand für die Dauer von zehn bis vierzehn Tagen vereinbart.
2. In dieser Zeit wird eine internationale Konferenz zusammentreten, an der Frankreich, England, Italien, Polen, Rußland, Belgien, Holland und die Schweiz teilnehmen. Die USA und der Vatikan werden ihrerseits Beobachter entsenden.
3. Diese Konferenz wird das Ziel haben, eine friedliche Revision des Versailler Vertrages vorzunehmen und eine Nichtangriffs-Vereinbarung auszuarbeiten."

Für die Vertreter der französisch-englisch-polnischen Allianz, die den Krieg wollten, war dies der Beweis, daß Pius XII. die Vernichtung Deutschlands um jeden Preis verhindern wollte und daß sein Schritt von seiner Parteinahme für Deutschland zeugte.

Als der Krieg ausgebrochen war, fanden sie diese Meinung durch eine Reihe von Fakten scheinbar bestätigt: Pius' XII. konsequente Haltung, sämtliche Kriegsgreuel – und nicht nur die deutschen – zu verurteilen; seine Sorge um alle Kriegsopfer, ohne Rücksicht auf Staatsangehörigkeit, Religion und Rasse; seine ablehnende Haltung gegen die Forderung nach der bedingungslosen Kapitulation Deutschlands, die den Krieg um mindestens zwei Jahre verlängerte.

Seine von einem echten Pazifismus beseelte Haltung wurde von den Kriegstreibern nach Belieben entstellt. Durch Textdeutelei schafften sie es nach dem Krieg, vor allem aber seit seinem Tod, Pius XII. zum „Nazi-Papst" zu stempeln.

Dabei wäre eine diplomatische Lösung der deutsch-polnischen Streitfrage in diesem letzten Augenblick so nötig gewesen. Die Bemühungen Pius' XII. machten deutlich, daß es nicht an Deutschland lag, daß dieser Weg nicht beschritten wurde. Eine klare Absage erhielt der Papst von den Kriegsbefürwortern, die nicht davon abgehen wollten, Deutschland militärisch in die Schranken zu weisen.

Die Dramatik der letzten Friedenstage

Um die Einkreisung gegen das in geopolitischer Mittellage befindliche Deutschland zu vervollkommnen, versuchten die Westmächte, auch noch die Sowjetunion als Bündnispartner zu gewinnen. Zu diesem Zweck reiste Mitte Juni eine englisch-französische Delegation unter Führung von Lord William Strang nach Moskau, um einen Vertrag mit der UdSSR auszuhandeln. Der sowjetische Außenminister Wjatscheslaw Molotow erkannte seine Chance und wollte für eine mögliche Waffenhilfe der Sowjets den höchsten Preis herausschlagen.

Die Verhandlungen mit den Westmächten zogen sich in die Länge, weil Molotow auf die Erfüllung von zwei schwerwiegenden Forderungen bestand:

1. Durchmarschrecht der Roten Armee durch Polen im Falle eines Krieges; diesem Durchmarschrecht widersetzte sich die polnische Regierung aus begreiflichen Gründen entschieden.

2. Molotows Verlangen, daß die Sowjetunion berechtigt sei, in den Nachbarstaaten (Finnland, Estland, Lettland, Litauen, Polen und Rumänien) einzugreifen, falls sich dort innenpolitische Wandlungen vollziehen sollten.

Damit wollte sich Moskau die Möglichkeit sichern, in den genannten Staaten eventuell auftretende kommunistische Aufstände zu unterstützen und so einen politischen Umsturz herbeizuführen. Molotow konnte den starken Mann spielen, denn er hielt alle Trümpfe in seiner Hand. Auch US-Präsident Roosevelt drängte auf ein englisch-französisch-sowjetisches Militärbündnis, an dem sich die Vereinigten Staaten später ebenfalls beteiligen würden.

Bald bot sich Molotow Gelegenheit, seine Karten auch nach der anderen Seite hin – Deutschland gegenüber – auszuspielen. Hitler war die aus Moskau drohende Gefahr nicht entgangen, zumal ein gegen Deutschland gerichtetes Militärbündnis mit der Sowjetunion die Vollendung einer erneuten Einkreisung wie 1914/18 gewesen wäre. Angesichts dieser sich anbahnenden gefährlichen Situation entschloß er sich, von seinem bisherigen Grundsatz, mit Kommunisten nicht zu verhandeln, abzugehen und die Chance zu nutzen, die ihm das Stokken der alliierten Gespräche in Moskau bot.

Graf von der Schulenburg, der deutsche Botschafter in Moskau, erhielt am 14. August 1939 vom Reichsaußenminister Weisungen hinsichtlich des weiteren Vorgehens, und schon am 23. August flog von Ribbentrop nach Moskau. Noch am gleichen Tage wurde im Kreml ein Nichtangriffspakt mit einem geheimen Zusatzprotokoll mit der sowjetischen Regierung unterzeichnet.

Mit dem Abschluß des deutsch-sowjetischen Abkommens war die von England und Frankreich betriebene Einkreisung des Deutschen Reiches vorläufig abgewehrt. Durch seine Zugeständnisse aber mußte Hitler dafür einen hohen Preis zahlen. Genau wie gegenüber den Westmächten verlangte Molotow auch von den Deutschen die Anerkennung einer sowjetischen Interessensphäre, die die schon genannten sechs Staaten betraf. Ebenso wurde beschlossen, daß die Sowjets im Falle eines Krieges mit Polen die östlichen Teile des deutschen Staatsgebietes besetzen konnten, die Polen nach dem Ersten Weltkrieg annektiert hatte.

Bei der Vertragsabschließung mit Deutschland ließ Stalin sich von sehr handfesten Argumenten leiten. Ein Bündnis mit den Westmächten hätte die Sowjetunion im Kriegsfall zum sofortigen Eingreifen verpflichtet, während der mit Deutschland abgeschlossene Vertrag bei einem deutsch-polnischen Krieg die Möglichkeit bot, sich aus dem Krieg herauszuhalten und trotzdem die zugesicherten Gebiete in Besitz zu nehmen, wie es später auch geschah.

Für Hitler war durch das Abkommen mit Moskau eine neue Lage entstanden. Ob er seinem Vertragspartner trauen konnte oder nicht, mag dahingestellt bleiben. Jedenfalls hoffte Hitler, den Augenblick nutzen zu können, um in der Danzig- und Korridor-Frage eine Lösung zu erzwingen.

Nach der Rückenstärkung durch die englische Garantieerklärung vom 31. März 1939 verhielt sich die polnische Regierung deutschen Vorschlägen gegenüber noch ablehnender als zuvor. Auch der Abschluß des deutsch-sowjetischen Nichtangriffspaktes bewirkte im Verhalten Polens keine Änderung. Diese Aggressivität machte sogar dem US-Präsidenten Sorgen. Er ließ deshalb dem polnischen Außenminister Beck eine Nachricht übermitteln, die zeigt, daß auch in den USA Klarheit über die polnische Kriegsbereitschaft herrschte. Ein von Polen begonnener Krieg aber würde Roosevelt nicht genützt haben.

Die Möglichkeit, daß Polen vor lauter Kriegsbegeisterung den Krieg als erster beginnen würde, bestand damals durchaus. Presse, Rundfunk und sogar der polnische Klerus hatten sich schon ganz auf Krieg eingestellt, und mit ihnen wollte ein großer Teil der Polen in einer neuen „Grunwald"-Schlacht, aber diesmal bei Berlin, die Deutschen besiegen.

Roosevelt und sein Außenminister Cordell Hull wußten, daß nur ein Angriff der deutschen Seite den Kongreß veranlassen könnte, das Neutralitätsgesetz aufzuheben. Daher beschwor er Oberst Beck in seiner Nachricht vom 11. August, „im Interesse der öffentlichen Meinung in den Vereinigten Staaten" dafür zu sorgen, „daß die Geschichte nicht berichtet, der erste Akt der Aggression militärischen Charakters sei von Polen ausgegangen". Beck stimmte Roosevelt am 13. August mit der Einschränkung zu, Polen müsse einer direkten Bedrohung seiner vitalen Interessen und Prinzipien widerstehen.

Es ist bezeichnend, daß Roosevelt einen polnischen Angriff aufgrund der ihm vorliegenden Informationen befürchtete und daß er vor diesem Angriff nicht warnte, um den Frieden zu erhalten, sondern im Gegenteil, um den Krieg in der Form herbeizuführen, die ihm eine Teilnahme gestattete.

Diesem Ziel diente es auch, daß die USA nichts unternahmen, um Polen und seinen Außenminister Beck von den Vereinbarungen des Hitler-Stalin-Pakts in Kenntnis zu setzen, die der zweite Sekretär der deutschen Botschaft in Moskau, Hans Heinrich Herwarth von Bitterfeld, dem amerikanischen Kollegen Charles Bohlen mitgeteilt hatte. Der amerikanische Botschafter in Moskau informierte Washington über die Einzelheiten einschließlich des geheimen Zusatzprotokolls und der vorgesehenen Teilung Polens am 24. August 1939 telegraphisch.

Roosevelt setzte weder England und Frankreich noch Polen in Kenntnis. Erstere hätten einsehen müssen, daß eine Garantie Polens aussichtslos war. Polen hätte unter Umständen doch noch eingelenkt, um sein Verschwinden von der Landkarte zu verhindern.

Daher stieß der Vorschlag des US-Botschafters in London, Joseph Kennedy, Roosevelt solle Druck auf den polnischen Außenminister ausüben, denn wenn man Polen nicht endlich zu Konzessionen zwinge, gebe es in Europa Krieg, in Washington auf strikte Ablehnung. Außenminister Hull berichtete davon ausführlich in seinen Memoiren.

Anfang August war es in Danzig zum Streit wegen der polnischen Zollinspektoren gekommen. Polen drohte mit Vergeltungsmaßnahmen und stellte am 5. August sogar die Schließung der Grenzen für alle Lebensmittelzufuhren in Aussicht.

Auf diese polnische Drohung reagierte Staatssekretär von Weizsäcker am 9. August gegenüber dem polnischen Geschäftsträger in Berlin: „Die Reichsregierung sieht sich veranlaßt, die Polnische Regierung darauf hinzuweisen, daß eine Wiederholung solcher ultimativer Forderungen an die Freie Stadt Danzig und die Androhung von Vergeltungsmaßnahmen eine Verschärfung in den deutsch-polnischen Beziehungen herbeiführen würde, für deren Folgen die Verantwortung ausschließlich auf die Polnische Regierung fallen würde."

Dem französischen Botschafter Coulondre erklärte von Weizsäcker am 15. August 1939: „Alsdann holte ich ziemlich weit aus und holte die nötigen Argumente heran, um die ungezügelte selbstmörderische Politik Polens zu kennzeichnen. Ich sprach Coulondre von der ultimativen Note Polens an Danzig vom Samstag vor acht Tagen, von der Aggressivität in dem vorwöchigen Meinungsaustausch zwischen Berlin und Warschau, von den provokatorischen Äußerungen der gesteuerten polnischen Presse, von den fortgesetzten Unterdrückungs-, Knebelungs-, Ausweisungs- und ähnlichen Maßnahmen der polnischen unteren Instanzen (ich zeigte Coulondre dazu eine mir darüber frisch zugegangene Liste) und erklärte dies alles als das faktische Ergebnis der Versprechungen Frankreichs und Englands an Polen. So also sei die Saat aufgegangen, welche die Westmächte in Polen ausgestreut hätten."

Am 25. August 1939 wurde ein britisch-polnischer Vertrag über gegenseitigen Beistand abgeschlossen, der noch einmal die Verpflichtungen Großbritanniens gegenüber Polen im Vertrag vom 31. März 1939 verstärkte. Hierin betonte England noch einmal das subjektive Empfinden Polens als entscheidendes Moment für die Frage von Krieg und Frieden. London begab sich damit vollständig in die Hände polnischer Politiker. Es war das Bemühen erkennbar, die Schwelle für eine kriegerische Beteiligung Englands möglichst niedrig anzusetzen.

Hitler, der aufgrund der vorangegangenen Ereignisse am 23. August beschlossen hatte, Polen am 26. August anzugreifen, bewog dieser britisch-polnische Pakt dazu, den Angriffstermin wieder aufzuheben. Denn Krieg mit England oder Frankreich wollte er unter keinen Umständen.

Außer dem Abschluß des deutsch-sowjetischen Paktes am 23. August war noch ein Ereignis eingetreten, das Hitler bestärkt haben mag, gegen Polen am 26. August militärisch vorzugehen. An diesem 23. August und am darauffolgenden Tag waren insgesamt drei fahrplanmäßige Verkehrsflugzeuge der Lufthansa von der Halbinsel Hela durch polnische Flak und auch von einem in der Ostsee 40 Kilometer vor der Küste liegenden polnischen Zerstörer beschossen worden. Nur durch Zufall wurde keine Maschine getroffen.

Daß es sich hierbei nicht um Erfindungen handelt, bestätigt auch der Chefdolmetscher des Auswärtigen Amts, Paul Schmidt, in seinen Erinnerungen. Er hatte am 24. August auf dieser Route eine andere Maschine benutzt und war vom Piloten über die Vorkommnisse informiert worden.

Ob durch dieses polnische Vorgehen gegen deutsche Verkehrsflugzeuge ein Angriff im völkerrechtlichen Sinne, der einer Kriegserklärung gleichzusetzen ist, stattfand, konnte wohl nicht mehr geklärt werden und ist wohl auch in der Flut der folgenden Ereignisse untergegangen. Auch dieses polnische Vorgehen gegen Lufthansa-Maschinen läßt die These von der deutschen Alleinverantwortung für den Kriegsausbruch völlig unhaltbar erscheinen.

Durch die laufende Verhärtung der deutsch-polnischen Beziehungen im August 1939, gefördert durch die britisch-französische Garantieerklärung, verschärfte sich die Lage der Deutschen in Polen ebenfalls und wurde bald unerträglich. Höhepunkte des Schreckens waren die Tage vor Kriegsausbruch. Sie wurden nur noch übertroffen durch die Greuel der ersten September-Tage.

Deutsche Angestellte und Arbeiter wurden fast ausnahmslos entlassen, weil sie Deutsche waren. Begründet wurden die Entlassungen mit „eigenem Verschulden", wodurch es dann auch keine Arbeitslosenunterstützung gab. Die wenigen deutschen Schulen, die es noch gab, wurden geschlossen. Vermehrt kam es zu Brandstiftungen, denen ganze Orte zum Opfer fielen.

Es wurden Haussuchungen vorgenommen, wobei es zu Ausschreitungen, Mißhandlungen und Verhaftungen kam. Um irgendwelche Geständnisse zu bekommen, wurden Inhaftierte in polnischen Gefängnissen Torturen unterzogen, die viele nicht überlebten.

Zehntausende versuchten, die Grenze zu erreichen, und flohen nach Danzig oder ins Deutsche Reich. Laut Mitteilung des Reichsministeriums des Innern waren bis zum 21. August 1939 etwa 70.000 volksdeutsche Flüchtlinge aus Polen in den Durchgangslagern untergebracht worden. Hiervon kamen etwa 45.000 aus Ost-Oberschlesien und dem Olsagebiet. Viele kamen auch bei Bekannten oder Verwandten in Deutschland unter und wurden, weil sie kein Lager durchliefen, gar nicht erfaßt.

Es wäre eigentlich plausibel gewesen, wenn Hitler diese Ausschreitungen und den Terror gegen Deutsche in Polen als alleinigen Beweggrund gewählt hätte, um in dieses Land einzumarschieren und das Leben der Volksdeutschen zu schützen. Aus viel nichtigeren Gründen sind doch schon Kriege begonnen worden. Diese Zustände im August 1939 gegen die deutsche Minderheit in Polen erinnerten stark an mittelalterliche Verhältnisse.

Welche Beweggründe konnte Polen für die Ausschreitungen, Schikanen und den Terror gegen die deutsche Volksgruppe in Polen von 1919 bis 1939 geltend machen? In diesen 20 Jahren wurden auf dem Weg der sogenannten „Kalten Vertreibung" 870.000 Menschen vertrieben und 15.000 umgebracht, nur weil sie Deutsche waren.

Die letzten Stunden

Nach Mitternacht des 27. August wurde auf die Bitte und den Wunsch von Luftwaffenchef Hermann Göring der schwedische Industrielle Birger Dahlerus von Hitler empfangen und nach einem Gespräch zu dritt mit einer Vermittlerrolle betraut. Dahlerus reiste sofort nach London und traf hier mit dem Premier Chamberlain und einigen Regierungsmitgliedern zusammen. Nachdem am Vortag Hitler den vorgesehenen Einmarsch in Polen verschoben hatte, schloß man in London daraus, daß Englands Politik der Unnachgiebigkeit ihn zur Umkehr bewegt hatte, was die britischen Verantwortlichen noch unnachgiebiger machte. Die Ehre spielte auf der damaligen diplomatischen Bühne noch eine sehr große Rolle. Nachgiebigkeit wurde vom Gegner sofort als Schwäche ausgelegt. Deshalb war jede Partei bestrebt, gewisse Grenzen nicht zu überschreiten.

Hitlers durch Dahlerus übermittelter Vorschlag einer deutsch-britischen Gesamtregelung enthielt offenbar so viele positive Gesichtspunkte, daß die Briten ihn einer sorgfältigen Prüfung unterzogen. Sie signalisierten grundsätzliches Einverständnis. Mittags in London eingetroffen, landete Dahlerus um Mitternacht wieder in Berlin. Göring erwartete ihn am Flughafen und erhielt vom Unterhändler das britische Memorandum:

„1. Die Regierung Seiner Majestät wiederholt feierlich ihren Wunsch, die guten Beziehungen zu Deutschland aufrechtzuerhalten. Kein Mitglied der Regierung vertritt eine andere Ansicht.

2. Großbritannien fühlt sich mit seiner Ehre dazu verpflichtet, seine Verpflichtungen gegen Polen einzuhalten.

3. Der deutsch-polnische Streitfall muß auf friedlichem Wege bereinigt werden. Wenn eine solche Lösung erreicht werden kann, werden sich daraus sofort bessere Beziehungen [zwischen Deutschland und England] ergeben."

Am 28. August um 2 Uhr morgens teilte Göring Dahlerus fernmündlich mit, daß Hitler den britischen Standpunkt anerkenne. Hitler sei natürlich damit einverstanden, die Danzig- und Korridorfrage auf friedlichem Wege durch direkte Verhandlungen mit Warschau zu regeln, da er Oberst Beck bereits am 5. Januar 1939 solche Verhandlungen vorgeschlagen habe. Es gelte nun, Oberst Beck dazu zu bewegen, daß er ebenfalls einwillige.

Dahlerus telegraphierte sofort mit der britischen Botschaft in Berlin. Großbritannien solle Polen überzeugen, daß es mit Deutschland sofort verhandelt, und „es ist äußerst wünschenswert, daß in der von Nevile Henderson zu überbringenden Antwort diese Verpflichtung zur Überredung der Polen enthalten ist".

Am Vormittag des 28. August bahnte sich in allen Hauptstädten eine Entspannung an. Wegen der wiederholten Überfälle polnischer Flak auf deutsche Flugzeuge beschwerte sich der deutsche Geschäftsträger im Auswärtigen Amt in Warschau. Wider Erwarten versprach man eine sorgfältige Überprüfung der Vorfälle.

Wegen der positiven Reaktionen Hitlers und Görings auf das von Dahlerus überbrachte britische Angebot führte Lord Halifax ein Gespräch mit dem polnischen Botschafter. Er sagte ihm, er habe interessante Angebote von Hitler erhalten und Oberst Beck dürfe nicht alles durch übermäßigen Starrsinn gefährden. Anschließend schickte er dem britischen Botschafter in Warschau folgendes Telegramm: „Ich übersende Ihnen mit meinem nächsten Telegramm in großen Zügen unsere Antwort an Hitler. Bitte bemühen Sie sich, Herrn Beck – sobald Sie diese erhalten haben – zu sehen, und melden Sie sofort telefonisch dessen Antwort. Wenn er uns zur gewünschten Zeit eine positive Antwort gibt, werden wir Hitler mitteilen, die polnische Regierung sei bereit, auf der genannten Grundlage in Unterhandlungen mit dem Reich einzutreten."

Um 16 Uhr traf die Antwort von Oberst Beck ein: „Oberst Beck ist äußerst dankbar für die vorgeschlagene Antwort an Hitler und ermächtigt Seiner Majestät Regierung, die deutsche Regierung zu informieren, daß Polen bereit ist, sogleich in direkte Verhandlungen mit dem Reich einzutreten. Er würde sich jedoch freuen, in gebührender Frist zu erfahren, welche Form einer internationalen Garantie ins Auge gefaßt worden ist."

Auf Dahlerus' Veranlassung meldete die britische Botschaft in Berlin dem Foreign Office zur selben Zeit, daß der Einmarsch in Polen für die Nacht auf den 1. September vorgesehen sei, und es deshalb dringend sei, daß die britische Antwort auf die Vorschläge Hitlers vom 25. August und auf die von Dahlerus am Vortag übermittelten der deutschen Regierung zugingen.

Um 22.30 Uhr erschien der britische Botschafter mit der Antwort seiner Regierung in der Reichskanzlei. Er wurde mit den Ehrenbezeugungen empfangen, die sonst nur Staatschefs vorbehalten waren. So unterstrich Hitler seinen guten Willen und die Bedeutung, die er dem Ereignis beimaß.

Die Unterredung, die 75 Minuten dauerte, verlief vom Anfang bis zum Ende in ruhiger und würdiger Atmosphäre. Hitler sagte zu, die englische Note aufmerksam zu studieren und am nächsten Tag eine schriftliche Antwort zu geben.

Am 29. August prägte die allgemeine Mobilmachung Frankreichs den Tag. Man hatte 600.000 Mann in die Kasernen gerufen. In Italien, Belgien, Spanien, Ungarn und Rumänien wurden Truppenbewegungen angeordnet.

Viel besorgniserregender war die polnische Mobilmachung am frühen Nachmittag. Nur einen Tag zuvor hatte Beck den Engländern versprochen, direkte Verhandlungen mit Berlin zu eröffnen, und an diesem Tag stieß er alle Gutwilligen vor den Kopf.

Beide Maßnahmen widersprechen sich eklatant. Sie scheinen ein Beleg dafür zu sein, daß Beck die Zügel der Politik nicht mehr in der Hand hatte. Beck, der 1944 in Rumänien starb, gehörte zu den tragischen Figuren der Geschichte. In Augenblicken physischer Rückschläge und plötzlicher Erschöpfung erschien er manchen Menschen seiner näheren Umgebung als schwerer Alkoholiker. Beck trank, um sich zu stimulieren, wenn er am Rande seiner Kräfte angelangt war. Worunter er auch immer litt, sein Handeln war verhängnisvoll, vor allem in den entscheidenden Stunden der letzten Augusttage.

Die Botschafter Frankreichs und Englands in Warschau, Leon Noel und Sir Howard Kennard, waren bestürzt über die unerwartete polnische Mobilmachung, sagten es auch Beck und legten scharfen Protest ein. Vergebens.

Die von Polen angeordnete Generalmobilmachung sorgte in Berlin für eine um so größere Aufregung, als sich im Laufe der Nacht alarmierende Berichte über die Beschießung deutscher Flugzeuge und über Grenzzwischenfälle mehrten. Die deutschen Militärs waren höchst besorgt und traten für ein sofortiges Handeln ein, da ein Nachgeben Polens nicht zu erwarten sei. Hitler, der den Rat seiner Generale allgemein nicht zu berücksichtigen pflegte, hörte diesmal auf sie. Falls die Verhandlungen nicht innerhalb von 48 Stunden zum Ziele führten, werde er mit Polen abrechnen.

In Berlin wurde Nevile Henderson um 19.15 Uhr in die Reichskanzlei bestellt, um Hitlers Antwort auf die britische Note entgegenzunehmen. Sie enthielt folgenden Satz: „Die deutsche Regierung rechnet mit dem Eintreffen des polnischen Bevollmächtigten für Mittwoch, den 30. August 1939." Dem britischen Botschafter war die Frist zu kurz, so schnell konnte England Polen nicht veranlassen, einen Unterhändler nach Berlin zu schicken.

Die Diskussion darüber endete mit einem Streit. Hitler beharrte auf dem Termin. Am 28. August, 16 Uhr, habe sich Beck bereit erklärt, „sogleich in direkte Verhandlungen mit dem Reich einzutreten", und wenn er es ehrlich meine, so müsse er Vorbereitungen getroffen haben. Die beiden Männer verabschiedeten sich frostig.

Anschließend unterrichtete der britische Botschafter seinen polnischen Kollegen Lipski über seine Unterredung mit Hitler und beschwor ihn, auf Oberst Beck einzudringen, daß er einen Unterhändler nach Berlin zum festgesetzten Zeitpunkt schicke. Ebenso wurden auch die Botschafter Frankreichs und Italiens von Henderson informiert. Schließlich ließ er Lord Halifax einen Bericht zukommen und betonte darin, daß das Eintreffen eines polnischen Bevollmächtigten in Berlin die einzige Chance sei, den Krieg zu vermeiden.

In der Nacht wurde Dahlerus von Göring gebeten, sofort nach London zu fliegen, um der britischen Regierung den unglücklichen Zwischenfall in der Reichskanzlei zu erklären. Er solle außerdem betonen, daß Hitler gerade Vorschläge ausarbeite, die er am nächsten Tag dem polnischen Bevollmächtigten unterbreiten werde, und daß diese Forderungen die Engländer durch ihre Mäßigung überraschen würden.

Am 30. August vormittags waren die deutschen Vorschläge ausgearbeitet, und Hitler verlängerte die Frist für die Annahme durch die polnische Regierung auf den 31. August, 24 Uhr. Sie waren alles andere als maßlos: Er hatte auf die Provinz Posen verzichtet, eine von Göring empfohlene Volksabstimmung im Korridor akzeptiert und an der Rückgabe Danzigs festgehalten. Die Meinung des Chefdolmetschers Paul Schmidt dazu: „Ich glaubte, wieder nach Genf zurückversetzt zu sein – es war ein richtiggehender Völkerbundvorschlag."

Lady Duff Cooper, die Gattin des einstigen Ersten Lords der Admiralität, fand diese Vorschläge 48 Stunden später „so vernünftig, daß ihr Mann entsetzt war, die britische öffentliche Meinung könne der gleichen Auffassung wie seine Frau sein". Eines schien jedenfalls festzustehen: Hätten das britische und das französische Volk am 30. August von diesen deutschen Vorschlägen Kenntnis gehabt, so hätten Paris und London kaum Deutschland den Krieg erklären können, ohne einen Sturm der Entrüstung hervorzurufen, der den Frieden durchgesetzt hätte.

Um 10 Uhr desselben Tages traf Dahlerus mit Chamberlain, Lord Halifax, Horace Wilson und Alexander Cadogan im Foreign Office zusammen. Er sagte ihnen, daß Hitler den Zwischenfall mit Nevile Henderson am Vorabend nicht tragisch genommen habe. Das traf auch für die englische Seite zu, stellten sie klar.

Auf Wunsch von Außenminister Halifax, der eine offizielle Bestätigung von Dahlerus' Ausführungen verlangte und weitere Angaben brauchte, führte der Schwede ab 12.30 Uhr mehrere Telefonate mit Göring in Berlin. Lord Halifax war mit den deutschen Antworten zufrieden.

Seit Mittag lagen die deutschen Vorschläge vor. Hitler mußte den ganzen Tag lang vergeblich warten, daß ein polnischer Unterhändler sie zur Kenntnis nahm. Dieser 30. August war aber auch der Tag, an dem die Gerüchte über Hitlers angeblich verzweifelte Lage ihren Höhepunkt erreichten. An diesem Tag schrieb der französische Botschafter an Daladier, daß „der Fisch am Haken" hänge.

In Warschau war Oberst Beck überzeugt, daß Hitler bluffte, als er den Einmarsch in Polen für den 1. September ankündigte, genauso wie er es auch für den 26. August getan hatte. In Wirklichkeit, glaubte Beck, Hitler in eine noch nie dagewesene innere Krise getrieben zu haben. Angeblich zuverlässige Informationen aus Deutschland sprachen von der Unzufriedenheit der Generale, von verschiedenen Rücktrittsabsichten und sogar von einem Nervenzusammenbruch des Kanzlers. Auch ein Staatsstreich unmittelbar nach der Kriegserklärung Frankreichs und Englands sollte geplant sein.

Beck war der Ansicht, daß man sich dem Ziel nähere und nur noch 24 Stunden lang durchhalten müsse. Daher entschied er, nicht nach Berlin zu gehen und auch niemanden dorthin zu schicken.

Um 23 Uhr rechnete von Ribbentrop nicht mehr mit dem Eintreffen eines polnischen Bevollmächtigten. Er bat Nevile Henderson, ihn aufzusuchen. Da von polnischer Seite niemand eingetroffen war, verlas er Henderson das 16-Punkte-Papier, das Deutschland Polen zur Beilegung ihres Streits unterbreitet hatte.

Henderson suchte anschließend den polnischen Botschafter auf und sagte ihm, daß die deutschen Vorschläge nicht allzu unvernünftig klängen, und angesichts der kritischen Lage möge Lipski seiner Regierung eine Zusammenkunft zwischen Göring und Ridz-Smigly empfehlen. Lipski versprach, dies nach Warschau weiterzuleiten.

Am 31. August meldeten die Morgenzeitungen, daß Papst Pius XII. einen pathetischen Appell an Hitler und den polnischen Staatspräsident Ignacy Moscicki gerichtet und sie inständig gebeten habe, „alles zu tun, um irgendeinen Zwischenfall zu vermeiden, und von jeder Maßnahme Abstand zu nehmen, die geeignet wäre, die gegenwärtige Spannung zu verschärfen".

Sie vermeldeten ebenfalls, daß Mussolini angeboten habe, zwischen Deutschland und Polen zu vermitteln.

Um 9 Uhr wurde Dahlerus, der erst um Mitternacht aus London zurückgekehrt war, vom britischen Botschafter gebeten, die so maßvolle deutsche Note mit dem 16-Punkte-Programm persönlich in die polnische Botschaft zu bringen.

Um 10 Uhr begab sich Dahlerus in Begleitung von George Ogilvie-Forbes zur polnischen Botschaft: „Ich habe kein Interesse", antwortete ihnen Lipski, „wenn es zu einem Krieg kommt, wird eine Revolution in Deutschland ausbrechen, und die polnischen Truppen werden dann auf Berlin marschieren…"

Offenbar war Lipski von jenem Angehörigen der deutschen Opposition aufgesucht worden, der ebenfalls bei Botschafter Henderson war. Allerdings hat er die Echtheit dieser Nachricht nicht überprüft, wohl auch deshalb, weil sie mit dem übereinstimmte, was er selbst geglaubt hat.

In Paris, London, Rom und Warschau standen die Telefone nicht still. Der französische Botschafter in Berlin Coulondre unterrichtete Außenminister Sonnet in Paris, daß es gut wäre, wenn er Druck auf Warschau ausübe. Aus Rom gab François-Poncet die gleiche Anregung. Ließe sich Polen, fügte er hinzu, zur Aufgabe Danzigs bewegen, so würde Mussolini möglicherweise in Berlin intervenieren, und der Krieg könnte noch verhütet werden. Georges Sonnet gab den Hinweis weiter nach London und bekam Lord Halifax' Zustimmung. Beide Politiker setzten sich in diesem Sinn sofort mit ihren Botschaftern in Warschau telefonisch in Verbindung.

Um 11 Uhr suchten Leon Noel und Howard Kennard Oberst Beck auf. Nach einer lebhaften Unterredung willigte dieser ein, daß Lipski sich in die Wilhelmstraße begeben sollte. Diese Nachricht wurde sofort allen Hauptstädten überbracht. Dazu, daß bis zu der von deutscher Seite gesetzten Frist kein polnischer Unterhändler erschien, könnte maßgeblich die an Außenminister Beck gerichtete Empfehlung des britischen Botschafters in Warschau, Kennard, beigetragen haben, auf das deutsche Verhandlungsangebot nicht einzugehen.

Um 14 Uhr waren die Instruktionen von Oberst Beck in den Händen des polnischen Botschafters in Berlin.

Um 18.30 empfing ihn von Ribbentrop im Auswärtigen Amt in der Wilhelmstraße. Als dieser Lipski fragte, ob er bevollmächtigt sei, über die deutschen Vorschläge zu verhandeln, und Lipski verneinte, brach der deutsche Außenminister die Unterhaltung ab.

Dazu bemerkte der Historiker Ferdinand Otto Miksche: „Der letzte Beweis dafür, daß Polen mit Deutschland nicht verhandeln wollte, war ein geheimes Telegramm des polnischen Außenministers an seinen Botschafter in Berlin, das von der deutschen Abwehr entschlüsselt wurde. Es enthielt die Weisung, der Botschafter möge sich unter keinen Umständen in sachliche Diskussionen einlassen. Wörtlich heißt es darin: ‚Wenn die Reichsregierung mündliche oder schriftliche Vorschläge macht, müssen Sie erklären, daß Sie keinerlei Vollmacht haben, solche Vorschläge entgegenzunehmen oder zu diskutieren.'"

Als die Nachricht um 13.30 bei Hitler eintraf, daß Lipski sich auf Weisung von Beck in die Wilhelmstraße begeben sollte, schickte sich Hitler gerade an, die Weisung Nr. 1 für die Kriegsführung zu unterzeichnen. Er legte die Feder zurück und entschloß sich, noch bis zum Ende des Tages zu warten.

Im Zusammenhang mit Hitlers Angebot an Polen vom 29. August 1939 („16 Punkte") schrieb der schwedische Forscher Sven Hedin über die beschlagnahmte Abendausgabe des „Daily Telegraph" vom 31. August 1939: „Die diplomatischen Akten der neueren Geschichte werden kein Schriftstück aufweisen, das diesem Vorschlag an Mäßigung, an Entgegenkommen und Verständnis für die Bedürfnisse eines anderen Landes gleichkommt. Daß Polen ihn trotzdem nicht einmal einer Empfangsbestätigung für wert hielt, kann nur durch die inzwischen bekanntgewordene Tatsache erklärt werden, daß es sich nicht nur auf seine europäischen Freunde Großbritannien und Frankreich verließ, sondern vor allem auch auf die Unterstützung der Vereinigten Staaten. Roosevelt hatte sie ihm durch seine Botschafter in Warschau und Prag zusagen lassen.

In London ist behauptet worden, daß der deutsche Vorschlag so spät abgesandt wurde, daß die Warschauer Regierung gar nicht darauf antworten konnte. Der deutsche Einmarsch in Polen sei so schnell erfolgt, daß der ganze Vorschlag wahrscheinlich nicht ernstgemeint war.

Diese Behauptung ist unwahr. Der Londoner ‚Daily Telegraph', eine dem Foreign Office nahestehende Zeitung, hat in der Abendausgabe vom 31. August einen Bericht über Beratungen im englischen Kabinett veröffentlicht. In diesen sei zur Sprache gekommen, daß dem britischen Botschafter in Berlin, Sir Nevile Henderson, vom deutschen Außenminister die deutschen Vorschläge über eine friedliche Beilegung des deutsch-polnischen Konflikts übermittelt worden seien. Er habe sie sofort nach London weitergemeldet, da sich die britische Regierung in einer Note vom 28. August gegenüber der deutschen Regierung bereit erklärt hatte, die Vermittlung zu übernehmen. Das Londoner Kabinett habe das deutsche Memorandum nach Warschau weitergeleitet, und die polnische Regierung habe nach seinem Empfang die Generalmobilmachung angeordnet.

In London hat der Bericht des ‚Daily Telegraph' große Bestürzung hervorgerufen, denn man war dort mit Roosevelts Zustimmung entschlossen, die Schuld am Ausbruch des Krieges nach dem Vorbild von 1914 Deutschland zuzuschieben. Im britischen Blaubuch über den Kriegsausbruch und in den Erinnerungen Sir Nevile Hendersons ist dieser Entschluß ausgeführt worden. Die unbeabsichtigte Wahrheitsliebe des ‚Daily Telegraph' wurde dadurch zu vertuschen gesucht, daß die gesamte Abendausgabe beschlagnahmt und die Redaktion veranlaßt wurde, eine zweite Spätausgabe herauszubringen, in deren Bericht über die Kabinettsberatung der für die britische Regierung so peinliche Satz über die polnische Generalmobilmachung nach Erhalt des deutschen Vorschlags entfernt war.

Das Foreign Office hat aber nicht verhindern können, daß die erste Ausgabe des ‚Daily Telegraph' mit der Mitteilung bereits in die Hände einiger Menschen gekommen war, die sich für die wahren Umstände interessierten.

Der beispiellos schnelle Ablauf des deutschen Feldzuges gegen Polen ist in aller Erinnerung. Die versprochene Truppen- und Waffenhilfe der Mächte, die Polen durch ihre Garantie zum Widerstand gegen Deutschland ermutigt hatten, ist nie erfolgt. Polen ist von England, Frankreich und dem Amerika Roosevelts verraten worden."

Um 21.15 Uhr des 31. August 1939 gab der Reichsrundfunk den Wortlaut des deutschen Angebots an Polen bekannt und versah ihn mit folgendem Kommentar: „Somit haben der Führer und die Deutsche Reichsregierung nun zwei Tage vergeblich auf das Eintreffen eines bevollmächtigten polnischen Unterhändlers gewartet. Unter diesen Umständen sieht die Deutsche Regierung auch diesmal ihre Vorschläge praktisch als abgelehnt an, obwohl sie der Meinung ist, daß diese in der Form, in der sie auch der Englischen Regierung bekanntgegeben worden sind, mehr als loyal, fair und erfüllbar gewesen sind."

Um 21.30 Uhr unterzeichnete Hitler die Weisung Nr. 1 für die Kriegsführung. Die deutschen Truppen wurden angewiesen, Polen am nächsten Morgen um 4.45 Uhr anzugreifen.

Nach Beginn der Kampfhandlungen schlug Mussolini noch am 2. September einen Waffenstillstand und zur Lösung des deutsch-polnischen Streites eine Konferenz vor – ein Plan, der von deutscher Seite sofort angenommen wurde. Auch die französische Regierung stimmte zu. Von den Briten wurde jedoch die Zusage an die ungewöhnliche Bedingung geknüpft, daß vorher das von deutschen Truppen besetzte Gebiet geräumt werden müsse. Ein in der Kriegsgeschichte noch nie dagewesener Fall.

Im italienischen Vorschlag war vorgesehen, daß die Heere dort stehenbleiben sollten, wo sie sich befanden. Mit der für Deutschland unannehmbaren Bedingung Londons, für die es – ebenso wie für Englands Polengarantie – in der Geschichte Großbritanniens keinen Präzedenzfall gab, war Mussolinis Konferenzvorschlag vereitelt worden.

In seiner „Deutschen Geschichte" kam der Historiker Michael Freund zu dem Schluß, daß Frankreich und England nicht daran glaubten, Polen wahrhaft helfen zu können. Den Polen wurde dies verschwiegen, weil 1939 England entschlossen war, unter allen Umständen den Krieg gegen Hitler zu führen.

Polen war die Rolle zugedacht, im Untergang die Kräfte des Feindes abzunutzen. Es war ein Zündholz, das sich verbraucht, indem es die Flamme entfacht.

Teil 2

Die Tragödie Europas

„Unser angestammtes Erbe ist Fremden zuteil geworden, unsere Häuser den Unbekannten."
Jer. 5,2

I. Das Verhängnis nimmt seinen Lauf

Am Morgen des 1. September 1939 traten die deutschen Truppen von Ostpreußen bis zu den Beskiden zum Angriff an. Um 8 Uhr war die polnische Front überall durchbrochen, und die Wehrmacht stieß weit ins Hinterland vor.

Der Krieg mit Polen überraschte die Deutschen. Die schrecklichen Erfahrungen der Jahre 1914 bis 1918 waren noch viel zu lebendig, um Kriegsbegeisterung auszulösen. Die Stimmung im Land war niedergedrückt und ernst. Doch die raschen militärischen Erfolge in Polen und später im Westen ließen bald Zuversicht und Hoffnung auf ein schnelles Kriegsende aufkommen.

Am 3. September schloß sich das französische Parlament widerstrebend dem Verlangen Englands an, dem Deutschen Reich ein kurzbefristetes Ultimatum zu stellen und bei Nichtannahme den Krieg zu erklären. „Ich habe die Ehre, Sie davon zu unterrichten, daß – falls nicht bis 11 Uhr vormittags britischer Sommerzeit am heutigen Tage, den 3. September 1939, eine befriedigende Zusicherung von der deutschen Regierung erteilt wird und bei Seiner Majestät in London eintrifft – der Kriegszustand zwischen den beiden Ländern von dieser Stunde an bestehen wird."

Aus dem lokal begrenzten deutsch-polnischen Konflikt wurde mit diesen Worten des britischen Botschafters Henderson ein europäischer Krieg. Daß nicht Deutschland allein die Verantwortung für den Kriegsausbruch trägt, war den Zeitgenossen noch bekannt. Das Wissen scheint heute allerdings verdrängt zu sein.

Stalin erklärte am 29. November 1939 gegenüber der Parteizeitung „Prawda“:

„1. Nicht Deutschland hat Frankreich und England angegriffen, sondern Frankreich und England haben Deutschland den Krieg erklärt und damit die Verantwortung für den gegenwärtigen Krieg auf sich genommen.

2. Nach dem Ausbruch der Feindseligkeiten hat Deutschland Frankreich und England Friedensvorschläge gemacht, und die Sowjetunion hat die Friedensvorschläge Deutschlands öffentlich unterstützt, weil sie dachte und immer noch denkt, ein rasches Ende des Krieges würde die Lage aller Länder und Völker radikal erleichtern.

3. Die herrschenden Kreise Frankreichs und Englands haben beide Deutschlands Friedensvorschläge und die Bemühungen der Sowjetunion nach rascher Beendigung des Krieges in verletzender Weise zurückgewiesen. Das sind die Tatsachen.“

Allem Anschein nach überwog bei Hitler die Überzeugung, daß die Zeit gegen ihn arbeite. Nachdem Polen selbst die Erörterung der deutschen Vorschläge abgelehnt hatte, setzte er auf Gewalt zur Konfliktlösung. Dabei ging er davon aus, daß die Westmächte Polen militärisch keinen Beistand leisten würden, denn die Masse der Wehrmacht wurde gegen Polen in Marsch gesetzt, während im Westen nur ein dünner Truppenschleier zurückblieb.

Entgegen fast allen Behauptungen in der Nachkriegszeit war die deutsche Wiederaufrüstung von 1933 bis Kriegsbeginn unvollständig geblieben. Der US-amerikanische Wirtschaftswissenschaftler Burton H. Klein hat das gesamte erbeutete Material an deutschen Dokumenten über die Aufrüstung ausgewertet und beim Harvard College als Band CIX der Harvard Economic Studies veröffentlicht.

Kleins Forschungen zufolge stand im Jahre 1939 die deutsche Produktion von Flugzeugen, 675 im Monat, auf der gleichen Höhe wie die britische; und Panzer, die Hauptwaffe im Bewegungskrieg, wurden in Deutschland sogar in geringerer Zahl gefertigt als in England. Klein konnte aufgrund der Beuteakten feststellen, daß bis zur Wiederbesetzung des Rheinlandes im Frühjahr 1936 die deutsche Aufrüstung kaum mehr als eine Legende gewesen war, denn bis zu diesem Zeitpunkt waren nur etwa fünf Prozent der Gesamtproduktion in die Rüstung gegangen. Trotz der danach einsetzenden Steigerung der Rüstungsausgaben beanspruchten sie in den drei Jahren bis 1939 noch immer nicht mehr als 15 Prozent der Gesamtproduktion (insgesamt acht Milliarden Reichsmark), entsprachen also jetzt erst den Rüstungsaufwendungen der Alliierten. Auch Großbritannien setzte in jener Zeit 15 Prozent seiner Produktion für die Rüstung ein.

Klein faßte die Ergebnisse seiner Untersuchungen in dem Satz zusammen: „Deutschland produzierte sowohl Butter wie Kanonen, und zwar viel mehr Butter und viel weniger Kanonen, als allgemein angenommen wurde."

Zum Rüstungsstand des Jahres 1939 schreibt der Wissenschaftler: „Das allgemeine Bild der deutschen Kriegswirtschaft, das sich aus dieser Untersuchung ergibt, ist nicht das einer Nation, die auf den totalen Krieg eingestellt war, sondern eher das einer Volkswirtschaft, die ursprünglich nur zur Durchführung kleiner und örtlich begrenzter Kriege mobilisiert war und erst in der Folge dem Druck der militärischen Notwendigkeiten nachgab, als diese zu harten Tatsachen geworden waren. So sind die deutschen Vorbereitungen zur Versorgung mit Stahl, Öl und anderen wichtigen Rohstoffen im Herbst 1939 alles andere als ausreichend für einen nachdrücklichen Einsatz gegen die Großmächte gewesen. Der Ausstoß an ziviler Produktion war noch mehr als ausreichend, dagegen die Erzeugung von Kriegsmaterial nicht wesentlich größer als die britische."

Klein weiter: „Erst nach der Schlacht von Stalingrad und dem Einsetzen von Luftangriffen großen Stils gegen die deutschen Städte begann Deutschland, seine Kriegswirtschaft ernstlich zu mobilisieren. Höchstleistungen wurden aber nicht vor Mitte 1944 erzielt, nachdem die Niederlage bereits unabwendbar geworden war."

So bezeichnete denn auch der bedeutendste britische Militärhistoriker Basil Liddell Hart in einer Veröffentlichung der Monatszeitschrift „Military Review" „die Auffassung, daß der deutsche Vormarsch in den ersten Phasen des Krieges auf die überwältigende Überlegenheit der auf deutscher Seite eingesetzten Waffen und Massen zurückzuführen sei, als eine der größten Illusionen über den Verlauf des Krieges".

Der Geschichtsforscher Wolfgang Venohr schrieb: „Nach dem Zweiten Weltkrieg ist es – bis auf den heutigen Tag – Mode geworden, über das deutsche Heer des Jahres 1940 herabsetzend, jedenfalls negativ zu sprechen. Eine überwältigende, seelenlose und barbarische Kriegsmaschinerie Hitlers sei damals über das schwache Westeuropa hereingebrochen."

Nichts könnte verkehrter sein als eine solche Betrachtungsweise. In Belgien und Frankreich habe nicht die Übermacht, sondern eine geniale Operationsidee („Sichelschnitt") obsiegt. Venohr: „Aber vor allem triumphierte die Intelligenz und die Kühnheit der deutschen Soldaten und Offiziere. Es war eine junge Armee, die nach Westen stürmte, deren seelische Motivation, deren geistige Disziplin alles in den Schatten stellte, was es zuvor gegeben hatte…

Niemals früher oder später hat es eine so vorbildliche Kameradschaft zwischen Offizier und Mann gegeben wie in der deutschen Wehrmacht des Zweiten Weltkrieges", führte Venohr aus. „Nicht seelenlose Roboter marschierten nach Frankreich hinein, sondern junge Soldaten, die sich im Recht glaubten, die gegen die arroganten Sieger von Versailles zogen."

Letzte Friedensversuche

Was am 1. September 1939 ausbrach, war ein deutsch-polnischer Krieg. Durch die englische und französische Kriegserklärung an das Deutsche Reich vom 3. September 1939 nahm der Konflikt europäische Dimensionen an. Durch die direkte Beteiligung der Sowjetunion und der Vereinigten Staaten von Amerika am Kampf gegen Deutschland und seine Verbündeten verwandelte sich der Waffengang ab 1941 in einen Weltkrieg.

„Reichsaußenminister von Ribbentrop wollte die geschichtsträchtige Entscheidung in den westlichen Hauptstädten und Kabinetten hinauszögern, um noch einen letzten verzweifelten Versuch zu starten, mit London direkten Kontakt aufzunehmen", berichtet Geschichtswissenschaftler Prof. Dirk Kunert in seinem Werk „Deutschland im Krieg der Kontinente". Um 20 Uhr des 2. September 1939 setzte sich von Ribbentrop mit Fritz Hesse, seinem langjährigen Mitarbeiter, in London telefonisch in Verbindung, jedoch ohne seinen Namen zu nennen: „Sie wissen doch, wer hier spricht. Bitte nennen Sie mich nicht beim Namen. Bitte gehen Sie sofort zu Ihrem Vertrauensmann – Sie wissen ja, wen ich damit meine – und erklären Sie ihm folgendes: Der Führer ist bereit, wieder aus Polen herauszugehen und Schadensersatz für bereits angerichtete Schäden anzubieten unter der Voraussetzung, daß wir Danzig und die Straße durch den Korridor erhalten, wenn England im deutsch-polnischen Konflikt die Vermittlung übernimmt. Sie sind vom Führer ermächtigt, diesen Vorschlag dem englischen Kabinett zu unterbreiten und sofort Verhandlungen hierüber aufzunehmen.

Betonen Sie noch einmal, daß Sie im ausdrücklichen Auftrag Hitlers handeln und daß dies nicht etwa eine Privataktion von mir ist, damit es kein Mißverständnis in der Angelegenheit gibt."

Gegen 22 Uhr traf Dr. Hesse bei Sir Horace Wilson ein, dem engsten Vertrauten des britischen Premiers Chamberlain. Wilson berichtete, er habe Hesse nach dem Zweck der Unterredung gefragt: „Die Antwort, die ich erhielt, war – die gesamte Lage zu besprechen, von Mann zu Mann, einschließlich der polnischen Frage."

„Die britische Antwort fiel ablehnend aus", schreibt Kunert.

Am 3. September um 10.30 Uhr, noch vor der britischen Kriegserklärung, ließ Hermann Göring über seinen schwedischen Mittelsmann Birger Dahlerus, der sich in Görings Hauptquartier befand, Frank Roberts im Londoner Außenministerium telefonisch mitteilen, daß er, Göring, auf dem Sprung zum Abflug nach London stehe, um, wenn auch nur mit „widerstrebender“ Zustimmung Hitlers, Verhandlungen zur Abwendung eines deutsch-englischen Krieges aufzunehmen.

Kunert: „Auch dieser Vorstoß blieb ohne Echo.“

Reaktionen der anderen Seite

Anfang September 1939 sagte Großbritanniens Außenminister Lord Halifax: „Jetzt haben wir Hitler zum Krieg gezwungen, so daß er nicht mehr auf friedlichem Wege ein Stück des Versailler Vertrags nach dem anderen aufheben kann.“

Michael Freund schildert die englische Haltung so: „Im britischen Unterhaus herrscht Unruhe. Ein Abgeordneter der Arbeiterpartei begegnet dem britischen Außenminister Lord Halifax am 2. September in der Wandelhalle des Parlaments. ‚Haben Sie noch Hoffnung?‘ fragt er.

‚Wenn Sie Hoffnung auf Krieg meinen‘, antwortet Halifax, ‚dann wird Ihre Hoffnung morgen erfüllt sein.‘

‚Gott sei Dank‘, erwidert der Vertreter der Arbeiterpartei.“

Halifax gab in seinen Memoiren offen zu, daß er bereits 1936 zu einem neuen Krieg zwischen England und Deutschland in naher Zukunft entschlossen gewesen sei. Er erwartete, daß irgendein Schritt der deutschen Revision der Versailler Ordnung den Briten zum Vorwand für den Krieg dienen werde.

September 1939: „Bromberger Blutsonntag“

Der Tag des Kriegsausbruchs war auf polnischer Seite von Maßnahmen begleitet, die mit militärischen Notwendigkeiten nicht zu begründen sind. Für Tausende Volksdeutsche begannen am 1. September Verschleppungsmärsche ins polnische Hinterland.

Kaum waren die deutschen Truppen in Polen einmarschiert und hatten die ersten Erfolge errungen, uferte der Deutschenhaß bei vielen nationalistischen Polen zu unkontrollierten blutigen Ausschreitungen gegen die deutsche Minderheit aus. Zwischen dem 3. und dem 7. September 1939 brachten polnische Gewalttäter über 5.500 Volksdeutsche als „verdächtige Hitler-Agenten“ nach zum Teil brutalen Folterungen ums Leben, darunter auch katholische und evangelische Geistliche. Diese als „Bromberger Blutsonntag“ in die Geschichte eingegangenen Massenmorde an Deutschen belasteten gleich zu Beginn des deutsch-polnischen Krieges das beiderseitige Verhältnis und waren ein Grund für die harte Besatzungpolitik der Deutschen in Polen nach Ende der Kampfhandlungen.

Unmenschliches Leid hatten die von Polen Verschleppten zu ertragen. Pastor Paul Rakette aus Schokken wurde am 1. September mit rund 30 anderen Mitgliedern seiner Gemeinde festgenommen. Mit zehn weiteren Gefangenen wurde er in eine Einmannzelle im Polizeigefängnis gesperrt. Dann begann der Weg in die Verschleppung, mit Viehwagen und zu Fuß. In Thorn kam es zu Mißhandlungen.

Pastor Rakette berichtete weiter in seiner eidlichen Aussage vom 9. Oktober 1939: „In Wloclawek wurden wir ausgeladen und mußten zunächst scheinbar planlos, doch meines Erachtens absichtlich und gewollt, hin und her durch die Stadt ziehen. Dabei wurden wir mit Steinen beworfen, mit Knüppeln geschlagen usw. Ich erhielt zwei Schläge mit dem Kolben eines Armeerevolvers in das Gesicht. Durch einen Schlag wurde mir das Nasenbein angebrochen, wie der Arzt später feststellte…

Am Donnerstag, dem 7. September, begannen die Gewaltmärsche in Richtung Kutno, Lowitsch. Fast ununterbrochen marschierten wir fast 26 Stunden lang bis kurz hinter Kutno. Hier wurde eine längere Rast auf einer Wiese eingelegt, die sechs Stunden dauerte. Auf diesem Marsch erlebte ich selbst, wie schlapp gewordene Volksgenossen vor Erschöpfung am Wegesrand liegenblieben und dann auf Geheiß eines polnischen Polizeiwachtmeisters wie räudige Hunde abgeknallt wurden. Bis zur Befreiung durch unsere Truppen ist dieses etwa, nach dem, was ich erlebt und gesehen habe, in 30 Fällen geschehen. Nach dem Halt hinter Kutno ging es 16 Stunden lang in fast ununterbrochenem Marsch bis nach Lowitsch. Zuweilen begegneten wir polnischen Truppenteilen. Sobald wir an ihnen vorbeimarschierten, ging ein wüstes Geschimpfe los, nicht selten hörte ich auch hinter mir ein wüstes Geschieße, und ich gehe nicht fehl in der Annahme, daß dieses Geschieße von der polnischen Soldateska ausging, die in die nachfolgenden Gruppen hineinschoß.

Kurz vor Lowitsch kamen wir in einen für die Polen überraschenden Vorstoß deutscher Truppen hinein. Unsere polnischen Begleitmannschaften versuchten, uns in eine bestimmte Richtung zu treiben, um uns aus der für sie bestehenden Gefahrenzone herauszubringen. Mit etwa 800 Internierten gelang es ihnen auch. Wir jedoch blieben auf der Stelle – es war eine Wiese, auf der wir lagerten – liegen und warteten das Weitere ab. Polnische Truppen schossen nun in unsere liegenden Gruppen hinein, wodurch noch ein Gemeindemitglied namens Franke aus Revier tödlich getroffen wurde. Schließlich schlug für uns die Stunde der Befreiung, nachdem die deutschen Truppen Gelände gewonnen hatten.

Ich möchte nicht unerwähnt lassen, daß auf diesen beiden Gewaltmärschen Leute in ihrer Verzweiflung aus der Marschkolonne herausliefen und mit Schüssen der Begleitmannschaft in einen Kessel getrieben wurden. In diesem Augenblick kamen von einer Anhöhe herab, ausgeschwärmt, polnische Soldaten.

Als sie die betreffenden Volksgenossen erreicht hatten, schossen sie nicht, sondern bearbeiteten die Menschen mit ihren genagelten Stiefeln, mit Gewehrkolben und mit Bajonetten, bis sich nichts mehr rührte. Die Roheit der polnischen Soldaten und der Polizisten, die ich beobachten konnte, war geradezu bestialisch…"

Die Schicksale der Verschleppten sind Gegenstand der 1990 herausgegebenen „Dokumentation der Verschleppung der Deutschen aus Posen und Pommerellen im September 1939", die den Leidensweg der Opfer minutiös rekonstruiert. Allein im Kreis Obornik wurden etwa 700 Deutsche inhaftiert, von denen erwiesenermaßen 231 ums Leben kamen. Dies meist aufgrund der unmenschlichen Behandlung durch die Bewachungsmannschaften auf den langen Märschen Richtung Osten, auf denen diejenigen, die nicht mehr weiterkonnten, einfach erschlagen wurden.

Während manche Verschlepptenzüge völlig vernichtet wurden, konnten Überlebende anderer Gruppen bereits am 9. September in Lowitsch, wieder andere am 17. September im Kutno-Kessel, im „Absonderungslager" Bereza Kartuska und in Brest-Litowsk, wo am 26. August ein Lager für 30.000 Personen eingerichtet worden war, befreit werden.

Die letzten Gruppen entkamen erst am 27. September, nachdem die deutsche Wehrmacht die polnische Hauptstadt eingenommen hatte, in Warschau der polnischen Gewalt. Die Dokumentation der Verschleppungen hat vierzig größere Marschgruppen mit je zwischen über zehn und tausend Verschleppten aus 1.131 Ortschaften allein in Posen und Pommerellen verzeichnet, deren Marschrouten mitsamt den Orten der Massenhinrichtungen kartographisch verzeichnet sind. Die Kartei umfaßt 4.500 Verschleppte, von denen jeder mit Vornamen, Namen, Beruf, Alter, dem jeweiligen Schicksal und den Quellen erfaßt ist. Von diesen 4.500 Verschleppten sind 1.794 nachweislich umgekommen. Insgesamt muß mit rund 10.000 Verschleppten deutschen Volkszugehörigen aus Posen und Pommerellen, darunter 2.200 Ermordeten, und mehreren tausend aus Mittelpolen und Galizien gerechnet werden. Allein aus Lodz wurden über 600 Deutsche deportiert.

Achtzehn am Bromberger Kanal gefundene Leichen, darunter zwei Kinder. Mit Ausnahme einer einzigen waren ihnen die Hände auf dem Rücken gefesselt.

Einen kleinen Einblick in das Geschehen in Posen und im Posener Raum kann der Abschlußbericht über die Tätigkeit des Oberstkriegsgerichtsrats Dr. Boetticher und der Kriegsgerichtsräte Hurtig und Dr. Reger vom 29. September 1939 geben, die beauftragt worden waren, in diesem Gebiet richterliche Untersuchungen vorzunehmen: „Zu diesem Zweck wurden in der Zeit vom 18. bis 28. September 1939 zahlreiche Untersuchungshandlungen, insbesondere eidliche Vernehmungen von Zeugen solcher Vorkommnisse, vorgenommen. Das gesamte Material, bei welchem sich auch fotografische Aufnahmen befinden, wird in der Anlage vorgelegt. Die Zeugenvernehmungen haben sich nicht nur auf Volksdeutsche, sondern auch auf polnische Volksangehörige erstreckt... In ganz besonders starkem Maße an den Ermordungen beteiligt ist das polnische Militär. Ferner aber auch Polizei, Gendarmerie, Przysposobienie Wojskowe, Obrona Narodowa und Scheletzen, aber auch Zivilpersonen.

In der überwiegenden Zahl der Fälle sind die Ermordeten unter irgendeinem Vorwand vorher verhaftet worden. Besonders häufig erfolgten derartige Verhaftungen nach vorausgegangenen deutschen Fliegerangriffen. Als Vorwand für die Verhaftungen dienten in der Hauptsache folgende Begründungen, soweit man Begründungen überhaupt gab: Angeblicher Besitz von Waffen und Munition sowie von Geheimsendern, das Geben von Blinkzeichen an deutsche Flugzeuge, Spionage und Beherbergung von Spionen. In vielen Fällen genügte aber die Bejahung der Frage, ob der Betreffende deutsch und evangelisch sei, um seine Festnahme durchzuführen...

Aus der ganzen Provinz Posen trieb man die offenbar nach einer bestimmten Liste festgenommenen Volksdeutschen in Richtung Kutno...

Während des ganzen Marsches erfolgten grundlose Mißhandlungen durch die Begleitmannschaften. Diese richteten sich insbesondere gegen diejenigen, welche wegen Schwäche oder hohen Alters oder Krankheit nicht gut marschieren konnten.

Abgesehen von den auf diesem Marsch Ermordeten sind in allen Teilen der Provinz, besonders in dem östlichen und dem südlichen Teil, außerordentlich viele andere Ermordungen erfolgt, zum Teil unter geradezu bestialischen Umständen. Ganze Familien sind ausgerottet worden. Die Menschen sind nicht immer erschossen, sondern häufig mit allen möglichen Werkzeugen, zum Teil vor den Augen ihrer Angehörigen und anderer Personen, denen ebenfalls ihre Ermordung angekündigt war, erschlagen worden.

Eine große Zahl der Leichen ist mit schweren Verstümmelungen aufgefunden worden...

Bei Tarlowa in der Nähe von Kalo hat das polnische Militär auf eine große Anzahl Volksdeutscher geradezu eine Treibjagd mit Maschinengewehren veranstaltet. Man fand etwa 130 Tote.

Einwandfrei konnte ferner in drei Fällen festgestellt werden, daß das polnische Heer notgelandete Angehörige der deutschen Luftwaffe nicht als Gefangene behandelte, sondern erschossen hat.

Es konnte bisher nur ein Teil der Zeugen vernommen werden, weil sehr viele zu einer Aussage noch nicht fähig waren."

Siegreiche Feldzüge in Ost und West

„Auf Befehl des Führers und Obersten Befehlshabers hat die Wehrmacht den aktiven Schutz des Reiches übernommen. In Erfüllung ihres Auftrags, der polnischen Gewalt Einhalt zu gebieten, sind Truppen des deutschen Heeres heute früh über alle deutsch-polnischen Grenzen zum Gegenangriff angetreten. Gleichzeitig sind Geschwader der Luftwaffe zum Niederkämpfen militärischer Ziele in Polen gestartet. Die Kriegsmarine hat den Schutz der Ostsee übernommen."

So lautete der erste Bericht des Oberkommandos der Wehrmacht (OKW) am 1. September 1939.

Seit der polnischen Teilmobilmachung am 23. März 1939 sowie der Verkündung der einseitigen britischen Garantieerklärung vom

31. März 1939 war Polen gegenüber dem Deutschen Reich in der Frage der Regelung des Korridor- und Danzig-Problems nicht mehr verhandlungsbereit.

Michael Freund urteilt: „Die polnische Diplomatie war wie die Angriffe ihrer Reiterei auf deutsche Panzer. Sie verweigerte jede Verhandlung mit selbstmörderischer Großspurigkeit. Sie lehnte es ab, einen deutschen Vorschlag auch nur entgegenzunehmen, als ob man nicht hätte nein sagen können, nachdem man die Vorschläge gelesen hatte."

Durch die im März erfolgte Teilmobilmachung und die am 29. August 1939 angeordnete Generalmobilmachung hatte sich Polen auf den erwünschten Krieg vorbereitet. Es ist deshalb nicht richtig, wenn von einem deutschen „Überfall" auf Polen geredet und geschrieben wird. Denn im Gegensatz zu einem „Überfall", der für das Opfer völlig überraschend erfolgt, hatte sich Polen lange auf den Krieg vorbereitet, provozierte den potentiellen Gegner mit zahlreichen Taten und erwartete den deutschen Angriff.

Außerdem war den wichtigsten Politikern Europas die gefährliche Lage bekannt. Am 28. August wurde die britische Botschaft in Berlin von deutscher Seite darüber informiert, daß am 1. September der Einmarsch erfolge, falls es zu keiner anderen Lösung komme.

Wenn man die seit Jahren ständig zunehmenden deutschfeindlichen Ausschreitungen in Polen verfolgt hat, muß man feststellen, daß schon weitaus nichtigere Anlässe zu Kriegen geführt haben. Je mehr sich das Deutsche Reich um Verständigung mit Polen bemühte, desto stärker wurde der Verfolgungsdruck für die deutsche Minderheit in Polen.

Von Ostpreußen, Pommern, Schlesien und der Slowakei drangen die deutschen Armeen zu großen Umfassungsbewegungen in Polen ein. Den Auftakt der Kampfhandlungen bildete die Beschießung der Westerplatte bei Danzig durch das Linienschiff „Schleswig Holstein". Diese Hafen-Anlage, ein ehemaliges Seebad, war von Polen widerrechtlich zu einem Munitionsdepot und im späteren Verlauf zu einer regelrechten Festung ausgebaut worden. Erst nach einer Woche kapitulierte die polnische Besatzung.

Bereits am ersten Kriegstag errang die deutsche Luftwaffe die Herrschaft im polnischen Luftraum und brach jeden Widerstand. Stoßkeile der Panzerwaffe und der motorisierten Infanterie drängten die polnischen Streitkräfte in großen Kesseln zusammen. Bereits nach vier Tagen war der Korridor eingenommen. Schon am 18. September war bei den polnischen Heeren jede Gegenwehr erloschen.

Nur die befestigte Hauptstadt Warschau hielt sich noch. Die wiederholten Angebote an den Kampfkommandanten von Warschau, die

Stadt im Interesse der Zivilbevölkerung und zur Vermeidung unnötigen Blutvergießens zu übergeben, wurden abgelehnt. Nach schweren Bombenangriffen der Luftwaffe kapitulierte Warschau am 27., die Festung Modlin am 30. September und die Halbinsel Hela am 1. Oktober 1939. Damit war der deutsch-polnische Krieg noch einer Dauer von nur einem Monat beendet.

Nachdem sich die Niederlage der polnischen Armee klar abzeichnete, traten am 17. September 1939 der polnische Staatspräsident, die Regierung und die Heeresleitung auf das Gebiet des verbündeten Rumänien über, wo sie interniert wurden.

Diese Flucht der polnischen Staats- und Militärführung nahm die Sowjetunion zum Anlaß, die Rote Armee in Ostpolen einmarschieren zu lassen, um „das Leben und das Eigentum der Weißrussen und Ukrainer auf dem Gebiet Polens unter ihren Schutz zu nehmen", da „der polnische Staat und seine Regierung tatsächlich aufgehört haben zu existieren", wie es in einer sowjetischen Erklärung vom 17. September hieß.

Im „Geheimen Zusatzprotokoll" zum Hitler-Stalin-Pakt vom 23. August war die Besetzung Ostpolens durch sowjetische Truppen und damit die vierte Teilung Polens zwischen den beiden Vertragspartnern beschlossen worden.

Zum Einmarsch der Roten Armee in Ostpolen stellt der polnische Historiker Janusz Piekalkiewicz fest: „Die Westmächte, die Hitlers Überfall auf Polen mit der Kriegserklärung quittieren, enthalten sich jetzt bei Stalins Überfall auf Polen der Kriegserklärung an Moskau."

Tiefe Enttäuschung herrschte in Polen darüber, daß England auch nicht den geringsten Versuch zur Rettung Polens unternommen hat. Der Stadtpräsident in der erbittert verteidigten Hauptstadt Warschau, Starzynski, richtete am 15. September 1939 in einem Rundfunkappell unter anderem folgende Worte an die westlichen Verbündeten Polens: „Wie lange noch werden wir auf die wirksame Aktion der heldenhaften Truppen unserer Bundesgenossen warten müssen? Ihr teilt uns mit, daß Ihr Flugblätter über Berlin abwerft, und die Deutschen werfen Tausende von Bomben über Warschau ab. Ihr benachrichtigt uns von der Tätigkeit von Streifen an der Maginotlinie, und wir wehren täglich Dutzende von Angriffen ab. Wir fordern eine wirksame Aktion. Wir fordern die Erfüllung Eurer Verpflichtungen."

Rund zwei Millionen Einwohner der von der Roten Armee besetzten Gebiete wurden 1939/40 nach Sibirien verschleppt, wo laut Piekalkiewicz allein bis Oktober 1942 fast die Hälfte von ihnen ums

Leben kam. An Kriegsgefangenen fielen den Sowjets über 200.000 polnische Soldaten, darunter 15.000 Offiziere, in die Hände. Wie sich später herausstellen sollte, wurden die polnischen Offiziere Anfang 1940 durch Genickschuß umgebracht und in Massengräbern verscharrt. In Katyn bei Smolensk wurde von deutschen Soldaten 1943 eines der Gräber entdeckt und von Vertretern des Internationalen Roten Kreuzes besichtigt. Es enthielt nahezu 4.800 Leichen.

Dieser Massenmord wurde bis 1990 von sowjetischer Seite wider besseres Wissen den Deutschen in die Schuhe geschoben. In einem Schauprozeß nach dem Krieg in Leningrad verurteilte man eine größere Zahl ehemaliger deutscher Offiziere als Schuldige an diesem Verbrechen.

Die von deutschen Truppen gefangengenommenen 694.000 polnischen Soldaten und Offiziere wurden im Unterschied zum Schicksal ihrer Kameraden in sowjetischem Gewahrsam im allgemeinen korrekt nach den Vorschriften der Genfer Konvention behandelt, wie viele von ihnen nach dem Krieg bezeugen sollten. Die Offiziere konnten in ihren Gefangenenlagern – wie etwa in Murnau in Oberbayern oder in Dössel bei Warburg in Westfalen – sogar Lager-Universitäten einrichten und sich auf diese Weise weiterbilden. Der spätere polnische Außenminister Adam Rapacki war einer der Dozenten dieser „Hochschulen".

Ein gutes Verhältnis herrschte auch in den meisten Fällen auf den unzähligen deutschen Bauernhöfen zwischen bäuerlicher Familie und polnischen Kriegsgefangenen, später „Ostarbeitern", die zur Landarbeit eingesetzt wurden. Viele von ihnen sind nach Kriegsende nicht mehr in ihre Heimat zurückgekehrt.

In dem von Deutschen besetzten Teil Polens wurden die anfangs positiven Ansätze, die sich in den ehrenhaften Kapitulationsbedingungen, in der Achtung des Kriegsrechts, der rechtmäßigen Behandlung der Gefangenen, der Verpflegung der Bevölkerung Warschaus, dem Ehrenposten am Grab des Marschalls Pilsudski oder auch am Einsatz des deutschen Botschafters von der Schulenburg in Moskau für polnische Diplomaten gezeigt hatten, nicht selten von den im Gefolge der Wehrmacht nach Polen kommenden Verbänden des Sicherheitsdienstes der SS (SD) zunichte gemacht. Im Zuge der Aufklärung und der Habhaftmachung von Beteiligten an den Greueltaten, die an Volksdeutschen in den letzten Wochen und Monaten begangen worden waren, kam es zu Verhaftungen, Verurteilungen und Erschießungen der mutmaßlich daran Beteiligten. Auch die ständig wachsende Zahl der im Untergrund kämpfenden Polen gegen die deutsche Besatzungsmacht forderte auf beiden Seiten zusätzliche Opfer. Polnische Terroranschläge wurden mit harten deutschen Gegenmaßnahmen, auch Geiselerschießungen, beantwortet.

Am 6. Oktober 1939 sprach Hitler vor dem Reichstag. Sein Friedensappell, naturgemäß auf der Basis des Status quo, wurde von Chamberlain am 12. Oktober abschlägig beantwortet.

Im Dezember 1939 bot die deutsche Reichsregierung Frankreich und Großbritannien die Wiederherstellung eines polnischen Staates an, falls sie zu Friedensgesprächen mit Deutschland bereit wären. Dieses Angebot erfolgte auf dem Wege über die US-amerikanische Botschaft in Oslo. Obwohl die Westmächte nichts zur Unterstützung Polens unternommen hatten und es später noch einmal verraten würden, lehnten sie bekanntlich jede Form von Friedensverhandlungen ab. Diese Entscheidung war für alle Beteiligten genauso verhängnisvoll wie das Versäumnis der Westmächte, Deutschland nicht während oder unmittelbar nach dem Polenfeldzug angegriffen zu haben. Sie hätten damit nicht nur ihre Bündnisverpflichtung gegenüber Polen erfüllt, sondern auch den Krieg rasch und blutsparend beenden können. Zu diesem Zeitpunkt war nämlich die deutsche Wehrmacht im Westen kaum ausreichend gerüstet und durch den Polenfeldzug materialmäßig geschwächt.

II. Die bedingungslose Kapitulation

„Die Russen kommen!"

Ende Oktober 1944 brach der Feind tief in Ostpreußen ein, aber ein Durchbruch wurde zunächst in härtesten Kämpfen verhindert. Grauenvolle Untaten der Sowjets an der Bevölkerung, die nicht sämtlich geflüchtet war, waren ein Vorspiel zu der Tragödie, die wenig später über den deutschen Osten hereinbrechen sollte.

Mit dem Einbruch der Roten Armee in Deutschland begann die letzte und schrecklichste Phase des Krieges. Um sich vor den Gewalttaten der aufgeputschten Rotarmisten zu schützen, suchte sich die deutsche Bevölkerung bei eisiger Kälte durch die Flucht nach Westen zu retten. Da die Zivilbehörden vorbereitende Evakuierungsmaßnahmen anfangs untersagt hatten, erfolgte die Flucht meist in letzter Minute unter chaotischen Bedingungen und unvorstellbaren Schwierigkeiten.

Denen, die nicht mehr rechtzeitig flüchten konnten, erging es fürchterlich. Die Greueltaten, die hier verübt wurden, waren so bestialisch, daß man sie kaum schildern kann. Am 19. Oktober 1944 eroberten die Russen die Kreise Goldap und Gumbinnen in Ostpreußen. Anfang

November wurden sie durch eine Gegenoffensive zurückgeworfen. Was die deutschen Soldaten in Nemmersdorf und anderen Gemeinden vorfanden, überstieg jedes menschliche Vorstellungsvermögen. Mit äußerster Brutalität war alles menschliche Leben, vom Kleinkind bis zum Greis, ausgelöscht worden. In den ersten Wochen nach der Eroberung wurde jede Frau und jedes Mädchen zwischen zwölf und 60 Jahren vergewaltigt. Oft wurden die Bedauernswerten von Gruppen roter Soldaten bis zum Tode und darüber hinaus geschändet.

Im Genfer „Courrier" berichtete ein Schweizer Korrespondent am 7. November 1944 über seine Eindrücke aus Ostpreußen: „Verstümmelung und Hinrichtung von Gefangenen und die fast vollständige Ausrottung der deutschen bäuerlichen Bevölkerung, soweit sie in ihrem Gebiet geblieben war... In Brauersdorf habe ich selbst zwei Landarbeiter französischer Herkunft gesehen, ehemalige Kriegsgefangene, die ebenfalls massakriert worden waren. Einer konnte identifiziert werden. Nicht weit davon dreißig deutsche Gefangene, die dasselbe Schicksal erlitten hatten. Ich verschone Sie mit der Schilderung der Verstümmelungen."

Der bekannte US-amerikanische Historiker und Völkerrechtler Alfred M. de Zayas dokumentierte die Kreuzigung von deutschen Zivilisten, meistens Frauen nach Vergewaltigungen, an Scheunentoren. Das hemmungslose Treiben vieler Rotarmisten beim Überschreiten der deutschen Ostgrenze war in Mitteleuropa seit dem Dreißigjährigen Krieg nicht mehr vorgekommen.

Im Gegensatz zur Roten Armee im Osten verhielten sich die angloamerikanischen Truppen im Westen von Deutschland entschieden humaner gegenüber der deutschen Zivilbevölkerung, obwohl es auch hier – besonders durch französische Verbände – zu Raub, Mord, Brandstiftung und Vergewaltigungen kam. In vielen Fällen wurde ihr Einmarsch von den kriegsmüden Menschen widerstandslos hingenommen. Städte und Dörfer im Westen und im Süden Deutschlands zeigten bei Annäherung der westalliierten Soldaten weiße Fahnen, um sinnlos gewordene Zerstörungen zu verhindern.

Obwohl der Gegner längst am Boden lag, setzten die Westalliierten ihre Luftangriffe auf militärisch nicht genutzte Ziele fort. So wurde in Angriffen am 13. und 14. Februar 1945 das nicht verteidigte und mit Flüchtlingen aus den deutschen Ostgebieten überfüllte Dresden dem Erdboden gleichgemacht. Tiefflieger machten sogar Jagd auf einzelne Menschen. Die Behörden gingen in ersten Verlustbilanzen von über 200.000 Toten aus. Die Zahl erschien so unvorstellbar hoch, daß man sie nicht zu veröffentlichen wagte. Der schlesische Dichter Gerhart Hauptmann schrieb damals: „Wer das Weinen verlernt hat, der lernt es wieder beim Untergang Dresdens."

Dem Dammbruch im Osten im Januar 1945 folgte im Februar der Einbruch der alliierten Armeen im Westen. Auch ihm konnte nicht mehr erfolgreich begegnet werden. Die Übermacht der Alliierten war zu gewaltig und konnte nicht mehr aufgehalten werden. Anfang März 1945 standen die Gegner am Rhein, und drei Wochen später erfolgte in breiter Front ihr Einbruch in das nördliche Deutschland. Mit der Einkesselung und Kapitulation der Heeresgruppe B Mitte April wurde der stärkste deutsche Verband im Westen zwischen Ruhr, Rhein und Sieg ausgeschaltet. Engländer und Amerikaner besetzten bald ganz Norddeutschland bis zur Elbe, die sie am 19. April erreichten, während französische und US-amerikanische Truppen nach dem Rheinübergang bei Karlsruhe Süddeutschland überrannten. Am 30. April besetzten sie München und stießen bis Westböhmen, Oberösterreich, ins Salzkammergut, nach Tirol bis zum Brenner vor. Dort reichten sie den von Italien kommenden Truppen die Hand.

Mit der Großoffensive der Sowjets am 12. Januar 1945 aus dem Raum Baranow südlich von Warschau wurde die deutsche Front an mehreren Stellen durchstoßen, und die Flut der Angreifer ergoß sich unaufhaltsam nach Westen. Am 17. Januar drangen die Russen in Warschau ein. Im Norden überschritten sie die Weichsel, Ostpreußen wurde vom Reich abgeschnitten, die Grenze Pommerns erreicht. Mitte Februar geriet Oberschlesien samt seinem unzerstörten Industriegebiet, in den folgenden Wochen auch Niederschlesien östlich der Oder in russische Hand.

Weiter südlich kapitulierte nach wochenlangen schweren Kämpfen am 11. Februar 1945 die ungarische Hauptstadt Budapest, und am 13. April wurde Wien von den Sowjets erobert. Nun schritten sie zum Angriff auf Berlin. Mitte April traten 18 sowjetische Armeen zum Großangriff aus den Oderbrückenköpfen an. Am 20. April war der Ostrand Berlins erreicht und fünf Tage später der Ring um die Reichshauptstadt geschlossen.

Am 26. April trafen die westliche und die östliche Front aufeinander, als sich bei Torgau an der Elbe die Spitzen der russischen und amerikanischen Truppen begegneten. Die Elbe bildete die Operationsgrenze der alliierten Armeen.

Hitler hatte die Ratschläge seiner engsten Umgebung verworfen, sich nach Süddeutschland zu begeben und den Kampf von dort aus fortzusetzen. Er blieb in Berlin und hoffte auf einen Bruch der Allianz zwischen den Russen und den Angelsachsen. Aber auch der Tod des US-Präsidenten Roosevelt änderte nichts an der feindlichen Koalition gegen Deutschland. Als auch der Entsatzversuch der 12. Armee schei-

Das zur Festung erklärte Breslau vor seiner Zerstörung

Blick auf das zerstörte Königsberg

terte, erkannte Hitler die Aussichtslosigkeit eines weiteren Widerstandes und wählte am 30. April den Freitod.

Zum Nachfolger als Reichspräsident wurde Großadmiral Karl Dönitz bestimmt, der die unvermeidliche Kapitulation hinauszögerte, um Zeit für die Westbewegung der Truppen und der vor den Russen fliehenden deutschen Ostbevölkerung zu gewinnen. Erst nach Überführung der Flüchtlinge und möglichst vieler noch im Osten stehender Truppen hinter die Linien der westalliierten Armeen sollten die Kämpfe eingestellt werden. Tatsächlich gelang es ihm, durch eine großangelegte Rettungsaktion über See zwei bis drei Millionen Menschen vor den Sowjets in Sicherheit zu bringen.

III. Kriegsende und Kriegsschuld

Am 2. Mai 1945 mußte Berlin kapitulieren. Am selben Tage trat die Kapitulation der deutschen Italien-Armee unter ihrem Oberbefehlshaber Albert Kesselring in Kraft. Es war die erste Teilkapitulation deutscher Streitkräfte. Zwei Tage später legte die Heeresgruppe Südwest die Waffen nieder.

Am 7. Mai wurde schließlich die Gesamtkapitulation der deutschen Streitkräfte in Eisenhowers Hauptquartier in Reims durch General Alfred Jodl vollzogen. Der gleiche Akt wurde am 9. Mai vor dem sowjetischen Marschall Georgij Schukow und Vertretern der Westmächte im sowjetischen Hauptquartier in Berlin-Karlshorst wiederholt. Die Urkunde wurde von Generalfeldmarschall Wilhelm Keitel, Admiral von Hans-Georg Friedeburg und Generaloberst Hans-Jürgen Stumpff unterzeichnet. Damit war der Krieg in Europa beendet.

Der letzte Wehrmachtbericht des Oberkommandos der Wehrmacht vom 9. Mai 1945 lautete: „Seit Mitternacht schweigen nun an allen Fronten die Waffen. Auf Befehl des Großadmirals hat die Wehrmacht den aussichtslos gewordenen Kampf eingestellt. Damit ist das fast sechsjährige heldenhafte Ringen zu Ende. Es hat uns große Siege, aber auch schwere Niederlagen gebracht. Die deutsche Wehrmacht ist am Ende einer gewaltigen Übermacht ehrenvoll unterlegen.

Der deutsche Soldat hat, getreu seinem Eid, im höchsten Einsatz für sein Volk für immer Unvergeßliches geleistet. Die Heimat hat ihn bis zuletzt mit allen Kräften unter schwersten Opfern unterstützt. Die einmalige Leistung von Front und Heimat wird in einem späteren gerechten Urteil der Geschichte ihre Würdigung finden. Den Leistungen und Opfern der deutschen Soldaten zu Lande, zu Wasser und in der Luft wird auch der Gegner die Achtung nicht versagen.

Jeder Soldat kann deshalb aufrecht und stolz die Waffe aus der Hand legen und in den schwersten Stunden unserer Geschichte tapfer und zuversichtlich an die Arbeit gehen für das ewige Leben unseres Volkes.

Die Wehrmacht gedenkt in dieser Stunde ihrer vor dem Feind gebliebenen Kameraden. Die Toten verpflichten zu bedingungsloser Treue, zu Gehorsam und Disziplin gegenüber dem aus zahllosen Wunden blutenden Vaterland."

In der Rundfunkansprache, mit der Dönitz am 8. Mai 1945 dem deutschen Volk die Lage schilderte, hieß es: „Die Grundlagen, auf denen das Deutsche Reich sich aufbaute, sind zerborsten. Die Einheit von Staat und Partei besteht nicht mehr. Die Partei ist vom Schauplatz ihres Wirkens abgetreten. Mit der Besetzung Deutschlands liegt die Macht bei den Besatzungsmächten."

Die alliierte Formel der „bedingungslosen Kapitulation" wurde in die Tat umgesetzt. Die letzte souveräne Reichsregierung in der Enklave Flensburg wurde am 23. Mai 1945 verhaftet. Das ganze Land war auf Gedeih und Verderb dem Willen der Sieger ausgeliefert. Sie diktierten die Gesetze des Handelns und regelten alle Lebensumstände der Besiegten.

Der vom US-amerikanischen Finanzminister Henry Morgenthau erdachte „Morgenthau-Plan" vom August 1944, der die vollständige Entmachtung Deutschlands vorsah, wurde aufgrund der veränderten Weltlage allerdings nicht verwirklicht. Sein Kernstück bildete die Zerstörung des industriellen Potentials und die Verwandlung Deutschlands in ein Agrarland. Daß dadurch die Existenzgrundlage von etwa 30 Millionen Menschen wegfiele und diese dann möglicherweise dem Hungertod preisgegeben seien, beeindruckte Morgenthau wenig. Er erklärte: „Ich bin dafür, erst zu zerstören, und um die Bevölkerung werden wir uns dann in zweiter Linie Sorgen machen."

Seit Verhaftung der „Regierung Dönitz" am 23. Mai 1945 gab es keine Körperschaft, die das deutsche Volk vertreten, das Land verwalten sowie die Ausführung der zu erwartenden Forderungen der Siegermächte übernehmen konnte. Deutschland war erobertes und besetztes Gebiet und willenlos der Gnade oder Ungnade seiner Gegner ausgeliefert. Der Geist, der diese erfüllte und den sie praktizierten, ist stellvertretend für alle in der Weisung enthalten: „Deutschland wird nicht mit dem Ziel der Befreiung besetzt werden, sondern als eine besiegte feindliche Nation zur Durchsetzung wichtiger alliierter Interessen." In den sogenannten Berliner Erklärungen vom 5. Juni 1945 übernahmen die Alliierten die oberste Regierungsgewalt in Deutschland.

Ist nur der Besiegte schuldig?

Keine Kulturnation der Welt tut sich so schwer mit ihrer Vergangenheit wie die deutsche. Es ist schon verwunderlich, da die deutsche Geschichte Persönlichkeiten und Leistungen vorzuweisen hat, die ihresgleichen suchen. Sie ist gekennzeichnet durch einzigartige Herrschergestalten – von Karl dem Großen bis Franz II. –, großartige Kulturträger – von Martin Luther bis zu Bach, Goethe und Einstein –, herausragende Baudenkmäler – vom Straßburger Münster über den Regensburger Dom bis zur Marienburg –, bahnbrechende Wissenschaftler – von Johannes Gutenberg bis zu Wernher von Braun. Alle diese epochalen Figuren und kulturellen Hochleistungen aus 1.000 Jahren Geschichte scheinen aber im Schatten der zwölf Jahre des Dritten Reiches zu stehen.

Geschichte wird von den Siegern geschrieben, und die Besiegten haben das zu akzeptieren. Nach dem Ende des Zweiten Weltkrieges wollten die Sieger von den Deutschen jedoch mehr: Die Besiegten sollten sich die verordnete Geschichtsinterpretation zu eigen machen. Zu diesem Zweck mußten sie nicht nur besiegt, sondern anschließend auch umerzogen werden. Im Grunde genommen wurde die Kriegspropaganda der Alliierten nun im Frieden fortgesetzt und verstetigt.

Die Deutschen nahmen ihre eigene Umerziehung mit erstaunlichem Eifer selbst in die Hand. Unter der Bezeichnung „Vergangenheitsbewältigung" setzte ein Prozeß der Kriminalisierung der eigenen Geschichte ein, der bis in die germanische Vorzeit zurückgeht. Ein staatlicher Neuanfang konnte nur in dem Rahmen geschehen, den die Siegermächte jeweils in ihren Besatzungszonen zuließen. Die Folge war die Teilung Deutschlands in BRD und DDR.

Seit Kriegsende sind bald 80 Jahre vergangen, und unter den angelsächsischen Siegern ist eine Historikergeneration herangewachsen, die – frei von Emotionen und Vorurteilen ihrer Väter und Großväter – das vorhandene Quellenmaterial neu durchforscht hat und dabei Ursachen und Verlauf des Zweiten Weltkrieges anders bewertet als die Erlebnisgeneration.

Nach wie vor aber haben es Abweichungen von der etablierten Auffassung schwer. Hier kommt ein Ausspruch des einflußreichen Politologen Theodor Eschenburg zur Wirkung: „Bei der Frage nach der Schuld am Zweiten Weltkrieg, die wissenschaftlich eindeutig beantwortet ist, handelt es sich nicht etwa um eine fachhistorische Angelegenheit. Die Erkenntnis von der unbestrittenen und alleinigen Schuld Hitlers ist vielmehr eine Grundlage der Politik der Bundesrepublik."

Dem ist zu entgegnen, daß eine dauerhafte echte Völkerverständigung nur auf der Grundlage von Recht und Wahrheit möglich sein kann, dagegen werden sich geschichtliche Halbwahrheiten, verschleiernde Legendenbildung und vor allem moralische Diskriminierung – selbst wenn sie mit geschickter Psychologie dem Bewußtsein des Unterlegenen für lange Zeit erfolgreich aufgenötigt werden konnten – auf die Dauer als wenig haltbar erweisen.

Unvermeidlich wird früher oder später die Kenntnis des wahren Sachverhalts ans Licht kommen. Es waren die Folgen des Versailler Vertrages von 1919, die geradlinig zum Zweiten Weltkrieg geführt haben.

Nach einer großen Katastrophe wird stets nach Schuldigen gesucht. Das war selbstverständlich nach dem Zweiten Weltkrieg auch der Fall. Sein Ausgang schien die Antwort zu liefern: Da die Deutschen ihn verloren hatten, waren sie schuldig – und zwar sie allein. Jedenfalls war dies die einhellige Überzeugung der Sieger. Es ist die Logik der Macht, die auf diese Weise eine ethische Frage entscheidet: Der Besiegte ist schuldig! Seine Niederlage begründet die Schuldzuweisung für den Besiegten und bedeutet die Entlastung der Sieger.

Auf eine ähnliche Art und Weise wurde nach dem Ersten Weltkrieg von den Siegermächten dem unterlegenen Deutschen Reich ebenfalls die Alleinschuld am Ausbruch des Krieges angelastet – zu Unrecht, wie wir heute wissen.

Die Schuld der Sieger

Die Angelsachsen haben sich stets als Träger einer besonderen Kulturmission gefühlt. Den Krieg gegen Deutschland führten sie im Geiste einer vermeintlich höheren Moral.

Als Roosevelt und Churchill am 14. August 1941 die sogenannte „Atlantik-Charta" auf einem amerikanischen Kriegsschiff vereinbarten, sangen sie in einem Gottesdienst gemeinsam: „Onward, Christian Soldiers!" Und Eisenhower hat seinen Kriegserinnerungen den bezeichnenden Titel „Kreuzzug in Europa" gegeben. Das nationalsozialistische Deutschland erschien ihnen als Verkörperung des Bösen schlechthin, seine Bekämpfung daher als sittliche Pflicht zur Rettung aller höheren abendländischen Werte wie Demokratie, Freiheit und christliche Humanität, seine Niederlage als Sieg des Guten über das Böse.

Die Regierungsübernahme durch Adolf Hitler 1933 war eine Kampfansage an die dominierende Weltwirtschaftspolitik. Der Historiker Helmut Gordon schrieb: „Würde Hitlers Beispiel Schule machen, was zum Teil der Fall war, würde dies letzthin darauf hinauslaufen, daß sich die gold- und devisenarmen Staaten zusammentun würden, um Ware gegen Ware zu tauschen. Die Konsequenz wäre gewesen, daß

Anleihen austrocknen und das Gold seine Rolle als führender Leitwert einbüßen würde und – um Roosevelts eigenes Wort zu gebrauchen – die Geldverleiher im Tempel ihre Läden schließen müßten!"

Die US-amerikanische Hegemonialpolitik war Gegenstand der Untersuchung Gordons. Diese Politik hätten von jeher die lateinamerikanischen Staaten zu spüren bekommen. Gordon: „Kein Wunder also, daß bereits seit der ersten Hälfte des 19. Jahrhunderts bis zum heutigen Tage in Mittel- und Südamerika Menschen vor Skepsis oder gar Furcht zusammenzucken, sobald sie das Wort ‚democracy' mit amerikanischem Akzent ausgesprochen hören."

Schon F.D. Roosevelts Onkel und Vorgänger im Präsidentenamt, Theodore Roosevelt, habe Kriege gegen „barbarische" Nationen als notwendig betrachtet, „wobei er sich und den USA das Recht vorbehielt zu entscheiden, wer jeweils ‚barbarisch' war".

Hart geht Gordon mit dem Versailler Vertrag ins Gericht: „Der Friede, der zu Versailles unterzeichnet wurde, war kein Friede, sondern nur ein Waffenstillstand. Die Unterschrift wurde den Deutschen mit vorgehaltener Pistole abgezwungen, was sie im internationalen Recht wie auch im Privatrecht wertlos und ungültig macht."

Hatte F.D. Roosevelt ein Recht, das Deutsche Reich wegen Antisemitismus anzuklagen? Gordon: „Wo erhob sich seine Stimme, die die Rechte der deutschen Minderheiten in der Tschechoslowakei, in Polen und in Südtirol verteidigte? Wie hielt es Roosevelt mit den Minderheiten im eigenen Land? Zum gleichen Zeitpunkt, in dem er sich gegen die rassendiskriminierenden Gesetze des Dritten Reiches erregte, hatte er nichts dagegen zu sagen, daß es noch gang und gäbe war, Schwarze an den Kreuzen des Ku-Klux-Klan zu verbrennen; von den rassendiskriminierenden Gesetzen, denen sie ausgesetzt waren, nicht einmal zu sprechen.

Wo waren die Proteste für die in öde und unfruchtbare Landstriche vertriebenen Indianer, verbannt, bis zu ihrem Tode dahinzusiechen? Wo war der Protest Roosevelts gegen den Kolonialismus, der eh und je auf der Rassendiskriminierung aufgebaut war, wo war der Protest über den Tod von vielen Millionen von Sowjetbürgern, die Stalin hatte liquidieren lassen?"

Roosevelt habe das Feuer des Krieges in Europa seit 1937 aktiv geschürt. Doch weder der US-Kongreß noch die Öffentlichkeit der USA hätten geahnt, „daß Präsident Roosevelt in den Herbst- und Wintermonaten 1939 verschiedene Versuche in Europa, einen Kompromißfrieden zu erreichen, der im gewissen Rahmen auch eine Wiederherstellung Polens wie eines tschechischen Staates ins Auge faßte, hatte auflaufen lassen".

Roosevelts Krieg, der jeden Verhandlungsfrieden von vornherein ausgeschlossen habe, habe Deutschland und Japan gezwungen, bis zum Letzten zu kämpfen und jeder Friedensinitiative, wie auch immer sie geartet war, von vornherein den Boden entzogen.

Der britische Historiker David Irving betonte, der Zweite Weltkrieg sei im wesentlichen aus einer Reihe örtlicher Streitigkeiten, an denen keiner der späteren Gegner überhaupt ein Interesse hatte, entstanden. Diese seien seit Anfang 1939 durch den weit größeren Konflikt aufgesogen worden, der zwischen Deutschland und Polen entstand. „Bei diesem Streit handelte es sich, rückblickend betrachtet, um nichts als um unbedeutende Grenzspielereien – um frühere deutsche Gebiete, die Hitler im Namen des inzwischen erheblich erstarkten deutschen Volkes zurückforderte.

In jedem Fall fanden sich die mächtigen internationalen Zuschauer – Frankreich, Britannien und dann die Sowjetunion sowie die Vereinigten Staaten – irgendwie in diese fernen Streitereien hineingezogen. Befriedigend war das Ergebnis von 1945 nur für die Vereinigten Staaten und die Sowjetunion auf der einen Seite und für das, was später der Staat Israel wurde, auf der anderen. Das unglückliche Polen wurde zweimal zu Boden gestampft, wobei seine Intelligenzschicht und sein Offizierskorps in den ersten Monaten von Hitlers und Stalins Schergen ermordet wurden.

Die Franzosen verloren ihr Kolonialreich. Britannien war im Dezember 1940 bankrott, mußte alle seine überseeischen Anlagen verpfänden – zur ungeheuren Befriedigung und zum Vorteil seiner amerikanischen Vettern – und verlor bald darauf sein Empire auch."

Wie schon oben erwähnt, war die einseitige britische Garantieerklärung vom 31. März 1939 dafür verantwortlich, daß Polen sich gegenüber dem Deutschen Reich in der Regelung des Korridor- und Danzig-Problems kompromißlos zeigte.

Wenn man bedenkt, daß wegen dieses durch Versailles geschaffenen Problems schließlich der Zweite Weltkrieg entstand, so waren alle an den Verhandlungen vor dem 1. September 1939 beteiligten Politiker am Ausbruch des Krieges schuldig: Hitler, der meinte, Polen sei in die Enge getrieben und deshalb die Wehrmacht marschieren ließ, der polnische Außenminister Beck und der britische Außenminister Halifax, die beide nicht bereit waren, die an sich moderaten Forderungen Hitlers auch nur zu beraten, Stalin, der die kapitalistischen Mächte gegeneinander hetzte, und natürlich die graue Eminenz im Hintergrund, der US-Präsident Roosevelt, der diesen Krieg haben wollte und den anderen den Rücken stärkte.

So trägt das Diktat von Versailles im Grunde die Hauptverantwortung am Ausbruch des Zweiten Weltkrieges. Und mit Hitler teilen alle damaligen verantwortlichen westlichen und östlichen Politiker ihr mehr oder weniger gerütteltes Maß an Schuld an der Katastrophe.

Mit der Forderung nach der „bedingungslosen Kapitulation" der Achsenmächte auf der Konferenz von Casablanca im Januar 1943 verhinderten die Alliierten eine vorzeitige und vernünftige Beendigung des Krieges, wodurch Millionen Menschen mehr starben. Das letzte Kriegsjahr kostete nämlich genauso viele Menschenopfer wie die vorhergegangenen viereinhalb Kriegsjahre.

„Furchtbare Tragödie eines unnötigen Krieges"

Der US-amerikanische Historiker David Hoggan sah im britischen Außenminister Edward Halifax einen der Hauptverantwortlichen für den Zweiten Weltkrieg. Hoggan zeichnete folgendes Bild von der Lage in Europa nach der Münchner Konferenz im September 1938: „Deutschland blühte auf, und viele Anzeichen deuteten darauf hin, daß Frankreich, Großbritannien und Italien sich von den Auswirkungen der Weltwirtschaftskrise von 1929 zu erholen begannen. Auch gab es hoffnungsvolle Zeichen dafür, daß die Führer Frankreichs, den neuen Realitäten Rechnung tragend, bereit waren, ihre alte Politik der aktiven Intervention in Mitteleuropa aufzugeben.

Das bedeutete, daß die letzten Hindernisse einer fruchtbaren deutsch-französischen Freundschaft aus dem Weg geräumt werden konnten, da es zwischen Frankreich und Deutschland keine territorialen Fragen oder Streitigkeiten mehr gab."

Der Himmel der deutsch-italienischen Beziehungen sei „wolkenlos" gewesen. In der Zeit vor 1938 habe sich das deutsch-polnische Verhältnis verbessert, Hoggan sah für jene Zeit „vielversprechende Aussichten auf eine gedeihliche künftige Zusammenarbeit zwischen den beiden Ländern".

Freundschaftliche Beziehungen herrschten zwischen Deutschland und Ungarn, darüber hinaus wurde das deutsche Verhältnis zu Rumänien und zu Jugoslawien von zunehmendem Vertrauen und Wohlwollen getragen. Die Sowjetunion sei von den Beratungen zum Münchener Abkommen ausgeschlossen gewesen, und es habe alles darauf hingedeutet, „daß der kommunistische Koloß hinter dem kurz nach dem Ersten Weltkrieg errichteten ‚cordon sanitaire' isoliert bleiben würde".

„Hitlers freundschaftliche Haltung gegenüber dem britischen Empire war eine bekannte Tatsache", fuhr Hoggan fort. „Ganz offensichtlich hegte Deutschland weder in der Flotten- noch in der Kolonialfrage die Absicht, seine frühere Rivalität mit Großbritannien wiederaufleben zu lassen. Mit dem deutschen Wohlstand wuchs der britische Welthandel, und so gab es keinen Anlaß, mit erneuten Spannungen ernsthafter Natur auf dem Gebiet des Handels zwischen den beiden ehemaligen Hauptrivalen auf dem Weltmarkt zu rechnen. Dies alles hätte den Beginn einer neuen Ära friedlicher Entwicklung in Europa bedeuten müssen."

Woran aber lag es, daß aus der „friedlichen Entwicklung" nichts wurde? Hoggan erklärte dies wie folgt: „Halifax war es in London gelungen, der britischen Regierung eine bewußte Kriegspolitik aufzuzwingen trotz der Tatsache, daß die meisten Deutschlandexperten in der britischen Prominenz für eine Politik der deutsch-englischen Freundschaft eintraten. Der polnische Außenminister Beck hatte sich in Warschau trotz der zahlreichen Warnungen von Polen, die von der Aussicht, ihr Land der Vernichtung anheimfallen sehen zu müssen, entsetzt waren, zur vollen Mitwirkung an den Kriegsplänen von Halifax bereitgefunden.

Deutsche, italienische, französische und andere europäischen Führer boten ihr Letztes zur Abwendung der großen Katastrophe auf, doch schlug alles fehl, während Halifax' Kriegspolitik, begleitet von den geheimen Segenswünschen Roosevelts und Stalins, den Sieg davontrug." Die Geschichte habe in der „furchtbaren Tragödie eines unnötigen Krieges gegipfelt".

Die tatsächlichen politischen Schritte Englands nach dem 31. März 1939 seien „unerbittlich auf den Krieg gerichtet" gewesen, meinte Hoggan ferner. „Anstatt auf ein befriedigendes Übereinkommen mit Deutschland hinzuarbeiten – Hitler war gewillt, bei der Behandlung der polnischen und tschechischen Frage maßvoll und vernünftig zu sein –, konzentrierte sich Halifax darauf, Italien einzuschüchtern und Frankreich unsicher zu machen, weil beide für den Frieden statt für den Krieg eintraten.

Der polnischen Regierung riet er, Verhandlungen mit Deutschland abzulehnen, außerdem wurde Warschau beständig versichert, die britische Hilfe werde für jeden Krieg zur Verfügung stehen." Die zahlreichen Ersuchen der Reichsregierung um Vermittlung zwischen Deutschland und Polen oder um ein direktes deutsch-englisches Abkommen seien „mit Täuschungsmanövern beantwortet oder sonstwie übergangen" worden.

Alle diese britischen Machenschaften hatten laut Hoggan ihre Wurzeln in der traditionellen Politik vom Gleichgewicht der Kräfte. Die Aussicht auf uneingeschränkte britische Unterstützung seiner Großmachtträume auf Kosten Deutschlands sei „für den polnischen Chauvinismus eine unwiderstehliche Verlockung" gewesen. „Polens Führung machte einen deutsch-polnischen Krieg unvermeidbar, indem sie eine permanente Krise herbeiführte und dann sich weigerte, über ihre Beilegung zu verhandeln. Es hätte sich wahrscheinlich eine vollkommen andere Lage ergeben, wäre das Staatsruder in der Hand seines großen Führers Josef Pilsudski gewesen." Deutschland habe sich zu keinem Zeitpunkt vor der britischen Kriegserklärung am 3. September 1939 einer ausgehandelten Regelung mit Polen widersetzt, behauptete Hoggan. Ein Beweis dafür sei die zusagende Antwort Berlins auf den italienischen Konferenzplan vom 2. September 1939 gewesen und seine Bereitwilligkeit, zu jenem Zeitpunkt einem sofortigen Waffenstillstand in Polen zuzustimmen. Diese Politik sei fehlgeschlagen, weil sich das britische Empire entschlossen habe, „Deutschland herauszufordern".

Hoggan analysierte die Motive Halifax' folgendermaßen: „Die Beweggründe Halifax' im Jahre 1939 entstammen erkennbar der alten Tradition, den britischen Vorrang über die Nationen West- und Mitteleuropas aufrechtzuerhalten. Die Rolle seines Oheims, Sir Edward Grey, (britischer Außenminister von 1905 bis 1916), bei der Entfesselung des Ersten Weltkrieges hat er niemals angezweifelt. Halifax hatte nicht die Absicht, die Existenz eines Deutschen Reiches von 1939, das wohlhabender und einflußreicher war als das 1918 vernichtete Hohenzollernreich, zu tolerieren."

Nach Einschätzung Hoggans war Halifax „der Haupturheber des Zweiten Weltkrieges". Das deutsche Volk aber sei „mit einer geradezu widernatürlichen und gänzlich ungerechtfertigten Schuldlast beladen" worden.

Der US-Historiker ging noch weiter: „Nicht ein unzufriedenes Deutschland hatte den Zweiten Weltkrieg verursacht; Berge von Beweismaterial bestätigen, daß er ‚made in England' war. Nach dem Ersten Weltkrieg war England der größte Gewinner an Gebietszuwachs. Es betrog die Franzosen, Italiener und die Japaner um einen großen Teil des ihnen versprochenen Gebietes. Sein ungeheures, über die ganze Welt verbreitetes britisches Empire vergrößerte es noch, indem es eine Million Quadratmeilen hinzustahl. Dann ging es dazu über, das nach dem Kriege geschaffene französische Sicherheitssystem in Europa zu zerstören, ein schon weit fortgeschrittener Vorgang, bevor Hitler an die Macht kam."

Wie sich bei der englischen Marine der sprichwörtliche rote Faden durch das Tau ziehe, so auch durch die Epoche von 1938 bis 1945 der Entschluß „einer neidischen und verärgerten Tory-Regierung", auf gewaltsame Art „den deutschen Mitbewerber auszumerzen". London habe „die Kriegspolitik zum Instrument nationaler Politik" gemacht. Hoggan nennt die Führer der Alliierten Churchill, Stalin und Roosevelt ein „böses Triumvirat", das den römischen Kaiser Nero übertroffen habe.

„Nach der Niederlage der Achse 1945 wurde die Welt ein dauerndes atomarisches Schreckgespenst; das Ergebnis hätte auch gar nicht anders sein können. Dieses Ende war nicht in den Sternen geschrieben, aber in den Herzen jener verlogenen Personen, die das Wissen und die Erkenntnis hatten und die bereitwillig jenem Triumvirat des Bösen dienten trotz seiner unzähligen Verbrechen." (Hoggan, Der unnötige Krieg, passim)

„Kollektivschuld – große Täuschung des Jahrhunderts"

Eine ganze Nation, nämlich die deutsche, sei nach 1945 geistig wie politisch unter fremde Kuratel gestellt worden, schrieb der Publizist Wolfgang Venohr.

„Die Sieger hatten das Selbstbestimmungsrecht der Völker nach Ende des Ersten Weltkriegs proklamiert, verweigerten es aber dem deutschen Volk! Das war der Grundwiderspruch der Epoche. Das sollte zwangsläufig zur nächsten Katastrophe, zum nächsten Weltkrieg führen."

Im August 1939 sei es zur Krise gekommen, „genau dort, wo der französische Marschall Foch 1919 den Punkt erkannt hatte, von dem zwanzig Jahre später, wie er prophezeit hatte, der Zweite Weltkrieg seinen Ausgang nehmen würde; bei Danzig nämlich kam es zum deutsch-polnischen Konflikt."

Venohr abschließend: „Es hat nach 1945 bekanntermaßen die sogenannte Re-Education, die alliierte Umerziehung des deutschen Volkes, gegeben. Da wurde die ganze deutsche Geschichte kriminalisiert, wurde zu einer Art Verbrechergeschichte."

Der französische Jurist Jacques Verges äußerte 1987: „Man redet viel von der Kollektivschuld des deutschen Volkes. Ich war als Besatzungssoldat in Deutschland, ich habe die französische Kolonialherrschaft erlebt, und ich behaupte, es gibt keinen Grund, das deutsche Volk als Ganzes für verantwortlich zu erklären, das französische Volk aber nicht. Die kollektive Verantwortung des deutschen Volkes ist eine der größten Täuschungen des Jahrhunderts."

„Die französische Armee hat in Algerien weitaus schlimmere Verbrechen begangen als die deutsche Wehrmacht in Frankreich", fuhr Verges fort. „Von 1940 bis 1944 soll es 200.000 zivile Opfer der Deutschen auf 40 Millionen Einwohner gegeben haben. Die Repression in Algerien führte zu einer Million Toten auf neun Millionen Einwohner, vergleichsweise also 20- bis 25mal mehr...

Mit 17 bin ich während des Krieges in de Gaulles Streitkräfte des Freien Frankreich eingetreten. Ich war nicht in einem Stab, ich habe den Krieg als Soldat mitgemacht und mit 20 als Unteroffizier beendet.

Ich bin ein Mitglied der Résistance gewesen. Man kann mir also keine Sympathien für die Nazis nachsagen." (Spiegel Nr. 11/1987)

„Von dem Augenblick an, als Roosevelt den Auftrag des amerikanischen Volkes erhalten hatte, es aus dem Krieg herauszuhalten, setzte er alle ihm zu Gebote stehenden Mittel ein, die Vereinigten Staaten in die Feindseligkeiten zu verwickeln", stellte der britische Historiker F.J.P. Veale fest. „Er hatte eine zweifache Aufgabe. Einerseits mußte er durch beruhigende Reden die bösen Ahnungen des amerikanischen Volkes einlullen und gleichzeitig die öffentliche Meinung auf seine Politik vorbereiten." Schließlich sei Amerikas Neutralität „zu einem glatten Schwindel geworden." Alle Bemühungen Roosevelts, Deutschland durch die unerhörtesten Neutralitätsbrüche, Beleidigungen und Provokationen zu Vergeltungsmaßnahmen zu reizen, seien fehlgeschlagen. „Hitler ignorierte einfach alles, was Roosevelt tat." Bis es dann endlich über den „Umweg Pearl Harbor" zu dem von Roosevelt herbeigesehnten Kriegseintritt Amerikas kam...

Veale sagte zur Wirkung der Siegerpropaganda in Deutschland: „Eine der merkwürdigsten Folgen der politischen Planung, diesen Krieg bis zur bedingungslosen Kapitulation der Achsenmächte fortzusetzen, ist es, daß die Propaganda-Mythen der Sieger am längsten unter den Besiegten lebendig geblieben sind. Die Sieger vermochten es 1945 durchzusetzen, daß die Besiegten ohne Einschränkung die Version ihrer Eroberer von allen Vorgängen übernahmen, die zum Zweiten Weltkrieg geführt und sich in seinem Verlauf zugetragen hatten."

Von Veale stammte auch folgende Erkenntnis: „Während des Ersten Weltkrieges ist viel über die deutsche Arroganz geschrieben worden, und es wurden viele pittoreske Geschichten erfunden, um sie zu kennzeichnen. Es will heute scheinen, daß dieses Propagandabild doch ein Körnchen Wahrheit enthielt. Es ist ganz entschieden eine Art Arroganz, wenn das deutsche Volk als einziges Volk der Welt die Last der ‚Kollektivschuld' auf sich nimmt und vor aller Welt seiner Zerknirschung Ausdruck verleiht, während andere Völker, die genauso das Recht hätten, an dieser Bürde mitzutragen, es bescheiden vorziehen, ein diskretes Stillschweigen zu bewahren. Diese Anmaßung Germanias, allein in Sack und Asche dasitzen zu wollen, wird durch die Tatsachen nicht gerechtfertigt."

Der britische Historiker A.J.P. Taylor schrieb 1962 über den Zusammenhang von deutscher Rüstung bis 1939 und Kriegsschuld: „Das Nazigeheimnis bestand nicht in der Rüstungsproduktion, sondern in der Befreiung von den damals anerkannten wirtschaftlichen Grundsätzen. Er (Hitler) wollte ohne Krieg Erfolge erringen, oder nur durch einen so geringfügigen Krieg, daß man ihn kaum von einem diplomatischen Schachzug unterscheiden könnte. Einen größeren Krieg plante er nicht, deshalb war es gleichgültig, daß Deutschland für ihn nicht gerüstet war.

Unter Hitlers Regie wurde Deutschland dafür gerüstet, den Nervenkrieg zu gewinnen – den einzigen Krieg, den er verstand und schätzte; es war nicht dafür gerüstet, Europa zu erobern...

Der Stand der deutschen Rüstung 1939 liefert den entscheidenden Beweis dafür, daß Hitler nicht an einen allgemeinen Krieg dachte und wahrscheinlich überhaupt keinen Krieg wollte."

Die Kriegsverbrechen der Siegermächte

Krieg ist per se grausam und unmenschlich, und Kriegsverbrechen wurden und werden von jeder Seite begangen. Die Sieger von 1918 bzw. 1945 haben sich selbst als unschuldig und den Besiegten als alleinschuldig hingestellt. Außerdem verlangte und erwartete man vom Unterlegenen eine fortwährende Selbstbezichtigung und Selbsterniedrigung.

Die durch das NS-Regime zu verantwortenden Verbrechen begünstigten die einseitige Betrachtungsweise. Die Empörung über die Dinge, die 1945 aus den Konzentrationslagern bekannt wurden, ist nur allzu verständlich, und man darf sich nicht wundern, daß sie Folgen hatte. Die siegreichen Alliierten waren mehr denn je überzeugt von der Notwendigkeit ihres Kampfes von Anfang an. Jeder Verweis auf Verbrechen der Sieger wurde als „Relativierung" diffamiert oder als bedauerlicher Einzelfall dargestellt. Ein Weltkrieg ließ sich nur rechtfertigen, wenn er ganz eindeutig für das Recht und gegen das Unrecht geführt wurde.

Die westalliierten Luftangriffe auf rein zivile Ziele waren nach dem Völkerrecht bereits vor 1945 ein Verbrechen. Dasselbe gilt für die Vertreibung der ostdeutschen Bevölkerung aus ihrer angestammten Heimat.

Im Dezember 1953 schrieb der amerikanische Journalist George Morgenstern in der „Chicago Tribune": „Die britische Propaganda hat sich eifrig bemüht, die Schuld am Beginn des Luftterrors den Deutschen zuzuschieben, die Beweise für das Gegenteil liegen auf der Hand. Das offizielle Eingeständnis, daß Großbritannien diesen Feldzug begann, kam im April 1944 mit der Veröffentlichung des Buches ‚Bombing Vindicated', dessen Verfasser der englische Unterstaatssekretär J.M. Spaight war. Spaight traf folgende aufschlußreiche Feststellung: ‚Weil wir uns über den psychologischen Effekt einer propagandistischen Verzerrung der Tatsache, daß wir es waren, die mit der strategischen Bomberoffensive begannen, im Zweifel waren, sind wir davor zurückgeschreckt, unserer weittragenden Entscheidung vom 11. Mai 1940 die Publizität zu geben, die sie verdient. Großbritannien setzte diesen Plan in der Nacht auf den 11. Mai 1940 mit dem Angriff auf Freiburg im Breisgau in die Tat um. Auf diese Weise haben wir Ziele im Inneren Deutschlands zu bombardieren begonnen, bevor die Deutschen sich anschickten, Ziele im Inneren Großbritanniens anzugreifen.' Hätte Großbritannien nicht mit dem wahllosen Bombenabwerfen begonnen, so wäre es, Spaight gibt das ausdrücklich zu, sehr wahrscheinlich gewesen, daß London und Industriezentren wie Coventry, Birmingham, Sheffield und Southampton niemals angegriffen worden wären."

Als die Angriffe auf militärische und industrielle Objekte nicht den gewünschten Erfolg brachten, entschloß sich Churchill, nunmehr in erster Linie Wohnsiedlungen anzugreifen. In der am 14. Februar 1942 vom englischen Kriegskabinett erlassenen Direktive wurde beschlossen, daß das Hauptziel der Operationen die Moral der feindlichen Zivilbevölkerung, vor allem der Industriearbeiterschaft, sein sollte.

Es ist bemerkenswert, mit welcher Offenheit dieses Kriegsziel hier ausgesprochen wurde. Es war reiner Vernichtungswille, der nicht mehr die Entscheidung im Kampf der bewaffneten Kräfte suchte, sondern durch systematische Zerstörung von Wohngebieten und Menschenleben von Nichtkombattanten den Widerstandswillen des deutschen Volkes brechen wollte.

Diesen Auftrag führte der Luftmarschall Arthur Harris als Oberbefehlshaber über das englische Bomberkommando mit brutaler und rücksichtsloser Härte durch. Unter diesen Angriffen kamen viele hunderttausend Deutsche, fast nur Frauen, Kinder und Greise, auf grauenvolle Weise ums Leben. Sie wurden von Bomben zerrissen, in Kellern oder zusammenstürzenden Häusern begraben, verbrannten als lebende Fackeln oder erstickten in verschütteten Schutzräumen. Ihre Zahl ist schwer zu ermitteln. Schätzungen reichen von 400.000 bis anderthalb Millionen Opfer.

Einen besonderen Höhepunkt brutalen Vernichtungswillens bedeutete die Bombardierung selbst kleiner Städte im deutschen Hinterland im Jahr 1945. Militärisch gab es keine Rechtfertigung dafür. Die deutsche Niederlage zeichnete sich ab, das Ende des Krieges war in Sicht. Die Städte und Dörfer waren für die Alliierten ohne strategische Bedeutung. Man kann nicht umhin festzustellen, daß es bei diesen Angriffen in der Endphase des Krieges um die Vernichtung der deutschen Kultur und ihrer großen schöpferischen Leistungen ging. Die Zeugen deutschen Geistes und deutscher Größe sollten vom Erdboden verschwinden. Deutschland sollte als Kulturnation ausgelöscht werden.

Die Engländer selbst empfanden den schreienden Widerspruch zwischen den hehren Kriegszielen, für die sie zu kämpfen vorgaben, und der grauenhaften Wirklichkeit, in der sie sich verstrickten. General Fuller sprach von „mongolischer Zerstörungswut". Der britische Historiker David Irving hat der Vernichtung Dresdens ein eigenes Buch gewidmet, in dessen Besprechung Richard Crossmann unter der Überschrift „War Crime" (Kriegsverbrechen) in der Zeitschrift „New Statesman" am 3. Mai 1963 schrieb: „Die Zerstörung von Dresden im Februar 1945 war eines jener Verbrechen gegen die Menschlichkeit, deren Urheber in Nürnberg unter Anklage gestellt worden wären."

Der englische Kriegshistoriker Basil Liddell Hart urteilte generell über die britischen Terrorangriffe: „Die schlimmsten deutschen Greueltaten waren die Massenmorde. Wie aber ist das schlimmer als unsere eigene Massenbombardierungspolitik, die ab Januar 1942 bewußt gegen die Zivilbevölkerung gerichtet war?"

John Grigg bestätigte das in seinem Buch „1943: The Victory that never was"[17], wenn er erklärt, die Engländer hätten im Bombenkrieg „die schlimmsten Exzesse der Deutschen weit übertroffen".

Die Vernichtung der japanischen Städte Hiroshima und Nagasaki im August 1945 durch die US-Amerikaner, deren Atombomben zuvor von amerikanischen Geistlichen gesegnet worden waren, bildete den Abschluß dieses angelsächsischen Bombenterrors in seiner letzten furchtbaren Steigerung. In Hiroshima starben 86.000 Menschen sofort, 61.000 wurden verletzt, die Stadt war zu 60 Prozent zerstört; in Nagasaki gab es 36.000 Tote, 40.000 Verletzte, die Stadt war ein Trümmerhaufen.

Wenig bekannt ist auch, daß die britische Luftwaffe im Gegensatz zur deutschen bereits seit 1936 in ihrer Zielsetzung für eine strategische Luftkriegsführung konzipiert worden war. Es wurde in der Folgezeit eine immer größere Anzahl von mehrmotorigen Bombenflugzeugen gebaut, die nicht nur weiter fliegen konnten, sondern auch eine größere Bombenlast transportieren konnten.

Etwas Vergleichbares konnte die deutsche Luftwaffe nicht dagegensetzen. Sie verfügte in der Masse nur über zweimotorige Kampfflugzeuge mit geringer Bombenlast, die unmittelbar im Frontbereich zur Unterstützung der Heeresverbände eingesetzt werden sollten. Wegen zu geringer Reichweite und Zuladung konnte durch sie die in Mittelengland befindliche Rüstungs- und Flugzeugproduktion nicht wirksam angegriffen werden. Dazu kam, daß bereits im Juni 1940, also bereits anderthalb Jahre vor Amerikas Kriegseintritt, der amerikanische Präsident Roosevelt den Bau von 50.000 Bombenflugzeugen an-

[17] John Grigg. 1943: The Victory that never was. New York 1980.

ordnete, was dafür spricht, daß er schon damals entschlossen war, in den Krieg einzutreten.

Auch nach Abschluß der Kampfhandlungen haben die Engländer seltsame Beispiele angelsächsischer Humanität geliefert. Hier soll nur einiges kurz geschildert werden.

So lieferten sie nicht nur die Soldaten der auf deutscher Seite kämpfenden Russischen Befreiungsarmee unter General Wlassow an die Sowjets aus, sondern ebenso die in Deutschland beschäftigten russischen Fremdarbeiter. Außerdem wurden die zahlreichen russischen Emigranten, die während der Revolutionswirren nach dem Zusammenbruch des Zarenreiches bereits seit 1918 in den Westen geflüchtet waren und ihren Wohnsitz in Deutschland oder in den von deutschen Truppen im Krieg besetzten europäischen Ländern gefunden hatten, den Sowjets ausgeliefert.

Obwohl man wissen mußte, was ihnen in Sowjetrußland drohte, und obwohl eine solche Entscheidung im Widerspruch zum Völkerrecht stand, wonach sie ein Recht auf Asyl hatten, wurden sie auf Stalins Forderung hin im Rahmen der „Operation Keelhaul" (englisch für Kielholen) zwangsrepatriiert, was für sie Tod oder Lagerhaft in Sibirien bedeutete.

Nicht anders erging es den Angehörigen anderer osteuropäischer Völker, soweit sie in deutscher Uniform gekämpft hatten und sich den Engländern beim alliierten Vormarsch ergeben hatten.

An Tito wurden elftausend Mann slowenischer Hilfsverbände übergeben, ebenso wie drei Regimenter der serbischen Staatswache, die sich am Kampf gegen seine Partisanen beteiligt hatten. Das gleiche Schicksal wurde den kroatischen Verbänden zuteil, die vor der britischen Armee kapituliert hatten.

Tito ließ sofort 80.000 dieser Kroaten erschießen, später dazu 30.000 kroatische Zivilisten, fast durchweg Frauen und Kinder.

Über zweitausend Kosakenoffiziere, die zum Teil schon 1920 Rußland verlassen hatten, wurden von den Engländern durch alle Mittel der Täuschung, der Lüge und des offenen Wortbruchs der Roten Armee ausgeliefert. Über das Schicksal der Insassen eines riesigen Kosakenlagers bei Lienz in Osttirol mit 160.000 Männern, Frauen und Kindern schreibt der deutsche Historiker Hellmut Diwald: „Hier wurde jetzt bekannt, daß alle Insassen des Lagers entgegen den wiederholten Zusagen der Engländer ebenfalls an die Rote Armee ausgeliefert werden sollten. Rund fünfhundert Kosaken warfen sich noch in derselben Nacht in die Drau und ertranken.

Am nächsten Morgen fuhren Hunderte von britischen Panzern auf. Die Kosaken unternahmen verzweifelte Ausbruchsversuche. Die Engländer eröffneten das Feuer, doch Scharen von Männern und Frauen ließen sich lieber niedermähen oder von Panzern überrollen als nach Rußland abtransportieren. Nach drei Tagen stellten die Briten das Schießen ein. Man zählte rund zweitausend Tote. Die Briten konnten das Lager den Russen übergeben."

Von ehemaligen deutschen Kriegsgefangenen ist bekannt, daß von vier riesigen Gefangenenlagern bei Linz in Oberösterreich drei Lager mit Tausenden von deutschen Kriegsgefangenen von den Amerikanern an die Sowjets übergeben wurden. In den letzten Stunden des Krieges hatten sich die deutschen Landser an der Enns den Amerikanern ergeben, um nicht von den heranrückenden Russen gefangengenommen zu werden.

Der britische Historiker Nikolai Tolstoy hat den Leidensweg der zwei Millionen osteuropäischer Menschen, die an der Seite der deutschen Wehrmacht gekämpft hatten, in seinem Buch „Die Verratenen von Jalta. Englands Schuld vor der Geschichte" geschildert.

Ebenfalls nicht unerwähnt dürfen die Kriegsverbrechen der Sowjetunion bleiben. So wurden Anfang April 1943 von der deutschen Wehrmacht im Wald von Katyn bei Smolensk mehrere Massengräber mit Tausenden von Leichen polnischer Offiziere entdeckt. Die Toten waren gefesselt und durch Genickschüsse getötet worden. Eine internationale Kommission stellte übereinstimmend fest, daß die 4.143 exhumierten Opfer noch vor dem deutschen Einmarsch ermordet worden waren. Trotzdem wurde von Sowjets und Polen dieses Verbrechen bis in die 1990er Jahre den Deutschen angelastet.

Etwa 10.000 weitere polnische Offiziere, die sich seit Herbst 1939 in sowjetischer Kriegsgefangenschaft befanden, blieben weiterhin verschwunden. Man nahm damals an, daß sie das gleiche Schicksal erlitten haben. Obwohl die Wahrheit bekannt war, wurde beim Kriegsverbrecherprozeß in Nürnberg „Katyn" als Anklagepunkt gegen die deutschen Angeklagten verwendet.

Erst im April 1990 bestätigte die Sowjetunion offiziell, daß der frühere sowjetische Geheimdienst NKWD während des Zweiten Weltkrieges in Katyn 15.131 polnische Offiziere und Soldaten ermordet hatte.

Bei der Eroberung der deutschen Ostgebiete durch die Rote Armee ereigneten sich unvorstellbare Greueltaten an der Zivilbevölkerung. Allein durch die sowjetische Besetzung dieser Gebiete waren etwa 1,2 Millionen Todesopfer zu beklagen. Stalins Absicht war es, durch dieses brutale Verhalten der sowjetischen Soldaten die Bevölkerung der deutschen Ostgebiete in Angst und Schrecken zu versetzen und dadurch möglichst viele Menschen zur Flucht zu bewegen.

Auf den Konferenzen in Jalta und Potsdam konnte er dann behaupten: „Die Deutschen haben zum größten Teil bereits freiwillig ihre Heimat verlassen, und einer Besiedelung durch Polen aus den von der Sowjetunion beanspruchten polnischen Ostgebieten steht nichts mehr im Wege."

Die Flucht vor der Roten Armee als „Bestandteil" der Vertreibung

Mit Bekanntwerden der Verbrechen an der Zivilbevölkerung beim Einmarsch der Sowjets in Ostdeutschland setzte ein gewaltiger Exodus der deutschen Bevölkerung ein. Oft wurde die Gefahr zu spät erkannt, und die Flüchtenden wurden von den Panzerspitzen der Sowjets eingeholt und überrollt, wobei es zu beispiellosen Verbrechen kam.

Hatte Stalin also recht, als er zur Rechtfertigung der polnischen Gebietsforderungen bis nach Stettin, zur Oder und zur westlichen Neiße am 7. Februar 1945 auf der Jalta-Konferenz erklärte, die meisten Deutschen in dem fraglichen Gebiet seien bereits vor der Roten Armee geflohen?

In Ostdeutschland in den Grenzen von 1937 waren etwa 15 Millionen Deutsche beheimatet. Etwa zwei Drittel von ihnen entschlossen sich zur Flucht, wovon nach Ende der Kampfhandlungen ein Teil von ihnen auf mühseligen Wegen in ihre angestammte Heimat zurückkehrte. Von den ursprünglich 13,5 Millionen befanden sich dann bei Beginn der Vertreibung etwa die Hälfte der deutschen Bewohner daheim.

Von entscheidender Bedeutung ist, daß die Flucht aus Ostdeutschland eine kriegsbedingte Bevölkerungsbewegung vergleichbar beispielsweise der Evakuierung von Bewohnern deutscher Großstädte wegen des Bombenterrors war. Allen Flüchtlingen gemeinsam war die feste Absicht, sofort nach Ende der Kampfhandlungen in ihre Heimatorte zurückzukehren. Keineswegs konnte, wie dies in Jalta geschah, aus der Flucht auf einen Willen der ostdeutschen Bevölkerung zur freiwilligen Preisgabe ihrer Heimat geschlossen werden. Außer den im Zuge der Besetzung Umgekommenen sind weit über 200.000 der Bewohner nach dem Osten als Zwangsarbeiter verschleppt worden, von denen die Hälfte ums Leben kam.

Die Flucht war bedingt durch die völlige Rücksichtslosigkeit der einmarschierenden Truppen gegenüber der Zivilbevölkerung, die hemmungslos plünderten, vergewaltigten, brandschatzten, mordeten, einsperrten und verschleppten. Die Umstände der Flucht im harten Winter des Jahres 1945 waren unbeschreiblich. Flüchtlinge, vor allem Kinder und Alte, erfroren, verhungerten oder wurden vom Feind getötet.

IV. Die Oder-Neiße-Linie

In Polen hat es schon in der Zeit zwischen den beiden Weltkriegen Bestrebungen gegeben, weitere Teile der deutschen Ostgebiete zu annektieren. Schon lange vor Ausbruch des Zweiten Weltkrieges gab es in Warschau Pläne, Deutschland im Bund mit den Westmächten anzugreifen und sich Ostpreußen, Danzig und ostschlesische Gebiete einzuverleiben. Die dort ansässige deutsche Bevölkerung wollte man „transferieren". Wörtlich hieß es in dem geheimen Diplomatenbericht des seinerzeitigen britischen stellvertretenden Unterstaatssekretärs im Foreign Office, William Strang, und des damaligen britischen Gesandtschaftsrats, Gladwyn Jebb, vom 13. Juni 1939: „Wieder einmal verlangt es die Bauern nach einem Gang gegen die Deutschen. Dieses bestätigte der geistig hochgebildete Leiter der Wirtschaftsabteilung im polnischen Außenministerium, Jan Wszelaki, der sagte, daß der Kriegsgeist und die antideutsche Einstellung der Bauern teils auf rassische und teils auf wirtschaftliche Gründe zurückzuführen sei, nämlich Bevölkerungswachstum und daraus folgender Appetit auf deutsches Bauernland."

Daß dieser Appetit der Polen zu einem gehörigen Teil seinen Ursprung im Verhalten der Siegermächte von 1918 hatte, ist wahrscheinlich keinem der Herren Diplomaten eingefallen.

Die Posener Zeitung „Dziennik Poznanski" druckte am 26. Juni 1939 eine Karte ab, die polnische Gebietsansprüche gegen Deutschland belegen sollte. Hierbei war die äußerste westliche Grenze Polens etwa mit der Weser identisch, während eine zweite Karte die Westgrenze Polens an der Elbe verlaufen läßt.

Exilpolnische Kreise in Kanada und in den Vereinigten Staaten entwickelten ebenfalls weitgehende Pläne für die künftigen Grenzen Polens. So weist eine Landkarte einer exilpolnischen Organisation in Kanada ein Nachkriegspolen aus, das im Osten die Westukraine und Westweißrußland einschließt, im Norden Ostpreußen und Danzig umfaßt und im Westen die Oder und die östliche Neiße markiert. Es stellt ein Großpolen dar, von dem der Außenminister Josef Beck in vertraulichen Gesprächen mit britischen und amerikanischen Diplomaten im Frühjahr und Sommer 1939 gesprochen hatte.

Auf der zwischen Roosevelt, Churchill und Stalin am 1. Dezember 1943 in Teheran abgehaltenen Konferenz wurde erstmals die Oder-Neiße-Linie als eventuelle Westgrenze Polens genannt. Stalin beharrte auf die den Polen 1939 abgenommenen ostpolnischen Gebiete und schlug seinen Konferenz-Partnern dafür im Gegenzug die Verschiebung der polnischen Westgrenze bis an die Oder und Neiße vor.

Churchill führte diesen Vorgang ganz locker mit drei Streichhölzern vor, die er etappenweise nach links verlegte. Mit diesem makabren Spielchen deutete er gleichzeitig die Vertreibung von 15 Millionen Deutschen und die Umsiedlung von 1,5 Millionen Polen in die ostdeutschen Gebiete an.

Um keinen Irrtum aufkommen zu lassen: Die polnischen Gebiete östlich der sogenannte Curzon-Linie waren bis 1921 russisch und wurden in jenem Jahr von den Polen erobert. Die polnische Bevölkerung in diesem Gebiet machte etwa nur ein Drittel der Gesamtbevölkerung aus. Stalin dachte bei der geplanten Verschiebung Polens nach Westen erst in zweiter Linie an eine Kompensation. In erster Linie war es ihm wichtig, daß der sowjetische Einflußbereich nicht nur bis zur Oder, sondern bis zur Elbe reichen würde.

Die ostdeutschen Gebiete, die Polen entgegen dem Völkerrecht von Deutschland erhalten sollte, waren wohl kleiner als die von Stalin beanspruchten polnischen Gebiete, aber etwa zehnmal wertvoller.

Es sei festgehalten, daß weder in Teheran noch in Jalta im Februar 1945 eine neue deutsch-polnische Grenze festgelegt wurde. Denn auf der im Juli 1945 in Potsdam veranstalteten Konferenz erklärte Stalin definitiv, die Grenzfrage sei noch offen. Churchill mußte in Teheran darauf aufmerksam machen, daß er keine Vollmacht vom britischen Parlament habe und seines Wissens ebensowenig Präsident Roosevelt vom amerikanischen Kongreß, sich mit Grenzfragen unter Gewährung von Garantien zu befassen.

Die nach der deutschen Besetzung Polens in London gebildete polnische Exilregierung unter Ministerpräsident Sikorski erhob ebenfalls schon während des Krieges Gebietsansprüche auf ostdeutsches Territorium. Diese Forderungen bewegten sich aber noch nicht in den Größenordnungen, zu denen es dann später kam.

Aber bereits am 2. Dezember 1942 präzisierte General Sikorski in zwei Denkschriften Gebietsforderungen der polnischen Regierung, die er während eines USA-Besuchs Roosevelt überreichte. In der ersten heißt es: „Die Oder mit dem Stettiner Haff und ihren Nebenflüssen bis hinunter zur tschechischen Grenze bildet für Polen eine natürliche Sicherheitslinie gegenüber Deutschland, da sich östlich dieser Linie die preußischen Basen für einen Angriff auf Polen befinden, insbesondere Ostpreußen, der schlesische Keil und das preußische Pommern."

In der zweiten Denkschrift wurde die militärische Besetzung aller von Deutschland abzutrennenden Gebiete vorgeschlagen, und zwar „bis zum linken Ufer der Oder einschließlich Stettins und entlang dem linken Ufer der Lausitzer Neiße". Damit war die Idee der Oder-Neiße-

Linie als polnische Westgrenze, wie sie heute noch existiert, geboren. Die Heimat von fast zwanzig Millionen Nichtpolen – nämlich Deutschen – sollte an Polen fallen. Diese Maximalforderungen waren im Osten wie im Westen vom Selbstbestimmungsrecht der Völker nicht gedeckt.

Im Vorfeld der Jalta-Konferenz und dann in Jalta selbst machten jedoch die westlichen Politiker bei der Oder-Neiße-Linie Bedenken geltend. Sie einigten sich schließlich auf die Curzon-Linie als Ostgrenze Polens und darauf, daß Polen im Norden und Westen beträchtlichen Gebietszuwachs erhalten müsse. Ebenso wurde auch schon in Jalta beschlossen, daß eine endgültige Regelung der polnischen Grenzen der Friedenskonferenz vorbehalten sei.

Doch schon am 5. Februar 1945, einen Tag nach Beginn der Jalta-Konferenz, hatte Boleslaw Bierut, der Präsident des Polnischen Landes-Nationalrats, verkündet, daß „ohne Rücksichten auf die Ansichten der internationalen Konferenz" eine polnische Verwaltung in den Gebieten bis an die Oder und die Lausitzer Neiße errichtet werde. Zu diesem Zweck war bereits Ende 1944 in Lublin ein „Büro für die Wiedergewonnenen Gebiete" errichtet worden.

Der US-Publizist George Crocker schrieb in seinem Buch „Roosevelts Road to Russia": „Als Roosevelt, Churchill und Stalin im Februar 1945 an der russischen Küste des Schwarzen Meeres zusammenkamen, faßten sie in der Schlußrunde so unmoralische Entschlüsse wie die Einführung von Zwangsarbeit, die gewaltsame Zurückführung von Flüchtlingen (in Stalins Reich), die Vertreibung von Millionen Menschen von Haus und Hof, den Bruch des Versprechens des Rechtes auf Selbstbestimmung und ähnliche Unmenschlichkeiten, so daß Jalta mit jedem Jahr mehr zu einem Symbol internationaler Unanständigkeit geworden ist."

Jalta und die „Ausmerzung" der Ostdeutschen

Über die Moral der Sieger und Befreier des Jahres 1945 legte der britische Journalist R.F. Keeling folgendes Zeugnis ab: „Seit Ende des Krieges wurden ungefähr drei Millionen Menschen, meist Frauen und Kinder und alte Männer, in Ostdeutschland und in Südosteuropa getötet. Ungefähr 15 Millionen wurden deportiert oder mußten aus ihrer Heimat fliehen und liegen auf der Straße... Es scheint, daß die Ausmerzung der deutschen Bevölkerung Osteuropas in Übereinstimmung mit den Entscheidungen, die in Jalta getroffen worden sind, geplant wurde."

Churchill sagte laut Keeling zum polnischen Exil-Ministerpräsidenten Stanislaw Mikolajczyk, als der während der Besprechungen in Moskau dagegen protestierte, daß Polen gedrängt wurde, sich Ostdeutschland einzuverleiben: „Machen Sie sich keine Sorgen um die fünf oder mehr Millionen Deutschen. Stalin wird sich darum kümmern. Sie werden mit ihnen keine Schwierigkeiten haben; sie werden zu existieren aufhören."

Der polnische Heißhunger auf ostdeutsches Land wurde von Stalin geschickt in seine „Theorien von den Kompensationen" integriert. Da er unbedingt die nach 1939 eroberten ehemaligen russischen Gebiete behalten wollte, bestärkte er die Polen in ihren Wünschen nach deutschem Land.

Die in den ostpolnischen Gebieten lebenden Polen, man sprach – mit dreifacher Übertreibung – von vier bis fünf Millionen, sollten in die deutschen Ostgebiete umgesiedelt werden.

Wegen dieser Menschen wäre aber das deutsche Land bis zur Oder und Neiße als Beute gar nicht nötig gewesen, da es in Wahrheit nur eineinhalb Millionen polnische Umsiedler waren, die ohne Schwierigkeiten im dünn besiedelten Polen untergekommen wären und auf keinen Fall ein Viertel des Deutschen Reiches benötigt hätten, wo 15 Millionen Deutsche zu Hause waren.

Wie schon erwähnt, wollte Stalin in erster Linie den kommunistischen Einfluß möglichst weit nach Westen vorschieben. Außerdem verfolgte er auch noch ein anderes Ziel: Polen und Deutschland sollten in eine dauernde Feindstellung zueinander gebracht werden.

Die national eingestellte polnische Exilregierung in London wandte sich anfangs entschieden gegen den Gebietsverlust im Osten an die Sowjets, mußte dann aber nachgeben.

Im Zusammenhang mit der Entdeckung der Verbrechen bei Katyn im April 1943 brach der Kreml die diplomatischen Beziehungen zu den Exil-Polen in London ab. 1944 installierte Stalin eine kommunistische polnische Regierung, das sogenannte „Lubliner Komitee", die den sowjetischen Kompensations-Vorstellungen Folge leistete.

Hatte man in London und Washington zu Beginn der Kriegskoalition mit der Sowjetunion gegen Hitler noch geglaubt, bei der Neugestaltung des mittel- und osteuropäischen Raumes nach dem Krieg die entscheidende Rolle spielen zu können, so sollte sich als eigentlicher Sieger des Zweiten Weltkrieges Josef Stalin herausstellen.

Je weiter sich die Rote Armee Mitteleuropa näherte, desto stärker wurde die Position der Sowjetunion. Schließlich konnten England und Amerika in Potsdam 1945 nur noch die von den Sowjets geschaffenen Realitäten der Vertreibung der Deutschen aus Mittel- und Osteuropa und der „Westverschiebung" Polens zur Kenntnis nehmen.

Dennoch kann der spezielle Anteil der Westalliierten an der Entstehung der Oder-Neiße-Linie nicht geleugnet werden. Schon sehr früh erklärten sie sich mit einer Abtretung Ostpreußens an die Sowjetunion und Polen und Teilen Pommerns und Schlesiens an Polen einverstanden.

In jedem Ort, den die Rote Armee betritt, spielen sich die gleichen schrecklichen Szenen ab. Frauen und Mädchen jeden Alters werden vergewaltigt und dann getötet, Kinder und Männer erschlagen.

In der von Roosevelt und Churchill am 14. August 1941 vereinbarten „Atlantik-Charta" hatte es noch geheißen, beide Politiker wünschen, daß keine territorialen Veränderungen zustande kommen, die nicht mit den frei geäußerten Wünschen der betroffenen Völker übereinstimmen.

Churchill schrieb am 6. Oktober 1943 an Außenminister Anthony Eden: „Ich glaube, wir sollten alles in unserer Macht Stehende tun, um die Polen zu überreden, sich mit den Russen über ihre Ostgrenze zu einigen, im Austausch gegen Gewinne in Ostpreußen und Schlesien. Wir könnten sicherlich versprechen, unseren Einfluß in dieser Hinsicht geltend zu machen."

In seiner vielbeachteten Rede am 15. Dezember 1944 sagte der britische Premier Churchill im Unterhaus: „Es steht den Polen frei, was Rußland und Großbritannien betrifft, ihr Gebiet nach Westen auf Kosten Deutschlands auszudehnen. Ich möchte nicht auf nähere Details eingehen, aber den Gebietserweiterungen, die von Großbritannien und Rußland, beide durch den zwanzigjährigen Bündnisvertrag verbunden, unterstützt werden, kommt größte Bedeutung zu. So ist der

Gebietszuwachs im Westen und Norden viel wertvoller, und er umfaßt auch viel höher entwickelte Gebiete als der Verlust im Osten. Wir hören, ein Drittel Polens müsse aufgegeben werden, aber da muß ich erwähnen, daß zu diesem Drittel die weite Fläche der Pripjetsümpfe gehört, ein ganz ödes Gebiet, das zwar den Umfang aufbläht, aber den Reichtum seiner Besitzer schmälert. Damit habe ich dem Hause in großen Zügen das Angebot dargelegt, das die Russen, auf die noch immer die Hauptlast der Befreiung fällt, dem polnischen Volk machen. Ich kann nicht glauben, daß ein derartiges Angebot von Polen verworfen werden wird. Natürlich würde ein Bevölkerungsaustausch im Osten und Norden die Folge sein.

Die Umsiedlung von Millionen Menschen von Ost nach West müßte durchgeführt werden, ebenso die Vertreibung der Deutschen – denn das wurde vorgeschlagen: völlige Vertreibung der Deutschen – aus den Gebieten, die Polen im Westen und Norden gewinnt. Denn die Vertreibung ist, soweit wir in der Lage sind, es zu überschauen, das befriedigendste und dauerhafteste Mittel. Es wird keine Mischung der Bevölkerung und damit keine Unannehmlichkeiten geben, wie zum Beispiel im Fall Elsaß-Lothringen. Reiner Tisch wird gemacht werden. Mich beunruhigt der Bevölkerungsaustausch ebensowenig wie die großen Umsiedlungen.“

V. Die Vertreibung der Ostdeutschen

Die Vertreibung von 15 Millionen Deutschen aus ihren seit Jahrhunderten angestammten Siedlungsgebieten in Mittel- und Osteuropa ist ein singuläres Verbrechen in der Menschheitsgeschichte, für das es keine Parallelen gibt, sieht man einmal von der Vertreibung der Griechen aus Kleinasien durch die Türken nach 1918 und der Deportation der nordamerikanischen Ureinwohner in Reservate ab.

Wurde die Vertreibung auch von den politischen Marionetten Stalins und aufgeputschtem tschechischen und polnischen Straßenmob vollzogen, so darf doch die spezielle Mitverantwortung der Anglo-Amerikaner für dieses Verbrechen nicht verschwiegen werden.

Schon am 14. März 1945, also zwei Monate vor Kriegsende, errichtete die Polnische Provisorische Regierung vier Wojewodschaften in Ostdeutschland, über das ihr die Sowjetregierung die Gebietshoheit übertragen hatte: Masuren, Oberschlesien, Niederschlesien, Pommern und 14 Tage später auch Danzig.

Die polnischen National-Kommunisten hatten diese rein deutschen Gebiete ganz einfach Polen angegliedert. Obwohl noch gar keine end-

Deutsche Soldaten helfen Fluchtfahrzeugen über einen Fluß, dessen Brücke gesprengt ist. Wer es nicht rechtzeigtig schafft, wird von den Sowjets überrollt.

gültige oder auch nur eine provisorische Grenzregelung getroffen worden war. So heißt es in den Memoiren Churchills über die Jalta-Konferenz: „Im Verlauf der allgemeinen Diskussion wurden die geographischen Karten nicht konsultiert, so daß der Unterschied zwischen der westlichen Neiße und der östlichen Neiße nicht so bewußt wird, wie es nötig gewesen wäre." Eine vornehme Umschreibung dafür, daß zumindest Churchill und Roosevelt, die das Schicksal von Millionen Menschen in ihrer Macht hatten, vom Objekt ihrer Willkür – Ostdeutschland – keine Ahnung hatten.

Entscheidungen über das weitere Schicksal Ostdeutschlands waren jedoch nicht gefallen. Entweder war von der Oder-Linie die Rede, dann von Oder und Glatzer Neiße, dann von der Abtrennung Ostpreußens. Die maßlose Maximalforderung, auf die die heutige Oder-Neiße-Linie beruht, war von polnischer Seite zweimal erhoben worden: im Dezember 1942 von Sikorski, im Dezember 1944 von Stefan Jedrychowski, dem kommunistischen Außenminister Polens.

Als Konsens der Hauptsiegermächte ergibt sich folglich lediglich die Abtretung des südlichen Ostpreußen an Polen. Keinesfalls lag ein übereinstimmender Wille vor, daß das westlich der Oder gelegene Stettin und der westlich der Oder gelegene Teil Niederschlesiens zu Polen kommen sollten. Im Gegenteil! Daß in Jalta kein Beschluß über die von Deutschland an Polen abzutretenden Gebiete erfolgte, ist auf den offenen Streit zwischen Roosevelt und Churchill auf der einen und Stalin auf der anderen Seite zurückzuführen. Erstere lehnten eine Grenzziehung an der Görlitzer Neiße kategorisch ab. Roosevelt erklärte am 8. Februar, „die Grenze bis zur westlichen Neiße vorzuschieben, dafür scheint geringe Rechtfertigung zu bestehen".

Unter der Bedingung eines demokratischen Polens mit freien Wahlen wollte er Polen jedoch vorläufig eine Ausdehnung bis zur Oder-Linie zuerkennen. Diese Linie schlug am gleichen Tag auch Churchill vor. Demgegenüber forderten Stalin und Molotow die westliche Neiße und Stettin für Polen. Weil eine Einigung, auch aufgrund der schwachen Haltung der westlichen Regierungschefs, in Jalta nicht zu erzielen war, wurde eine verbindliche Entscheidung nicht getroffen.

Doch noch während um Breslau heftig gekämpft wurde, schuf Polen mit Hilfe der Sowjets entgegen den Vereinbarungen von Jalta vollendete Tatsachen. So reichte die polnische Gliederung in Gebietskörperschaften – Wojewodschaften – bis an die westliche, die Lausitzer oder Görlitzer Neiße. Damit wurde der westlich der Oder und der Glatzer Neiße gelegene Teil Schlesiens von Polen beansprucht.

Der „Übergang" von deutschen Gebieten an Polen war alles andere als unbedeutend, weil damit die Glaubwürdigkeit des Selbstbestimmungsrechts und des Rechts auf Heimat in Frage gestellt wurden. Man schuf mit diesem rechtswidrigen Akt einen Präzedenzfall, der nicht nur die Deutschen betraf, sondern im Prinzip auch das Schicksal von Hunderten Millionen Menschen weltweit tangierte.

Während des Krieges waren die Siegermächte bemüht, ihre Pläne, große Teile Ostdeutschlands Polen und Königsberg/Pr. der Sowjetunion zuzuschlagen, vor dem deutschen Volk zu verheimlichen. Sie hatten, wie Churchill am 14. Oktober 1944 in Moskau zu Mikolajczyk sagte, Angst davor, daß „die deutsche Wut entfesselt" werde, wenn bekannt würde, „was wir den Deutschen im Osten nehmen wollen".

Diese Befürchtungen waren damals bestimmt berechtigt und offenbaren gleichzeitig das schlechte Gewissen, das zumindest Churchill und Roosevelt bei diesem geplanten Verbrechen gegen die Menschlichkeit empfanden.

Daß es zur Rückkehr von nahezu 1,3 Millionen Ostdeutschen nach Abschluß der Kampfhandlungen von westlich der Oder in ihre Heimatorte kam, ist der augenfälligste Ausdruck des Festhaltens der Geflohenen an ihrer Heimat. Die Zahl der Zurückkehrenden wäre weitaus größer gewesen, wenn nicht die Aufteilung in Besatzungszonen und der Zusammenbruch der Verkehrsverbindungen den Weg in die Heimat erschwert hätten. In Ermangelung jeglicher Transportmittel waren die Rückkehrer gezwungen, ihre Heimatorte in anstrengenden Fußmärschen zu erreichen.

So konnten im wesentlichen nur die Flüchtlinge in den sowjetisch besetzten Gebieten Mitteldeutschlands und Böhmens zurückkehren, bevor ab Ende Mai polnische Verwaltungsbehörden und Militärkommandos die Oder-Neiße-Linie für Rückkehrer sperrten.

Die fast 5,7 Millionen Deutschen, die den Einzug der Roten Armee und ihrer polnischen Hilfstruppen östlich der Oder-Neiße erlebten oder nach Abschluß der Kampfhandlungen erfolgreich dorthin zurückkehrten, hatten ein schweres Los gezogen. Sie verloren schließlich, wenn sie mit dem Leben davonkamen, ihre Heimat zweimal. Doch vorher lebten sie monate- und oft auch jahrelang im Zustand völliger Rechtlosigkeit unter polnischer Herrschaft.

Im Gefolge der Roten Armee trat in den deutschen Ostgebieten fast überall die polnische Bürgermiliz als Exekutivorgan auf. Die Miliz bestand in aller Regel aus Elementen mit fragwürdigen Zielen, herrschte als „Organ der öffentlichen Sicherheit" grausam und willkürlich, plünderte und quälte fast ausnahmslos unschuldige Deutsche, von denen viele an den Folgen starben. Diese polnische Miliz gewann nach und nach gegenüber den Sowjettruppen an Macht und entwickelte sich zum Schrecken der sich noch im Land befindlichen deutschen Bevölkerung.

Die Politik der Polnischen Provisorischen Regierung, der Erlaß polnischer Gesetze und die Einsetzung polnischer Verwaltungsbehörden sowie die Ansiedlung von Polen bereits im Februar, März und April veranlaßten die US-Regierung am 8. April und am 8. Mai 1945 zu scharfen Beschwerden an die Adresse Moskaus, das diese Verstöße gegen die Beschlüsse von Jalta offenkundig duldete. Ein Erfolg der Proteste blieb aus.

Nach der Übernahme der Verwaltung von deutschen Orten und Gebieten durch die Polen begann eine erneute Verhaftungswelle, die weit schlimmer war als die vorhergehende unter sowjetischer Herrschaft. Die geringste Denunziation durch zivile Polen, Angehörige der polnischen Miliz oder des staatlichen Sicherheitsdienstes (UB) genügte, um verhaftet, schwer gefoltert und bestraft, ja sogar getötet zu werden.

Die schlimmsten Formen nahmen diese Verhaftungs- und Willkürmaßnahmen in Oberschlesien an. Tausende von Deutschen wurden in den polnischen Teil der Wojewodschaft Kattowitz verschleppt, wo sie in Lager gesperrt wurden. Dort mußten sie härteste Zwangsarbeit leisen, schwere Mißhandlungen, Hunger und Krankheit erdulden. Oft wurden die Einwohner ganzer Dörfer kollektiv in diese Lager eingeliefert. Zu den bekanntesten in den deutschen Ostgebieten gehörten die Lager in Lamsdorf, Kreis Falkenberg, und in der Stadt Grottkau. Weit über die Hälfte der dort Inhaftierten kam ums Leben. In Lamsdorf waren es sogar 6.488 von 8.064 Gefangenen.

Die nicht in Internierungslager gesperrte Bevölkerung wurde ebenfalls zur Zwangsarbeit herangezogen, bei der die Verpflegung noch schlechter war als bei vergleichbaren sowjetischen Aktionen zuvor. Polnische Milizkommandos durchzogen die deutschen Dörfer und trieben wahllos Arbeitskolonnen zusammen.

Von vornherein ist das polnische Bemühen erkennbar, in ganz Ostdeutschland möglichst schnell vollendete Tatsachen zu schaffen. In dieser Absicht hatte die Polnische Provisorische Regierung bereits am 2. März 1945 das „Dekret über aufgegebene und verlassene Vermögen" erlassen, in dem sämtliche mobilen und immobilen Werte des Deutschen Reiches und deutscher Staatsangehöriger grundsätzlich zu „aufgegebenen Vermögen" erklärt wurden, die der polnische Staat sich aneignete.

Die erste zentral gelenkte Austreibungswelle erfolgte schon im Juli 1945, kurz nachdem Polen die Oder-Neiße-Linie für Rückkehrer versperrt hatten. Bei dieser Aktion wurden innerhalb von zwei Wochen 300.000 Deutsche über die Demarkationslinie getrieben. Diese Vertriebenen waren fast sämtlich unmittelbar in den westlichen Randgebieten des von Polen beanspruchten deutschen Territoriums beheimatet, also in Ostpommern, Ostbrandenburg und Niederschlesien. Um die polnische Herrschaft in diesen Gebieten noch vor der Potsdamer Konferenz der drei Hauptsiegermächte zu festigen und vollendete Tatsachen zu schaffen, mußte dort zuerst gehandelt werden.

Keine der späteren Massenaustreibungen aus Ostdeutschland war so brutal und so unmenschlich wie jene erste im Juli 1945, die sich unter schrecklichsten Bedingungen vollzog. Daß nicht mehr Deutsche schon vor der Potsdamer Konferenz von Polen vertrieben wurden, geht auf das Einschreiten der sowjetischen Befehlshaber zurück. Diese fürchteten eine ungünstige Wirkung auf die Westmächte und katastrophale Zustände in ihrer Besatzungszone.

Weil die Sowjets – um die polnische Vertreibungsaktion zu stoppen – die Übergänge über die Demarkationslinie sperrten, mußten viele Vertriebene aus Ober- und Niederschlesien, Ostbrandenburg und Ostpommern wieder in ihre Heimat zurückkehren. Jedoch waren ihre Häuser und Wohnungen längst mit polnischen Neuansiedlern belegt, und die Rückkehrer mußten unter primitivsten Bedingungen hausen.

Noch in der Berliner Erklärung vom 5. Juni 1945 hatten die Regierungen Großbritanniens, der USA, der Sowjetunion und Frankreichs betont: „Deutschland wird innerhalb seiner Grenzen, wie sie am

31. Dezember 1937 bestanden, für Besatzungszwecke in vier Zonen aufgeteilt, von denen eine jeder der vier Mächte wie folgt zugeteilt wird: eine östliche Zone der Union der Sozialistischen Sowjet-Republiken; eine nordwestliche dem Vereinigten Königreich; eine südwestliche Zone den Vereinigten Staaten von Amerika; eine westliche Zone Frankreich.

Die Besatzungstruppen in jeder Zone unterstehen einem von der verantwortlichen Macht zu bestimmenden Oberbefehlshaber. Jede der vier Mächte darf nach ihrem Ermessen in die unter dem Befehl ihres Oberbefehlshabers stehenden Besatzungstruppen Hilfsverbände aus den Streitkräften irgendeiner anderen alliierten Macht, welche an den militärischen Operationen gegen Deutschland aktiv beteiligt war, aufnehmen."

Demzufolge unterschieden sich die Gebiete westlich der Oder-Neiße-Linie und östlich dieser Linie nicht: Es gab kein Gebiet in den Grenzen des Reiches von 1937, das polnischer Herrschaft unterstellt oder Polen übergeben worden wäre. Links wie rechts von Oder und Neiße lag die sowjetische Besatzungszone.

Die Potsdamer Konferenz

Vom 17. Juli bis 2. August 1945 beratschlagen die Siegermächte im Schloß Cecilienhof zu Potsdam über die Zukunft Europas. Das Thema Ostdeutschland führte zwischen Premierminister Churchill und dem neuen US-Präsidenten Harry S. Truman auf der einen und Stalin auf der anderen Seite zu Kontroversen.

Bei der fünften Sitzung am 21. Juli verwies Truman auf den deutschen Charakter der zur Debatte stehenden Gebiete und auf ihre neun Millionen deutschen Einwohner. Stalin entgegnete mit einer Lüge: Nicht ein einziger Deutscher lebe mehr in dem Territorium, das Polen übergeben worden sei. Die polnische Regierung, die ihre Ansichten zu einer Grenzregelung darlegen sollte, sprach von nur 1,5 Millionen Deutschen in den Gebieten östlich der Oder-Neiße-Linie, die überdies nach Abschluß der Ernte freiwillig wegziehen würden.

So wurden also Churchill und Truman vorsätzlich über die Anzahl der Deutschen in den östlichen Gebieten des Deutschen Reiches von 1937 getäuscht, die sich nach Massenflucht und ersten Massenaustreibungen immer noch auf fünf Millionen Menschen belief.

Im weiteren Verlauf der Ausführungen der polnischen Regierungsdelegation wies Ministerpräsident Bierut auf die polnischen Gebietsabtretungen an die Sowjetunion hin und das Erfordernis einer Kompensation im Westen. Er behauptete, es werde eine Umsiedlung von fünf Millionen Polen aus den an die Sowjetunion abzutretenden Gebieten erfolgen. Auch dies war eine Lüge, da sich diese Zahl in Wahrheit nur auf 1,5 Millionen belief. Die polnische Argumentation: Für die Unterbringung der fünf Millionen Umsiedler sei die Annexion der ostdeutschen Gebiete erforderlich.

Auf diese erste Argumentation der polnischen Regierung in bezug auf erforderliches Siedlungsland kann wie folgt geantwortet werden: Die in Wahrheit nur 1,5 Millionen polnischen Umsiedler hätten in den verlassenen Siedlungen der aus Polen selbst vertriebenen Minderheiten untergebracht werden können, ohne die polnische Westgrenze auch nur um einen Meter zu verschieben. Die Annexion ostdeutscher Gebiete mit einer Vorkriegsbevölkerung von rund 15 Millionen und die brutale Vertreibung ihrer Bewohner hat mit Kompensation sicher nichts zu tun.

Das zweite Argument der polnischen Delegation in Potsdam lautete: Wiedergutmachung bzw. Sühne für die deutsche Besatzung in Polen. Warschau behauptete, jeder fünfte Pole – sechs Millionen Menschen insgesamt – sei durch deutsche Maßnahmen umgekommen. Diese polnische Verlustbilanz stammte aus der Feder von zwei polnischen Studenten, die sie 1947 im Auftrag der Provisorischen Polnischen Regierung erstellten, die in ihren Erhebungen überaus großzügig vorgingen und dabei sämtliche wissenschaftlichen Kriterien unbeachtet ließen.

Die Historiker Alfred Bohmann und Alfred Schickel errechneten unter Berücksichtigung US-amerikanischer Forschungsergebnisse rund 570.000 Menschen polnischer Abstammung, die entweder 1939 im Krieg und später bei Partisanenkämpfen gefallen sind oder ermordet wurden. Von der Bevölkerung der sowjetischen Besatzungszone Polens starben mindestens 750.000 Volkspolen, die meisten davon nach Deportationen. Polnische Verantwortliche blähten die erlittenen Verluste ihrer Landsleute auf das Zehnfache der wirklichen Größenordnung auf.

Während der Gesichtspunkt der Wiedergutmachung relativ spät in der Argumentation der polnischen Exilregierung auftauchte, konnten die „historischen Ansprüche" auf eine lange Tradition zurückblicken.

Tatsächlich sind slawische Stämme nach der Völkerwanderung bis an die Elbe-Saale-Linie gewandert und haben sich etwa seit dem 7. Jahrhundert unter anderem im Gebiet vom späteren Brandenburg, Mecklenburg, Sachsen, in Teilen von Oberfranken, der bayerischen Oberpfalz und im östlichen Österreich niedergelassen.

Vor diesem Hintergrund proklamierte 1917 der tschechische Panslawist Hanus Kuffner die Elbelinie als Westgrenze der „Slawenzone". Kaum hatte die polnische Regierung 1945 die Oder-Neiße-Linie erreicht, da verlangte ihr Beauftragter Karol Stojanowski 1946 konsequenterweise die Elbelinie einschließlich Schleswig-Holsteins sowie Hamburgs, Magdeburgs und Dresdens als Brückenköpfe links der Elbe. Die Gebiete zwischen Oder und Elbe sollten als Elbestaat bzw. Lausitzstaat integrierende Teile Großpolens werden.

Wenig bekannt sind die Versuche der Jahre 1945 bis 1947, das ganze westliche Ufer der Oder unter polnische Kontrolle zu bringen. Als Teilerfolg dieser eigenmächtigen Aktionen konnten die polnischen Aggressoren die sowjetische Duldung der Annexion von Stettin und Umgebung erreichen – immerhin 800 Quadratkilometer mit einer Vorkriegsbevölkerung von 440.000 Einwohnern, ein Gebiet, von dem in den Potsdamer Beschlüssen nicht die Rede war.

Daß in Ostpreußen, abgesehen von dem schmalen masurischen Streifen im Süden, niemals Slawen gelebt haben, störte die Panslawisten ebensowenig wie die Tatsache, daß die polnische Westgrenze von 1919 gegenüber Schlesien, Brandenburg und Pommern nahezu exakt der von 1335 entsprach und sie damit zu den ältesten Grenzen Europas gehörte, die seit 700 Jahren ihren friedlichen Charakter bewahrt hatte. Der Siegeszug der patriotischen Archäologie war unaufhaltsam.

Polnische Staatsrechtler verwiesen auf die ruhmvollen Zeiten des polnisch-litauischen Großreichs im 15. Jahrhundert, als der Staat Litauen, Weißrußland und die Ukraine bis zum Schwarzen Meer umfaßte; ihr Schlachtruf lautete „von Meer zu Meer" (Od morza da morza).

Polnische Rasseforscher wiederum huldigten dem Sarmatismus und untermauerten ihre Ansprüche auf Danzig mit den angeblich sarmatischen Gesichtszügen dortiger Statuen. Dabei handelt es sich bei den Sarmaten nicht um Slawen, sondern um ein mit den antiken Persern verwandten Reiterhirtenvolk, das im Gefolge des Hunnensturmes in der Völkerwanderung bis nach Mitteleuropa vordrang.

Neuere wissenschaftliche Erkenntnisse haben ergeben, daß es nach der Völkerwanderung östlich der Elbe im 7. und 8. Jahrhundert n.d. Ztw. weitgehend ein friedliches Nebeneinander von Germanen und Slawen gab, daß dann das 9. bis 11. Jahrhundert durch slawische Zuwanderer geprägt war, daß es im 12. und 13. Jahrhundert abermals zu einem Nebeneinander von Germanen und Slawen kam, bis dann etwa ab dem 14. Jahrhundert dieser Raum wieder überwiegend germanisch-deutsch geprägt war. Ausrottungen oder Vertreibungen fanden zu keiner Zeit statt. Vielmehr vollzog sich die jeweilige Assimilation der Autochthonen im Prinzip nicht anders als die Romanisierung der Gallier, die Anglisierung der Schotten oder die Germanisierung der baltischen Pruzzen im Ostpreußen des Mittelalters.

Tatsache ist, daß spätestens im 19. Jahrhundert in polenfreundlichen Kreisen und in Polen, das als Staat gar nicht existierte, sich ein Nationalismus und Sendungsbewußtsein entwickelten, die ihresgleichen suchten. In der Zeit zwischen den beiden Weltkriegen war die polnische Rechte die tragende Kraft dieser Ideologie. Mit nur wenigen Ausnahmen stand die polnische Intelligenz hinter diesem Sendungsgedanken.

Der überraschende Sieg der Polen über die Rote Armee im August 1920 und die erfolgreichen Feldzüge gegen Litauer und Ukrainer hatten dem polnischen Chauvinismus mächtigen Auftrieb gegeben, und so wurde aus dem Schlagwort „Marsch auf Berlin" ein politisches Programm.

Während die Bemühungen der Weimarer Demokratie um eine friedliche Revision ihrer Ostgrenze einigermaßen bekannt sind, gerieten ihre Befürchtungen wegen einer polnischen West-Expansion mit weniger friedlichen Mitteln fast in Vergessenheit. In der krisengeschüttelten deutschen Republik, die 1923 nicht einmal den Handstreich des kleinen Litauen gegen das Memelland hatte verhindern können, rechnete man 1922, 1923, 1931 und 1932 mit polnischen Aktionen gegen Ostpreußen und Schlesien.

Die Hauptargumente der polnischen Regierungsdelegation zur Grenzfrage, die sie am 24. Juli 1945 in Potsdam den Außenministern der Siegermächte vortrugen, lauteten zusammengefaßt:

1. Kompensation der östlichen Gebietsverluste,
2. Wiedergutmachung bzw. Sühne für die NS-Besatzungspolitik,
3. historische Gründe und Rechtstitel,
4. wirtschaftliche und strategische Erwägungen.

Churchill, sein Nachfolger Clement Attlee und Truman lehnten in Potsdam die polnischen Forderungen auf eine endgültige Annexion der deutschen Ostgebiete ab. So kam es lediglich zu folgender Vereinbarung: „Bezüglich der Westgrenze Polens wurde folgende Übereinkunft erzielt: In Übereinstimmung mit dem bei der Krim-Konferenz erzielten Abkommen haben die Häupter der drei Regierungen die Meinung der Polnischen Provisorischen Regierung der nationalen Einheit hinsichtlich des Territoriums im Norden und Westen geprüft, das Polen erhalten soll.

Der Präsident des Nationalen Rates Polens und die Mitglieder der Polnischen Provisorischen Regierung der nationalen Einheit sind auf der Konferenz empfangen worden und haben ihre Auffassungen in vollem Umfange dargelegt. Die Häupter der drei Regierungen bekräftigen ihre Auffassung, daß die endgültige Festlegung der Westgrenze Polens bis zu der Friedenskonferenz zurückgestellt werden soll. Die

Häupter der drei Regierungen stimmten darin überein, daß bis zur endgültigen Festlegung der Westgrenze Polens die früher deutschen Gebiete östlich der Linie, die von der Ostsee unmittelbar westlich von Swinemünde und von dort die Oder entlang bis zur Einmündung der westlichen Neiße und die westliche Neiße entlang bis zur tschechoslowakischen Grenze verläuft, einschließlich des Teiles Ostpreußens, der nicht unter die Verwaltung der Union der Sozialistischen Sowjetrepubliken in Übereinstimmung mit den auf dieser Konferenz erzielten Vereinbarungen gestellt wird, und einschließlich des Gebietes der früheren Freien Stadt Danzig, unter die Verwaltung des polnischen Staates kommen und in dieser Hinsicht nicht als Teil der sowjetischen Besatzungszone in Deutschland betrachtet werden sollen."

So erhielt Polen die Gebiete, die es ohnehin schon an sich gerissen hatte, zur Verwaltung, sie wurden ihm aber nicht zugesprochen.

Die Annexion Stettins

Die im Potsdamer Protokoll vereinbarte Linie, östlich derer die ostdeutschen Gebiete unter polnische Verwaltung kommen sollten, verläuft „von der Ostsee unmittelbar westlich von Swinemünde und von dort die Oder entlang..." Die Hauptstadt Pommerns, Stettin, wurde in Potsdam somit eindeutig nicht unter polnische Verwaltung gestellt,

Blick vom Stettiner Getreidespeicher auf die Hakenterrasse und die Jacobi-Kirche

denn die Stadt liegt westlich und nicht östlich der Oder. Tatsächlich bestand auch in Stettin, dem größten deutschen Ostseehafen, und seiner Umgebung eine von den sowjetischen Militärbehörden eingesetzte deutsche Zivilverwaltung mit zehn Abteilungen. Zweimal, am 16. Mai und am 19. Juni 1945, erschien ein polnischer Magistrat in der Stadt, zweimal mußte er sie wieder verlassen. Erst beim dritten Versuch behauptete er sich mit Gewalt, und am 19. November 1945 dehnte Polen seine Verwaltung entgegen den Bestimmungen von Potsdam auf Stettin und das umliegende Gebiet aus.

Im gleichen Monat veröffentlichte die deutsche Presse in der Sowjetischen Besatzungszone das neue Postleitzahlen-Verzeichnis, das ausdrücklich von Pommern das Gebiet westlich der Oder einschließlich der Inseln Rügen, Usedom und Wollin sowie Stettin einbezieht. Die polnische Verwaltung über Stettin und das umliegende Gebiet entbehrt jeder rechtlichen Grundlage und erfolgte nach einem brutalen Gewaltakt.

Auch was die Ausweisung „deutscher Bevölkerungsteile“ anging, wurden in Potsdam Entscheidungen getroffen. Dabei ist aber ausdrücklich nur von der „Ausweisung Deutscher aus Polen, der Tschechoslowakei und Ungarn“ die Rede. Da die Sieger in Potsdam vom Begriff des Deutschen Reiches in den Grenzen von 1937 ausgingen, können die deutschen Ostgebiete wohl schwerlich „Polen“ zugeordnet werden. Diese Bestimmung traf eindeutig nur die rund 1,3 Millionen polnischen Staatsbürger, die sich nach dem Bekenntnisstand der Vorkriegszeit der deutschen Nationalität zugerechnet hatten, bzw. die 800.000 Deutschen, die sich jetzt noch in Polen befanden. Die Warschauer Regierung jedoch mißachtete die Beschränkung der Ermächtigung zur Ausweisung „deutscher Bevölkerungsteile“ auf das polnische Staatsgebiet und bezog diese auch auf das ihr zur Verwaltung unterstellte ostdeutsche Gebiet, wo bei einer rein deutschen Bevölkerung von „Bevölkerungsteilen“ nicht die Rede sein konnte.

„Diese Auslegung wurde, nachdem die polnischen Behörden schon im Juni 1945 mit der Austreibung begonnen hatten, vom Alliierten Kontrollrat für Deutschland stillschweigend gebilligt, namentlich durch den Entwurf eines Aufnahmeplans für Flüchtlinge am 17./20. November 1945“, schrieb der Historiker Hans Roos. Doch im Gegensatz zur Jahreswende 1944/45 war die Vertreibung von Millionen Ostdeutschen zum Zeitpunkt der Potsdamer Konferenz nicht mehr der übereinstimmende Wille der Großmächte. So waren in Potsdam auch für das unter sowjetische Verwaltung gestellte nördliche Ostpreußen keine Ausweisungen vorgesehen.

An dieser Stelle wird die ursprüngliche und kausale Verantwortlichkeit Polens für die Vertreibung der Ostdeutschen deutlich. Sie beruhte nicht auf dem höheren Willen der Großmächte, sondern im Gegenteil auf einem polnischen Bruch der Bestimmungen von Potsdam.

Das Potsdamer Protokoll verband die Ausweisung auch mit Bedingungen. Jede derartige Überführung müsse „in ordnungsgemäßer und humaner Weise erfolgen". Außerdem sollte die Polnische Provisorische Regierung weitere Ausweisungen der deutschen Bevölkerung einstellen, bis der Alliierte Kontrollrat das Problem der Ausweisungen geprüft hatte. Entsprechend der Aufnahmefähigkeit der einzelnen Besatzungszonen sollte ein Ausweisungsplan erstellt werden.

Sowohl an das Gebot der „ordnungsgemäßen und humanen Weise" als auch an die vorübergehende Einstellung der Ausweisungen hat sich die Polnische Regierung jedoch von Anfang an nicht gehalten. Vielmehr gingen die Vertreibungen in der Zeit zwischen der Potsdamer Konferenz und der Aufstellung des Ausweisungsplanes des Kontrollrats am 17. November 1945 in großem Umfang weiter.

Im August und September 1945 wurden unzählige Deutsche vor allem in Oberschlesien zuerst in Lager interniert und dann geschlossen nach Mitteldeutschland transportiert. Oft mußten die Vertriebenen nachts innerhalb von zehn Minuten ohne Gepäck ihre Wohnungen und Häuser verlassen. In den Lagern, in denen sie unter Hunger und Krankheit litten, wurden die Arbeitsfähigen von polnischen Bewachern zur Zwangsarbeit ausgesondert. Die übrigen wurden nach Wochen und Monaten auf Fahrten in Güterwagen von häufig mehr als zwei Wochen Dauer über die Oder-Neiße-Linie abgeschoben.

Im Oktober und November 1945 verfuhr man in gleicher Weise in Pommern, im südlichen Ostpreußen und in den früheren preußischen Provinzen Posen und Westpreußen. Überall ergingen plötzliche Ausweisungsbefehle, dann erfolgte das Zusammentreiben der Menschen, gefolgt von langen Elendsmärschen und Bahntransporten, auf denen die Rechtlosen meist polnischen Banditen und der Miliz zum Opfer fielen. Im Grenzübergangslager Scheune bei Stettin und ähnlichen Lagern setzten sich die Gewalttaten, Plünderungen und Willkürakte nochmals fort.

Im Bewußtsein des Verstoßes gegen die Bestimmungen des Potsdamer Protokolls wurden die Vertreibungen vom August bis November 1945 als „freiwillige Ausreise" getarnt. Dazu mußten die Vertriebenen eine Erklärung in polnischer Sprache unterschreiben, in der die

Freiwilligkeit der Ausreise, die Übertragung ihres Besitzes an den polnischen Staat und ihr Verzicht auf Rückkehr bescheinigt wurden. Der überwiegende Teil der zum Unterschreiben gezwungenen Deutschen kannte den Inhalt der Erklärung gar nicht.

Es versteht sich, daß unter der ostdeutschen Bevölkerung die Hoffnung auf eine baldige Wendung der Dinge rasch sank. So wollten viele angesichts der völligen Entrechtung, des Übermaßes der Verfolgungen, der Enteignung, des Hungers, der Zwangsarbeit und der drohenden Zwangsausweisung im Herbst 1945 selbständig abwandern. Dies war verboten und gefährlich, weil streng und willkürlich bestraft. Insgesamt wurden in der Zeit vom Spätsommer bis zum Spätherbst 1945 – entgegen den Bestimmungen des Potsdamer Protokolls – 400.000 Deutsche aus den deutschen Ostgebieten vertrieben.

Anfang 1946 setzte Polen eine Kommission zur Umbenennung der deutschen Orts- und Flurnamen ein. 30.000 Namen wurden bis 1950 durch neugeschaffene Bezeichnungen ersetzt. In Ermangelung eigener Bezeichnungen wurden in vielen Fällen die deutschen lediglich ins Polnische übersetzt.

1946: Höhepunkt der Vertreibung

1946 war das Jahr der größten Vertreibungsaktionen, die das gesamte ostdeutsche Gebiet unter polnischer Herrschaft erfaßten. In diesem Jahr wurden zwei Millionen Deutsche ausgewiesen. Zwei vom Alliierten Kontrollrat vorgelegte Pläne über die „Überführung der deutschen Bevölkerung" enthielten nochmals die Worte „human" und „Ordnung", bewirkten aber absolut keine Änderung im Verhalten der Polen.

Doch schon in den eigenen Bestimmungen erwiesen sich diese Pläne als hart und verbrecherisch: So wurde den Vertriebenen untersagt, mehr als 500 Reichsmark und mehr Gepäck mitzunehmen, als sie „in den Händen tragen können". Dazu gab es nahezu keine Verpflegung und ärztliche Versorgung während der Transporte.

An der Brutalität der Miliz und dem Zwang, oft binnen Minuten Haus, Hof oder Wohnung zu verlassen, änderte sich ebenfalls nichts. Immer noch wurden die Vertriebenen in kilometerlangen Märschen in Internierungslager verbracht, von denen aus erst nach Wochen die Transporte weitergingen. Wenn dennoch eine gewisse Verbesserung in wenigen Fällen eingetreten war, so ging das auf die britischen Proteste gegen die Art und Weise des polnischen Vorgehens zurück.

Internationale Hilfsorganisationen wie das Rote Kreuz konnten den Menschen nicht helfen. Ihnen wurde der Zugang zu den Vertreibungsgebieten nicht gestattet. Trotz des harten Winters 1946 setzte Polen die Ausweisung unverändert fort. Erst als die britischen Behörden die weitere Übernahme von Transporten verweigerten, ging die Zahl der Ausweisungen zurück. Eine Anzahl von Vertriebenentransporten kehrte in die Ausgangsorte zurück, um zu einem späteren Zeitpunkt noch einmal das gleiche Schicksal zu erleben.

Ende 1946 war der Hauptteil der Deutschen, die beim Einzug der Roten Armee in ihrer ostdeutschen Heimat geblieben oder später zurückgekehrt waren – schätzungsweise 5,7 Millionen – bereits vertrieben oder nicht mehr am Leben. Dennoch lebten noch zahlreiche Deutsche in den deutschen Ostgebieten, die 1947 einer weiteren Phase der Vertreibung zum Opfer fielen. Ihre Zahl beläuft sich auf rund eine halbe Million. Viele Deutsche, die vorher als unabkömmliche Arbeitskräfte eingestuft worden waren, wurden nun ausgewiesen. Orte, an denen die Vertreibung bis dahin teilweise oder ganz vorbeigegangen war, wurden nun gewaltsam deutschenfrei gemacht.

Damit war die Massenvertreibung der Deutschen aus den deutschen Ostgebieten unter polnischer Verwaltung im wesentlichen abgeschlossen, während beispielweise im nördlichen Ostpreußen unter sowjetischer Verwaltung die Ausweisung gerade begann und im Memelland keine systematische Vertreibung stattfand. In den folgenden Jahren kam es in den polnisch verwalteten Gebieten zwar noch zu einer Anzahl von Einzelausweisungen, vor allem aber versuchten unzählige zurückgehaltene Deutsche auszureisen oder zu flüchten.

Wie aber sah das Schicksal von knapp einer Million Deutschen aus, die sich beim Einmarsch der Roten Armee und ihrer polnischen Verbündeten und im Sommer 1945 im polnischen Staatsgebiet, wie es vor dem Krieg bestanden hatte, befanden? Dort ging unmittelbar nach der Eroberung die Verwaltung auf polnische Behörden und die polnische Miliz über, und die russischen Kommandanturen rückten nach kurzer Zeit wieder ab.

Für die Deutschen begann eine Zeit ungeheuren Leidens. Den Gewalttaten sowjetischer Soldaten folgten hemmungslose Exzesse und Pogrome von polnischer Seite. Diesen waren einzelne Deutsche ebenso ausgesetzt wie ganze Gruppen und Kolonnen, die eingesperrt oder zur Zwangsarbeit herangezogen wurden. Reichsdeutsche, Umsiedler aus dem Baltikum oder anderen Gebieten Ost- und Südosteuropas und alteingesessene Volksdeutsche waren gleichermaßen Opfer dieser verbrecherischen Ausschreitungen.

Es wiederholten sich überall Exzesse wie im September 1939. Deutsche wurden gefoltert, erschlagen und erschossen. Die Deutschen hatten auf ihrer Kleidung weithin sichtbare Zeichen, meist große schwarze Hakenkreuze auf weißem Grund, zu tragen. Erst auf sowjetische Veranlassung hin wurde diese Anordnung wieder aufgehoben.

Mißhandelt, ausgeplündert, verhöhnt, verhaftet, gefoltert, freigelassen und aufs neue verhaftet, so erlebte ein Großteil der Deutschen in Polen die Wiedererrichtung des polnischen Staates.

Zu den entsetzlichsten Leiden, die in vielen Berichten der Opfer dargestellt wurden, gehörte das Exhumieren von Leichen mit bloßen Händen. Bei den Toten handelte es sich meist um polnische oder russische Gefallene, Personen, die nach den September-Ausschreitungen 1939 von deutschen Gerichten verurteilt worden waren, und um erschossene polnische Partisanen.

Die entschädigungslose Enteignung der Deutschen in Polen war schon Ende Mai 1945 beendet. Wohnungen, Häuser und Höfe deutscher Eigentümer wurden von Polen eigenmächtig in Besitz genommen. Als sich die Zahl der Interessenten immer mehr steigerte, wurden Besitzanweisungen ausgestellt. Die deutschen Eigentümer wurden dadurch Zwangsarbeiter auf ihren ehemaligen Höfen, ohne Entgelt, unter Schikanen und Mißhandlungen. Andere wurden von den Eindringlingen sofort und rücksichtslos verjagt, ohne auch nur das Lebensnotwendige mitnehmen zu können.

Fast ausnahmslos wurde die deutsche Bevölkerung in Polen in Lager gesperrt, die erst Anfang der 1950er Jahre aufgelöst wurden. Erst dann, nach jahrelanger Zwangsarbeit, wurden die dort festgehaltenen Deutschen des Landes verwiesen. In den Lagern, in denen Quälereien und Mißhandlungen alltäglich waren, wurden ohne Rücksicht die Familien auseinandergerissen.

Über das Schicksal von internierten Kindern heißt es in der Dokumentation der Vertreibung der Deutschen aus Ost-Mitteleuropa (Band I, S. 134 E), herausgegeben von der Bundesregierung: „Katastrophal wirkte sich die Internierung auf die deutschen Kinder aus, zumal als man im Sommer 1945 dazu überging, sie rigoros von ihren Müttern zu trennen, um auch deren Arbeitskraft voll ausnutzen zu können. Fast alle Säuglinge starben, größere Kinder lebten in Gemeinschaftsbaracken, getrennt von ihren Eltern und sich selbst überlassen. Ihre Ernährung besserte sich in späteren Jahren dank der Hilfsaktion des Internationalen Roten Kreuzes, obwohl ihre Verwahrlosung dadurch nicht aufgehalten werden konnte.

Die polnische Regierung betrachtete die von ihren Eltern getrennten deutschen Kinder als Staatseigentum und war bestrebt, sie zu polonisieren. Sie veranlaßte ihren Transport in Kinderheime, wo viele infolge der zeitweiligen Überfüllung verhungerten, oder gab sie in polnische Familien. Jeglicher Briefwechsel mit den Eltern war untersagt, und nur selten gelang es einigen verzweifelten Müttern, mit ihren Kindern in Verbindung zu bleiben.

Einer größeren Anzahl von ihnen ist es gelungen, im Laufe der nächsten Jahre ihre entfremdeten, häufig nur noch polnisch sprechenden Kinder zurückzubekommen. Viele dagegen wurden schließlich ausgewiesen, ohne ihre Kinder je wieder zu Gesicht bekommen zu haben. Anderen wiederum verweigerten polnische Familien die Rückgabe der ihnen übergebenen Kinder. Es gab Fälle, wo eine Kostenvergütung zur Bedingung der Rückgabe gemacht wurde, die von den zwangsweise und unbezahlt arbeitenden Müttern nicht aufgebracht werden konnte.

Auch diese mußten die Heimat ohne ihre Kinder verlassen, falls sich nicht mitempfindende Polen fanden, die ihnen das Geld gaben. Noch heute, acht Jahre nach Kriegsende, bemüht sich der Suchdienst des Deutschen Roten Kreuzes in Einzelverhandlungen, diese Kinder ihren Eltern wieder zuzuführen."

Auch in diesem Punkt wird deutlich, daß es sich bei der Vertreibung der Deutschen aus ihrer angestammten Heimat um einen Völkermord handelt. Nach Paragraph 6 Völkerstrafgesetzbuch begeht Völkermord, „wer in der Absicht, eine nationale, rassische, religiöse oder ethnische Gruppe als solche ganz oder teilweise zu zerstören, … ein Kind der Gruppe gewaltsam in eine andere Gruppe überführt".

Die Vertreibung der Deutschen aus dem Gebiet des polnischen Staates in den Grenzen von 1939 setzte erst 1947 ein. Sie verzögerte sich, weil man ihre billige Arbeitskraft zu schätzen gelernt hatte. 1947 und 1948 wurden vor allem die Nichtarbeitsfähigen ausgewiesen, wieder wurden Familien getrennt. 1949 und 1950 folgte dann auch die Ausweisung der Arbeitsfähigen.

Der polnische Lager-Terror

Die überwiegende Mehrheit der Deutschen in Polen hat über die alltäglichen Verbrechen hinaus eine Zeitlang in polnischen Internierungslagern verbracht. Solche Lager bestanden beispielsweise in Gronowo, Grottkau, Güstrow, Hohensalza, Jaworzno, Kaltwasser, Kruschwitz, Kulm, Lamsdorf, Landsberg/Warthe, Langenau, Leobschütz, Lissa, Pakosz, Petrikau, Potulice, Schwetz und Zgoda, viele davon mit zahlreichen Nebenlagern.

Zu den Stätten des Terrors können jedoch nicht allein die Internierungslager im eigentlichen Sinn gerechnet werden. Dazu gehören auch die unzähligen anderen Einrichtungen, die keinem anderen Zweck dienten, als Deutsche zu inhaftieren, also auch die mit Deutschen überfüllten Zuchthäuser und Gefängnisse. Allen diesen Einrichtungen gemeinsam ist, daß die Einweisung in sie nicht auf einem rechtskräftigen Urteil beruhte, sondern auf der Eigenschaft der Inhaftierten als Deutsche oder als Angehörige einer sonstigen diskriminierten Gruppe.

In Oberschlesien, zwischen Oppeln und Neisse, liegt Lamsdorf. 1921 hatte dort das „Flüchtlingslager Lamsdorf" für aus Polen geflohene Deutsche bestanden. Im Zweiten Weltkrieg war es ein Kriegsgefangenenlager. Von August 1945 bis Herbst 1946 diente es als Internierungslager für Deutsche.

Der ehemalige Lagerarzt Dr. Heinz Esser hat in seinen Erinnerungen den Häftlingsalltag in Lamsdorf beschrieben. Wahllos wurden die Einwohner ganzer Dörfer in dieses Lager der polnischen Miliz getrieben. Unter der Leitung des polnischen Kommandanten Czeslaw Geborski, damals gerade zwanzig Jahre alt, kam es zu Folterungen und Massentötungen. Esser berichtete, daß 6.488 Menschen von 8.064 Häftlingen im Lager umkamen.

Hier einige Auszüge aus dem vom Lagerarzt verfaßten Bericht, der von zahllosen weiteren Aussagen bestätigt wird: „Die Aufnahme ins Lager vollzog sich etwa so: Die meisten der nachts ausgesiedelten und ausgeraubten Menschen eines Dorfes wurden mit dem Rest ihrer Habe ins Lager gejagt. Dort mußten sie den ganzen Tag bei Wind und Wetter vor dem Büro stehen und auf ihre Registrierung warten. Nachdem jedem einzelnen auch das Letzte, einschließlich Mantel, Rock oder Schuhe geraubt worden war, wurde er verprügelt, mit Kolben gestoßen, mit Bleikabeln geschlagen usw., so daß diese Menschen im Gesicht völlig unkenntlich, blutüberströmt und oft mit zerbrochenen Gliedern und Rippen weggestoßen wurden. Markerschütternde Schreie hallten von dort in das Lager.

Viele wurden erschlagen oder erschossen, die Überlebenden starben in zahlreichen Fällen an den Folgen der vorausgegangenen unbeschreiblichen Mißhandlungen. Sie wurden geschlagen und getötet, nur weil sie Deutsche waren. Die Hinmordung geschah entweder durch Erschlagen mit Knüppeln oder Zaunlatten auf den Schädel, wobei der Unglückliche meist niederknien mußte, oder er erhielt einen Schlag gegen die Halsschlagader, worauf er regelmäßig tot hinstürzte, oder er wurde durch Fußtritte auf den Leib und auf die Kehle ermordet."

Esser nennt ein Beispiel: „Johann L. wurde bereits vor dem Büro blutig geschlagen wegen seines Bartes. Dann wurde er als SA-Führer

Im polnischen Internierungslager Lamsdorf starben Tausende von Schlesiern.

bezeichnet, obwohl er Unterlagen vorweisen konnte, die seine politische Nichtbelastung bewiesen, aber man trieb ihn unter Johlen und Schreien und der Bezeichnung ‚Judas' in die Werkstätte, wo man ihn mit dem Bart in einen Schraubstock einklemmte und mißhandelte. An seiner Leiche stellte ich zwei Stunden später fest: Schädel mehrfach gespalten, Bart abgetrennt und verbrannt, Brandwunden im Gesicht, Fingernägel ausgerissen, rechts Schlüsselbein gebrochen, beide Unterarme zwei- und dreifach gebrochen."

An anderer Stelle heißt es: „Das Lagerleben vollzog sich etwa folgendermaßen: Früh morgens war kurz nach dem Wecken um 5 Uhr Appell und sogenannter ‚Frühsport'. Während des Sports, den alle Männer ohne Rücksicht auf Krankheit oder Gebrechen und Alter, ja sogar Männer von 80 bis 90 Jahren mitmachen mußten, wurde wieder geschlagen, getreten usw. Anlaß hierzu war meist die Tatsache, daß die Kommandos in polnischer Sprache gegeben wurden, die die meisten überhaupt nicht verstanden, oder weil die Männer gezwungen waren, in polnischer Sprache abzuzählen, wozu sie natürlich nicht in der Lage waren. Hierbei kam es zu Mißhandlungen, die überhaupt nicht zu beschreiben sind und die regelmäßig mit tödlichem Ausgang bei mehreren Menschen endeten.

Die alten Männer, die jeglicher Sportbetätigung unfähig waren, wurden dabei fast alle in bestialischer Weise umgebracht. Nach einem solchen ‚Frühsport' wurden in den ersten vier Monaten durchschnittlich am Tage etwa zehn Tote vom Platz geschleppt. Manche der so Gequälten, die noch gar nicht tot waren, kamen dessenungeachtet darauf ins Massengrab. Die übrigen Wachtposten sahen diesen Mordtaten ebenso wie ihr Kommandant Geborski lachend und höhnend zu. Dann wurden die Männer und Frauen in Arbeitskommandos eingeteilt.

Am 15. September 1945 wurden 16 Männer vor einen Wagen gespannt und mußten unter ständigen Stockschlägen schwere Eisenteile im Nachbardorf holen. Sie konnten sich kaum halten vor Schwäche und Hunger. Unterwegs im Wald wurden auf die Männer regelrechte Schießübungen veranstaltet, wobei die Hälfte der Unglücklichen unter Feuer in einen Teich gejagt wurde und darin ertrank. Die anderen, worunter sich auch der jetzt noch lebende Erhard Sch. befand, kehrten blutüberströmt und sich nur mühsam vorwärtsschleppend zurück. Drei von ihnen hatten von den Schreckenserlebnissen die Sprache verloren. Einer schrie vor Schmerzen, weil er vier tiefe Bajonettstiche im Körper hatte. Aber er durfte nicht ins Revier oder ärztlich behandelt werden. Er erhängte sich in derselben Nacht neben der Schlafstelle eines Mithäftlings.

Die Arbeit, die bei einer Verpflegung von etwa 200 bis 300 Kalorien am Tage verrichtet werden mußte, unter Stock- und Peitschenhieben oder schwersten blutigen Mißhandlungen, war schlimmer als Sklavenarbeit. Männer und Frauen, ohne Rücksicht auf ihren schlechten Ernährungs- und Kräftezustand oder auf bestehende Krankheit, mußten zwölf Stunden und länger in dürftiger und zerrissener Kleidung, voll Ungeziefer und eiternden Wunden, die nicht behandelt werden durften, bei allen Witterungslagen schwerste Arbeit verrichten. Diese Arbeiten wurden bei Regen und grimmigster Kälte rücksichtslos verlangt, bis die Menschen zusammenbrachen…

Man schoß auch auf Menschen, die zum Beispiel zur Latrine gingen oder einen Auftrag auszuführen hatten, am hellichten Tage wie auf Schießbudenfiguren. Manche kamen in einen unterirdischen stockfinsteren Raum, der bis fast Mannshöhe mit fauligem Wasser gefüllt war, und mußten hierin mehrere Tage und Nächte unter entsetzlichen Qualen verbringen, bis sie endlich durch den Tod erlöst wurden."

Ein nie geklärter Barackenbrand wurde zum Anlaß für ein wildes Morden genommen: „Über die Zahl der beim Barackenbrand verlorenen Toten gibt es genaue Feststellungen. Ich wurde mit vorgehaltener Pistole durch den Kommandanten Geborski gezwungen, dem

Überall werden deutsche Opfer in Massengräbern verscharrt.

grausamen Massenmorden zuzusehen und die Toten nach drei verschiedenen Richtungen hin entfernen zu lassen, um den Überlebenden unmöglich zu machen, zu einer annähernd richtigen Schätzung zu kommen. Ich habe die Toten, die in panikartiger Stimmung von Männern und Frauen verscharrt wurden, außer von den offiziell damit beauftragten Kommandos gezählt. Es waren: 36 Männer und elf Frauen (diese wurden erschossen); 25 Männer und 15 Frauen (diese waren in den Flammen verbrannt und wurden von mir als verkohlte Leichen festgestellt); 285 Männer und Frauen (diese wurden mit Gewalt aus der Krankenstube ins Massengrab geworfen, wobei sie entweder vorher durch Genickschuß getötet oder durch Kolbenschläge betäubt noch lebendig ins Grab geworfen wurden); 209 Männer und Frauen (diese starben am nächsten Tag oder einige Stunden später an den Folgen der während der Katastrophe erlittenen Schuß- oder Körperverletzungen)."

Der Historiker Werner Frauendienst hat sich 1962 zu den Dokumentarberichten über Lamsdorf und andere polnische Lager für Deutsche aus den Jahren 1945–1947 wie folgt geäußert: „Ich habe von den Fragebogen bis zum Erlebnisbericht alles zu sehen bekommen. Es sind Hunderte von Berichten übersandt worden, von denen jeder kritisch auf seinen Wahrheitsgehalt überprüft wurde. Es sind nur hieb- und stichfeste Darstellungen aufgenommen worden, die Bestialität der polnischen Milizleute, ihrer UB, aber auch die Gerichtsfarcen... Die Berichte halte ich wissenschaftlich für einwandfrei, da bei der Darbietung strengste Maßstäbe angelegt sind, die Objektivität verbürgen. Nach meiner Überzeugung bedarf es keiner anderweitigen Überprüfung mehr. Ich habe meinen Auftrag erfüllt und kritisch geprüft, immer wieder, aber ich gestehe offen, so etwas hätte ich nie erwartet. Die Oberschlesier haben ein Recht darauf, aber auch die Weltöffentlichkeit muß endlich nunmehr von diesen Schrecknissen Kenntnis nehmen."

Zur Ergänzung des bisher Gesagten sei hier noch ein Bericht wiedergegeben, der den reinen Vorgang der Ausweisung, wie er sich typischerweise vollzog, beschreibt. Er stammt von Pfarrer N.N. aus Leobschütz in Oberschlesien und wurde 1950 im „Leobschützer Heimatbrief" veröffentlicht: „Am 26. September 1945, frühmorgens gegen 5 Uhr, begann die Razzia gegen die Deutschen. Die polnische Miliz drang in die Häuser ein und jagte alle Deutschen auf die Straße. Die wenigsten hatten noch Zeit und Gelegenheit, etwas von ihren wenigen, den vorherigen Plünderungen entgangenen Habseligkeiten mitzunehmen. Man trieb alle auf dem Ring zusammen und schaffte sie von dort teils mit Lastautos, teils zu Fuß in das Lager von Marschke und Zilger.

Seit sechs Wochen befand sich dort die Bevölkerung von Schlegenberg in diesem Lager. Während der ganzen Nacht mußten die Männer ungeschützt im Regen stehen.

Am folgenden Tag wurde die Belegschaft des Lagers vom Stadtkommandanten und der polnischen Miliz in bezug auf die Arbeitsfähigkeit der einzelnen ausgesondert: Frauen mit Kindern, junge Mädchen, Frauen ohne Kinder, arbeitsunfähige Männer. Die Parole hieß: Frauen mit Kindern und alte Leute kommen ins Reich, arbeitsfähige Männer, Frauen ohne Kinder und junge Mädchen bleiben hier zur Arbeit. Es waren etwa 3.000 Menschen in dem Lager zusammengepfercht.

Am 27. September 1945 gegen 5 Uhr nachmittags wurden die für den Abtransport bestimmten Personen zur Bahn gebracht. Unter ihnen befand sich auch der Franziskanerpater Ludwig Bogdanski, der ehemalige Guardian des Franziskanerklosters Leobschütz. Als Transportleiter war Kantor Borsutz aus Leobschütz bestimmt. Nachdem man 70 bis 80 Personen wie Vieh in einen Waggon zusammengepfercht hatte, begann die Fahrt gegen 8 Uhr abends. Die polnische Miliz war dem Transport als Bewachung beigegeben. Niemand wußte, wohin die Fahrt geht.

Am 28. September 1945 kam der Transport in Neisse O/S an und wurde vier Tage lang auf einem toten Gleis stehengelassen. Da keine Lebensmittel mitgenommen worden waren, sich auch sonst niemand um die Verpflegung kümmerte, schrien die Menschen vor Hunger nach Brot. Aber keiner gab es ihnen. Soweit die Wagen von der polnischen Miliz geöffnet wurden, konnten die hungernden Menschen heraus und suchten sich Rüben und Kartoffeln auf den nächstliegenden Feldern. Dabei wurden viele, besonders alte Frauen, von der polnischen Miliz mit Gummiknüppeln geschlagen. Pater Ludwig begrub in den Wällen der Festung Neisse die ersten sieben Tote. Sie waren buchstäblich verhungert.

Weiter ging die Fahrt. In der Nacht drang die polnische Miliz in die Wagen ein, nahm den Frauen die Handtaschen ab, durchwühlte sie, stahl, was ihnen gefiel; den Männern wurde, soweit noch vorhanden, das Geld abgenommen. Immer wieder wurde versucht, Frauen aus den Wagen herauszuziehen, um sie zu vergewaltigen. Wenn der Zug auf freier Strecke hielt und die Miliz die Wagentüren öffnete, stürzten sich die hungernden Menschen hinaus in die Felder, um einige Rüben oder Kartoffeln gegen den Hunger zu finden. Auf jeder Haltestelle wurden die Toten neben den Bahndämmen beerdigt. Kurz vor Görlitz beteiligten sich auch Russen an der Ausplünderung der Heimatvertriebenen.

Am 10. Oktober gab es das erste Brot auf der deutschen Station Löbau. Über Zittau in Sachsen erreichten wir nach 15tägiger Fahrt unser vorläufiges Endziel, das Lager Niederoderwitz. Auf dieser Fahrt starben 368 Menschen."

VI. Die Zahl der Opfer

Über die Zahl der Vertreibungsopfer existieren ausführliche wissenschaftliche Untersuchungen, die 1955 bis 1957 im Statistischen Bundesamt angestellt wurden und seither nur unwesentlich korrigiert werden mußten. Entscheidend bleibt, daß kleinere oder auch mittlere Abweichungen am Tatbestand des Völkermordes nichts ändern.

Um die Opfer der Vertreibungsverbrechen zu ermitteln, muß zunächst die Zahl der alteingesessenen Bewohner der betroffenen Gebiete bekannt sein. Allgemein wird heute eine Zahl von 16,5 Millionen Deutschen für die Vertreibungs- und Deportationsgebiete in Ostdeutschland, Ost- und Südosteuropa (ohne die Sowjetunion in den Grenzen von 1937) angenommen, wovon auf das Reichsgebiet von

1937 9,29 Millionen, auf Danzig, Memel, Sudetenland und die anderen Regionen rund 7,25 Millionen entfallen.

Diese Zahl beinhaltet die alteingesessenen Bewohner der genannten Gebiete, vermindert um die Kriegsverluste, also gefallene Soldaten, Bombenopfer usw. Was fehlt, sind die nach 1939 Zugezogenen und die Rußlanddeutschen.

Die rußlanddeutschen Siedlungsgebiete wurden nach der Bonner Sprachregelung als „Deportationsgebiete“ bezeichnet. Ihre Bewohner waren nicht nur von einem Ufer der Oder auf das andere, sondern von Europa nach Asien vertrieben worden. Bei Beginn des Rußlandfeldzuges lebten etwa zwei Millionen Deutsche, verstreut in mehreren Siedlungsgebieten, in der Sowjetunion.

Das Schicksal der einheimischen Ostdeutschen teilten die im Krieg Zugezogenen, wovon der größte Teil aus den Luftkriegsevakuierten – etwa 1,5 Millionen vor allem Frauen, Kindern und alten Menschen – bestand. Durch die Verlegung zahlreicher Industriebetriebe aus den bombengefährdeten west- und mitteldeutschen Gebieten mit ihren Belegschaften und Familienangehörigen und sonstige Zugezogene kommen noch einmal eins bis 1,5 Millionen zusammen.

Insgesamt ergibt sich ein Zugang von zwei bis 2,5 Millionen Menschen in den Vertreibungsgebieten, was auch andere Stellen ausdrücklich bestätigen.

Die erste Zwischenbilanz lautet daher:

- 16,5 Millionen einheimische Deutsche in allen Vertreibungsgebieten ohne Sowjetunion;
- 1,5 Millionen Rußlanddeutsche (Mindestschätzung);
- zwei Millionen zugezogene Deutsche aus den westlichen und mittleren Landesteilen.

Somit ergibt sich eine Gesamtzahl von 20 Millionen Deutschen, die sich gegen Ende des Krieges in den Vertreibungs- und Deportationsgebieten aufhielten.

Diese Personenzahl ist doppelt so hoch wie die Zahl der seinerzeitigen Einwohner von Australien und Neuseeland zusammen. Sie entspricht etwa der damaligen Gesamtzahl aller Einwohner der Republiken Irland, Finnland und Island und der Königreiche Norwegen, Schweden und Dänemark.

Abgesehen von Resten der Ungarn- und Rumäniendeutschen sowie einer knappen Million Deutscher in Oberschlesien, die einer über 40jährigen kommunistischen, national-polnischen Polonisierung widerstanden, gibt es das alte Ostdeutschland und die deutschen Sprachinseln im Osten heute nicht mehr.

Bilanz des Todes

Um die eigentlichen Vertreibungs- oder auch Nachkriegsverluste zu ermitteln, hat man im Statistischen Bundesamt alle Kriegsverluste (gefallene Soldaten, Opfer des Bombenkrieges usw.) aus den Bevölkerungsbilanzen herausgerechnet und kam zu folgender Statistik der Vertreibungstoten:

Die deutschen Vertreibungsverluste (ohne die Verluste der Rußlanddeutschen und der zugezogenen Bevölkerung; alle Zahlen abgerundet)

	In absoluten Zahlen	In Prozent der deutschen Einwohner
Ostpreußen	299.000	14
Ostpommern	364.000	20
Ostbrandenburg	207.000	35
Schlesien	466.000	10
Danzig	83.000	20
Baltische Staaten einschl. Memelland	51.000	21
Tschechoslowakei einschl. Sudetenland	272.000	8
Polen	185.000	14
Ungarn	57.000	15
Jugoslawien	135.000	25
Rumänien	101.000	12

Es ergibt sich eine Summe von rund 2,23 Millionen Todesopfern. Die Schätzungen wurden „mit größter Vorsicht vorgenommen", stellen also Mindestzahlen dar.

Nicht in der Bilanz des Statistischen Bundesamtes enthalten sind die Verluste der verschleppten Rußlanddeutschen. Sie werden mindestens auf 350.000 geschätzt und ergeben sich aus den Opfern, die die Verschleppung von 900.000 Rußlanddeutschen in den asiatischen Teil der Sowjetunion während des Krieges und die Zwangsrepatrierung von über 270.000 geflüchteten Rußlanddeutschen nach dem Krieg kostete.

Bleiben noch die west- und mitteldeutschen Zuwanderer und Evakuierten in den Vertreibungsgebieten, deren Zahl weit über zwei Millionen lag. Grundsätzlich stellt die Dokumentation des Bundesvertriebenenministeriums fest, daß dieser Personenkreis ähnlich hohe Verluste zu beklagen hatte wie die einheimische Bevölkerung. Um aber jede Gefahr der Überschätzung auszuschließen, wird man die Menschenopfer der nicht einheimischen Deutschen etwa ein Fünftel unter dem allgemeinen Mittelwert von 14,3 Prozent ansetzen, also bei mindestens elf Prozent, was bei einer (Mindest-)Zahl von zwei Millionen 220.000 Menschen ausmacht. Es ergibt sich damit folgende Übersicht der Vertreibungs- und Deportationsverluste der deutschen Zivilbevölkerung im Osten:

Ostdeutschland, Ost- und Südosteuropa (ohne Rußlanddeutsche und zugezogene Bevölkerung)	2.230.000
Rußlanddeutsche	350.000
Später zugezogene Bevölkerung	220.000
insgesamt	2.800.000

Am Rand sei vermerkt, daß die genannten Zahlen bei weitem nicht alle Nachkriegsverluste erfassen, die die Deutschen betreffen. An dieser Stelle wären zum Beispiel die Opfer zahlreicher Gewaltverbrechen der Roten Armee während des Einmarsches in Mitteldeutschland zu nennen, die sich zum Teil nicht von denen östlich von Oder und Neiße unterschieden. Zu erinnern ist ferner an die 185.000 Zivilpersonen, die nach 1945 in der Sowjetzone festgenommen, etwa in den Lagern Buchenwald, Sachsenhausen und anderen interniert und teilweise in die Sowjetunion abtransportiert wurden. Von ihnen starb ein hoher Prozentsatz.

Obwohl es auch im Westen Fälle völkerrechtswidriger und grausamer Behandlung der deutschen Kriegsgefangenen gab, deren wirkliches Ausmaß erst in jüngster Zeit bekannt wurde, verdient doch das tragische Schicksal der Kriegsgefangenen im Gewahrsam osteuropäischer Staaten besondere Erwähnung. Nach den Berechnungen der von der Bundesregierung beauftragten Wissenschaftlichen Kommission starben in Rußland rund 1,1 Millionen, in Jugoslawien 80.000 usw. Da es sich bei diesen Zahlen aber nur um Mindestschätzungen handelt, wird angenommen, daß im Osten wahrscheinlich zwei Millionen deutsche Kriegsgefangene zu Tode kamen.

Addiert man alle genannten Zahlen und die Zahl der Vertreibungsopfer, so ergibt sich, daß annähernd fünf Millionen Deutsche allein im Osten sterben mußten.

Als Bilanz des Geschehens östlich und südöstlich von Oder, Neiße und Böhmerwald ist festzustellen: Nach dem bisherigen Stand der Erkenntnisse liegen die Vertreibungsverluste (einschließlich der Deportationsverluste) der deutschen Zivilbevölkerung im Osten zwischen 2,8 und 3 Millionen Menschen; das entspricht etwa der damaligen Einwohnerzahl der Republik Irland.

Der Tod eines Landes

Der US-amerikanische Diplomat und Historiker George F. Kennan beschrieb in seinen Memoiren den Zustand Ostpreußens nach 1945: „Die Katastrophe, die über dieses Gebiet mit dem Einzug der sowjetischen Truppen hereinbrach, hat in der modernen europäischen Geschichte keine Parallele. Es gab weite Landstriche, in denen, wie aus den Unterlagen ersichtlich, nach dem ersten Durchzug der Sowjets von der einheimischen Bevölkerung kaum noch ein Mensch – Mann, Frau oder Kind – am Leben war, und es ist einfach nicht glaubhaft, daß sie allesamt in den Westen entkommen wären.

Die Wirtschaft der Gegend war total zerstört. Ich selbst flog kurz nach der Potsdamer Konferenz im August 1945 mit einer amerikanischen Maschine in ganz geringer Höhe über die gesamte Provinz, und es bot sich mir ein Anblick eines vollständig in Trümmern liegenden und verlassenen Gebiets: vom einen Ende bis zum anderen kaum ein Zeichen von Leben... [Die Russen hatten aus dem Land] die einheimische Bevölkerung in einer Manier hinausgefegt, die seit den Tagen der asiatischen Horden nicht mehr dagewesen ist."

Der gleiche George F. Kennan sagte damals auch noch folgende Worte, die man nur unterstreichen kann: „Wenn die Geschichte über die Grausamkeiten dieses Krieges ihr Urteil fällt, wird sie zwischen Siegern und Besiegten nicht unterscheiden."

Zusammenfassung

Als Fazit ist festzuhalten: Die Vertreibung der Deutschen aus Ostdeutschland und Osteuropa in den Jahren 1945 bis 1948 war die größte und konsequenteste Völkervertreibung der Weltgeschichte. Für über 20 Millionen Menschen bedeutete sie Flucht, Vertreibung oder Verschleppung, Mißhandlung und Folter oder Diskriminierung. 2,8 bis drei Millionen Menschen verloren dabei ihr Leben. Das Geschehen in den Vertreibungsgebieten ist als Völkermord zu bezeichnen.

In den obengenannten Zahlen nicht enthalten sind die Opfer sowjetischer Gewaltverbrechen in und Deportationen aus Mitteldeutschland sowie die im Osten zugrundegegangenen Kriegsgefangenen. Unter Einbezug auch dieser Personengruppen ergäbe sich die Feststellung, daß jenseits des Eisernen Vorhangs fast fünf Millionen Menschen deutscher Abstammung zu Tode gekommen sind.

Das Schicksal der Bevölkerung in den einzelnen Gebieten war verschieden; es unterschied sich oft sogar von Dorf zu Dorf. In den Oder-

Neiße-Gebieten und in Polen sind als wichtigste Todesursachen zu nennen:

1. Massenverbrechen beim Einmarsch der Roten Armee und in den ersten Wochen danach;
2. Vernichtung von Flüchtlingstrecks bzw. Tod auf der Flucht wegen Erschöpfung, Kälte usw.;
3. Tod in Gefängnissen und Lagern (allein im polnischen Verwaltungsbereich gab es 1.255 Lager);
4. Zwangsarbeit und Deportation;
5. Verelendung und Hungertod der verbliebenen Bevölkerung, vor allem in Ostpreußen.

Die Bewohner der Wolgadeutschen Republik und der anderen deutschen Siedlungen im europäischen Rußland wurden ab 1941 zwangsweise nach Kasachstan, Sibirien und andere Gegenden östlich des Urals umgesiedelt. Katastrophale Verhältnisse, vor allem beim Transport und an den Zielorten, forderten dabei viele Opfer.

In Prag und anderen tschechischen Städten mit deutscher Minderheit fanden Pogrome von unerhörter Grausamkeit statt. Im Sudetenland, wo die Rote Armee sehr spät einmarschierte, starben die Menschen vor allem an Mißhandlungen, Folter und Hunger.

In Jugoslawien wurde die deutsche Bevölkerung von Partisanen durch Massenerschießungen und in Lagern fürchterlich dezimiert; von dem im Land verbliebenen Deutschen überlebte nur jeder dritte. In Ungarn mußte etwa die Hälfte der deutschen Volksgruppe das Land verlassen. In einigen Sammellagern starben Menschen aufgrund unmenschlicher Zustände; die meisten Todesfälle jedoch ereigneten sich bei der Verschleppung von Zwangsarbeitern in die UdSSR. In Rumänien fand keine Vertreibung statt. Die Verluste der deutschen Minderheit waren überwiegend eine Folge sowjetischer Deportationen.

VII. Deutschland nach dem Kriege

Die bedingungslose Kapitulation

Auf der Konferenz von Casablanca im Januar 1943 verkündeten die Alliierten zum ersten Mal die Forderung nach „bedingungsloser Kapitulation“ der Achsenmächte. Danach wurde den meisten Deutschen – auch Hitler-Gegnern – klar, daß dieser Krieg weniger ein Krieg gegen das NS-System, sondern vor allem ein Krieg gegen Deutschlands Existenz als souveräne Macht war.

Fabian von Schlabrendorff, Angehöriger des Widerstandes, beschrieb die Wirkung der Formel „Bedingungslose Kapitulation" auf die Deutschen:

„1. Für die Nationalsozialisten war die Ankündigung ein Stimulans: Nach Casablanca wußten sie, daß es für sie keinen Pardon gab, daß sie um ihre Existenz kämpften. Daher kämpften sie mit verdoppelter Anstrengung.

2. Für die Gruppe der Gegner des Nationalsozialismus war die Parole sehr schmerzhaft. Es schwächte zwar nicht ihre politische Opposition gegen Hitler und dessen Regime, aber es überzeugte manchen, daß angesichts der alliierten Entschlossenheit, Deutschland zu vernichten, jeder aktive Widerstand sinnlos und der einzige gangbare Weg der passive Widerstand war. Sie wollten so lange warten, bis die Regierung Hitlers zusammengebrochen war.

3. Die große Masse der Bevölkerung war weder für noch gegen die Nationalsozialisten. Zunächst betrachteten sie diesen Krieg als eine Angelegenheit Hitlers und machten Unterschiede zwischen der Sache des Nationalsozialismus und jener Deutschlands. Mit der Forderung nach bedingungsloser Kapitulation aber war das zu Ende, denn die Alliierten weigerten sich, zwischen Nationalsozialismus und Deutschland zu unterscheiden."

Der britische Historiker und General J.F.C. Fuller schrieb in seinem Buch „The Second World War"[18]: „Von da an hingen diese Worte [Unconditional Surrender] Amerika und England in der Tat wie ein Mühlstein um den Hals. Was bedeuten diese beiden Worte? Erstens, daß der Krieg bis zur totalen Vernichtung fortgesetzt werden mußte, weil keine Großmacht mit Achtung vor sich selbst, vor ihrem Volk, ihrer Geschichte und der Nachwelt auf sie eingehen konnte. Daher erhielten sie einen geradezu religiösen Charakter und mußten alle Schrecken eines Religionskrieges mit sich bringen. Für Deutschland wurden sie zur Frage: Erlösung oder Verdammung. Zweitens, daß das Gleichgewicht der Mächte in Europa und zwischen den europäischen Völkern nach Erringung des Sieges unwiderruflich zerstört sein werde. Rußland mußte zur größten Militärmacht in Europa werden und daher Europa beherrschen.

Infolgedessen war der Friede, den diese Worte ankündigten, nichts als die Ablösung der nationalsozialistischen Tyrannei durch einen noch barbarischeren Despotismus…

Daher verstümmelte diese Forderung die Opposition gegen Hitler in Deutschland und gab, wie eine Bluttransfusion, dem Krieg zwei weitere Lebensjahre."

---

[18] J.F.C. Fuller. The Second World War 1939–45. A Strategical and Tactical History. London 1948.

Deutschlands Schicksal

Deutschland sollte grundsätzlich auf seine Grenzen von 1937 beschränkt werden. Österreich, das Sudetenland, Westpreußen, das Warthe- und Memelland sowie Elsaß-Lothringen wurden wieder abgetrennt. Das gleiche Schicksal erlitt Ostpreußen, dessen nördliche Hälfte mit Königsberg den Russen zugesprochen wurde. Die südliche Hälfte und die Gebiete östlich der Oder und Lausitzer Neiße übergaben die Russen den Polen zur Verwaltung.

Über die Entstehung dieser unheilvollen Bestimmung schrieb der ehemalige US-amerikanische Außenminister James F. Byrnes: „Wir erfuhren vor unserer Abreise nach Deutschland, daß die Sowjets das ganze deutsche Gebiet östlich der Neiße polnischer Verwaltung unterstellt, ohne sich vorher mit Großbritannien oder den Vereinigten Staaten ins Benehmen gesetzt zu haben. Sowohl Präsident Truman wie Premierminister Churchill baten sofort um eine Erklärung dieser einseitigen Handlungsweise. Die Sowjets rechtfertigten sich, indem sie sagten, die Deutschen seien vor den russischen Truppen geflohen; da das Gebiet verwaltet werden muß, hätten sie Polen gestattet, die Verwaltung zu übernehmen.

Jedoch wußten wir, daß mindestens zwei Millionen Deutsche dort geblieben waren. Wir hatten aber von Anfang an eingesehen, daß wir uns im Augenblick mit der polnischen Verwaltung dieses Teils der Sowjetzone abfinden mußten. Wir konnten die Russen nicht zwingen, die Verpflichtung wieder zu übernehmen, die sie freiwillig abgegeben hatten."

Deutschland wurde völlig abgerüstet und jede Wiederaufrüstung verboten. Die Kriegs- und Handelsflotte wurde an England, Rußland und die USA verteilt. Für Reparationszwecke wurden das deutsche Auslandsvermögen sowie große Teile der Industriewerke in Anspruch genommen, die man demontierte. Ganz Deutschland wurde von Rußland, England, Frankreich und den USA besetzt. Zu diesem Zweck wurden das Reich und die Reichshauptstadt in je vier Zonen eingeteilt. Durch einen gemeinsamen Kontrollrat sollte die politische und wirtschaftliche Einheit Deutschlands gesichert und überwacht werden.

Die Nürnberger Kriegsverbrecher-Prozesse

Die Sieger wollten den Nationalsozialismus und den Militarismus vernichten und die deutschen Kriegsverbrecher zu bestrafen. Zum ersten Mal in der Geschichte sollte ein internationales Strafrecht für Kriegsverbrecher und für Verbrechen gegen die Menschlichkeit umgesetzt und sollten für die Zukunft allgemeine Grundsätze festgelegt werden.

Allerdings war die rechtlich-moralische Grundlage der Prozesse fragwürdig, und zwar aufgrund der Besetzung der Ankläger und Richter in dem Verfahren:

1. Sie waren nicht neutral, sondern parteiisch;
2. Sie waren zum Teil selbst in Schuld verstrickt;
3. Für Kriegsverbrechen und Verbrechen gegen die Menschlichkeit wären die Sieger genauso schuldig zu sprechen gewesen;
4. Niemand darf in einem rechtsstaatlichen Prozeß gleichzeitig Kläger und Richter sein;
5. Verurteilung und Bestrafung erfolgten auch nach zur Tatzeit nicht geltenden Gesetzen.

Die Vollversammlung der Vereinten Nationen hat es 1952 abgelehnt, die Grundsätze des Internationalen Militärtribunals (IMT) als allgemein gültiges Völkerrecht anzunehmen.

Gegen die Männer der deutschen Führungselite wurden nach Abschluß des „Hauptkriegsverbrecherprozesses" am 1. Oktober 1946 zu Nürnberg die Urteile verkündet: Von 22 Angeklagten wurden zwölf zum Tode verurteilt, lebenslange Haft erhielten drei Angeklagte, mehrjährige Freiheitsstrafen erhielten vier Personen, und drei wurden freigesprochen.

Weitere Prozesse wurden gegen NS-Organisationen, Generale, führende Männer der Industrie, Richter, Ärzte und Diplomaten geführt, und hierbei wurden ebenfalls harte Strafen verhängt.

Nicht allein, daß die Richter von Nürnberg im Auftrag von Regierungen Recht sprachen, die sich Massenverbrechen wie Kolonialunrecht, Archipel Gulag, Bomben-und Atombombenabwürfen und Vertreibungen hatten zuschulden kommen lassen. Richter und Ankläger waren selbst persönlich tief in Unrecht verstrickt.

Die beiden Nürnberger US-Richter Clark und Francis Biddle hatten in den USA die juristischen Weichen dafür gestellt, daß über hunderttausend US-amerikanische Staatsbürger japanischer Herkunft ab 1942 in Internierungslager gepfercht worden waren. Der britische Anklagevertreter Sir Patrick Dean war maßgeblich an der Auslieferung von Millionen Osteuropäern in Stalins Vernichtungslager beteiligt. Und Ankläger Jackson aus den USA gehörte als Justizminister der Roosevelt-Regierung an, die das Land gegen den Willen der Mehrheit im Volk und im Kongreß planmäßig in den Krieg gesteuert hatte. Sowjet-Ankläger Rudenko war Stalins Bluthund in der Ukraine, auf dessen Konto der Mord an Zehntausenden ging.

Ende 1946 veröffentlichte die Schweizer Zeitung „Der Bund" folgende Stellungnahme des Bischofs von Berlin und Brandenburg Otto Dibelius: „Als Christen weigern wir uns rundweg, die Nürnberger

Urteile als gerecht anzuerkennen. Diese Urteile sind nichts anderes als eine Vergeltungsmaßnahme, die ein besiegtes Volk gegen seinen Willen über sich ergehen lassen muß, und das Völkerrecht wird in ihnen durch den brutalen Egoismus der modernen Staaten mit Füßen getreten. Ein neues barbarisches Zeitalter hat begonnen. Es ist möglich, daß viele der Nürnberger Verurteilungen verdiente Vergeltungsmaßnahmen waren. Andere dagegen können nur als Grausamkeitshandlungen angesehen werden, die einen Mangel an Intelligenz beweisen."

Die Teilung Deutschlands

Deutschland wurde in vier Besatzungszonen aufgeteil, wovon die drei westlichen sich nach und nach vereinigten. Dagegen entwickelte das sowjetische Besatzungsgebiet ein immer stärkeres Eigenleben.

Eine Maßnahme, die in ihren Auswirkungen die Trennung noch vertiefte, war die Währungsreform am 21. Juni 1948. Die alte „Reichsmark" wurde im Westen durch die „Deutsche Mark" und in der Ostzone durch die „Mark" abgelöst. Wegen der erhöhten Kaufkraft der neuen Währung konnte die Wirtschaft allmählich gesunden, nachdem in den Westzonen die Rationierung von Kleidung und Lebensmitteln schrittweise aufgehoben worden war.

Im Zuge der Währungsreform in der Ostzone ordneten die Sowjets entgegen dem Viermächteabkommen für Berlin eine Währungsumstellung für die ganze Stadt an. Die Westmächte erklärten diesen Befehl für nichtig und führten die westdeutsche Währung auch in den Berliner Westsektoren ein. Daraufhin unterbrach die sowjetische Militärverwaltung den gesamten Interzonenverkehr und sperrte alle Zufahrtswege und Lieferungen aus dem Westen. Damit war die vollständige Blockade der Berliner Westsektoren durchgeführt. Der Interzonenverkehr kam gänzlich zum Erliegen. Die Westmächte versorgten die Berliner in ihren Sektoren elf Monate lang über eine Luftbrücke.

Im Februar 1947 schlossen die Alliierten mit den ehemaligen Verbündeten Deutschlands Friedensverträge ab und setzten sie in Kraft. Über den Friedensvertrag mit Deutschland konnten sich die Westmächte auf zwei Konferenzen (Moskau im März / April und London im November / Dezember 1947) mit der Sowjetunion nicht einigen. In den wichtigsten Fragen wie Grenzen Deutschlands, Reparationen, politische und wirtschaftliche Einheit wurde kein Übereinkommen erzielt.

Rußland forderte die Anerkennung der Oder-Neiße-Grenze, die Verstaatlichung und gemeinsame Kontrolle der großen Industriebetriebe und des Bergbaus, eine kommunistische Bodenreform, zehn Milliarden Dollar Kriegsentschädigung und schließlich einen zentralistischen Gesamtstaat. Die Westmächte lehnten ab und verlangten freie Wahlen und eine verfassunggebende Nationalversammlung, was Rußland ablehnte.

VIII. Die Bundesrepublik Deutschland

Nachdem die Friedensgespräche gescheitert waren und eine Einigung unter diesen Umständen nicht zu erwarten war, sollte die Regelung der Grenzfrage einem späteren Friedensvertrag vorbehalten bleiben. In den drei Westzonen wurden elf selbständige Länder gebildet, die 1952 durch eine Zusammenlegung im Südwesten auf neun Bundesländer reduziert wurden. Im Jahre 1948 wählten die Landtage dieser Länder 65 Abgeordnete für den Parlamentarischen Rat, der ein gemeinsames Grundgesetz ausarbeitete. Es wurde im Mai 1949 mit Zustimmung der Militärregierung verkündet und in einem feierlichen Staatsakt in der vorläufigen Bundeshauptstadt Bonn am 23. Mai 1949 in Kraft gesetzt.

In der Präambel des Grundgesetzes wurde betont, daß die Bewohner der Westzonen „auch für jene Deutschen gehandelt haben, denen mitzuwirken versagt war. Das gesamte Deutsche Volk bleibt aufgefordert, in freier Selbstbestimmung die Einheit und Freiheit Deutschlands zu vollenden."

Die Wahlen zum ersten Bundestag fanden im August 1949 statt. Die bürgerlichen Parteien errangen die Mehrheit und wählten den Vorsitzenden der Christlich-Demokratischen Union (CDU) Konrad Adenauer zum Bundeskanzler.

Als erster Bundespräsident wurde von der Bundesversammlung am 12. September 1949 Professor Theodor Heuss (FDP) gewählt.

Nach der Währungsreform blühte die Wirtschaft in ungeheurem Maße auf, so daß man von einem deutschen „Wirtschaftswunder" sprach. Nach dem totalen Zusammenbruch war dies vor allem dem wiedererwachten Lebenswillen der Deutschen und der „sozialen Marktwirtschaft" Ludwig Erhards zu verdanken, der seine Leitideen zum Wiederaufbau Deutschlands bereits in den Kriegsjahren entwikkelt hatte. Die Zahl der Arbeitslosen, unter denen die Flüchtlinge eine besonders große Gruppe darstellten, sank von Jahr zu Jahr. Im Spätsommer 1955 fiel sie unter 500.000, so daß man von Vollbeschäftigung sprechen konnte.

Im Mai 1954 wurde die Bundesrepublik Deutschland wieder ein souveräner Staat. Nach der Abstimmung an der Saar 1955 und schwierigen Verhandlungen mit Frankreich wurde das Saarland als zehntes

Bundesland am 1. Januar 1957 in die Bundesrepublik Deutschland eingegliedert.

In der russischen Zone entwickelten sich die staatlichen Verhältnisse ganz nach dem Muster Sowjetrußlands. Als Regierungspartei entstand die Sozialistische Einheitspartei Deutschlands (SED) durch erzwungenen Zusammenschluß der Kommunisten mit den Sozialdemokraten. Am 7. Oktober 1949 wurde die Verfassung der Deutschen Demokratischen Republik verkündet. Deutschlands Zweistaatlichkeit war besiegelt.

Die DDR-Regierung führte den Willen der Sowjetunion durch. In einem Vertrag mit Polen hatte sie am 6. Juli 1950 die Oder-Neiße-Linie als Grenze zwischen der DDR und Polen anerkannt. Die Regierung der Bundesrepublik Deutschland erkannte diese Festlegung nicht an.

Der Tschechoslowakei gegenüber hieß die Regierung der Deutschen Demokratischen Republik die Vertreibung der Sudetendeutschen gut. Wirtschaftlich kam die DDR nicht voran, weil ihre Industrie weitgehend demontiert worden und auf die Zusammenarbeit mit Westdeutschland angewiesen war. Sehr lange mußten umfangreiche Reparationslieferungen an Rußland geleistet werden, worunter die Wirtschaft die und Versorgung der Bevölkerung sehr litten. Viele industrielle und gewerbliche Unternehmen wurden enteignet und in „volkseigene Betriebe" umgewandelt.

Die Regierung enteignete bäuerlichen Grundbesitz und errichtete Großagrarbetriebe nach sowjetischem Muster. Die Bevölkerung litt unter hohen Arbeitsnormen bei gleichzeitiger mangelhafter Versorgung mit allem Lebensnotwendigen.

Am 17. Juni 1953 kam es zum Volksaufstand der Deutschen in der DDR, der nur durch massiven Einsatz der Sowjetarmee unterdrückt werden konnte.

In den folgenden Jahren flohen Hundertausende nach dem Westen in die Freiheit. Im Herbst 1955 erklärte Sowjetrußland die DDR zu einem souveränen Staat, der von den Westmächten aber nicht anerkannt wurde.

Im September 1955 reiste eine westdeutsche Delegation unter Führung von Bundeskanzler Adenauer auf Einladung der Sowjetunion nach Moskau. Es wurde vereinbart, diplomatische und wirtschaftliche Beziehungen aufzunehmen. Das bedeutete die Anerkennung der Souveränität der Bundesrepublik durch die UdSSR. Die Wiedervereinigung unter westlichen Vorzeichen lehnten die Sowjets aber weiterhin ab. Sie wollten nur einen neutralen und blockfreien gesamtdeutschen Staat zulassen. Nach schwierigen Verhandlungen erklärten sich die Kremlherren schließlich bereit, die letzten deutschen Kriegs-

Andenkenkarte an das Schlesiertreffen von 1963. „Verzicht ist Verrat, wer wollte das bestreiten!", so die führenden SPD-Politiker in ihrem Grußwort.

gefangenen und Verschleppten, zehn Jahre nach Kriegsende, freizugeben.

Auf einem Schlesiertreffen am 11. Juni 1961 in Hannover mit 200.000 Teilnehmern erklärte Bundeskanzler Adenauer, die Heimattreffen der Landsmannschaften sollten das deutsche Volk immer wieder daran erinnern, daß zehn Millionen Menschen aus ihrer Heimat vertrieben worden und über zwei Millionen dabei umgekommen waren. Die Entwicklung im Saarland zeige, daß auch die Schlesier den Mut nicht verlieren sollten, auch für sie werde der Tag der Erfüllung kommen.

In den frühen Morgenstunden des 13. August 1961 ließ die DDR-Regierung den Ostsektor von den Westsektoren Berlins abriegeln. Panzer und Panzerspähwagen fuhren auf. Der S- und U-Bahn-Verkehr wurde unterbrochen. 50.000 Grenzgängern wurde die Ausübung ihrer Tätigkeit in West-Berlin verboten. Die Sperre wurde errichtet, weil immer mehr Deutsche in den Westen gingen. Allein im Juli 1961 waren 30.000 Deutsche in die Bundesrepublik Deutschland geflüchtet.

Bald darauf wurde in Berlin eine Sperranlage errichtet, die als „Berliner Mauer" in die Geschichte eingehen sollte. Auch die übrige Grenze zur Bundesrepublik Deutschland zwischen der Ostsee und der Tschechoslowakei wurde massiv befestigt, wozu sogar auch Selbstschußanlagen gehörten. Bis zur Wiedervereinigung von DDR und Bundesrepublik Deutschland verloren bei versuchten Grenzübertritten über tausend Menschen ihr Leben.

Als Grußwort zum Schlesiertreffen 1963 sagten die führenden Politiker der SPD Erich Ollenhauer, Willy Brandt und Herbert Wehner damals folgende Worte: „Breslau, Oppeln, Gleiwitz, Hirschberg, Glogau, Grünberg, das sind nicht nur Namen, das sind lebendige Erinnerungen, die in den Seelen von Generationen verwurzelt sind und unaufhörlich an unser Gewissen klopfen.

Verzicht ist Verrat, wer wollte das bestreiten!

Das Recht auf Heimat kann man nicht für ein Linsengericht verhökern. Niemals darf hinter dem Rücken der aus ihrer Heimat vertriebenen oder geflüchteten Landsleute Schindluder getrieben werden. Das Kreuz der Vertreibung muß das ganze Volk mittragen helfen. Vertriebene und geflüchtete Landsleute sind keine Bürger zweiter Klasse...

Der Wiedervereinigung gilt unsere ganze Leidenschaft. Wer an diesem Feuer sein kleines Parteisüppchen zu kochen versucht, kann vor dem großen Maßstab der Geschichte nicht bestehen. Wir grüßen die Schlesier."

Am 22. März 1964 erklärte der Nachfolger von Konrad Adenauer, Bundeskanzler Ludwig Erhard, vor dem Kongreß Ostdeutscher Landesvertretungen in Bonn: „Für unser außenpolitisches Handeln gegenüber unseren Nachbarn im Osten kann die Grundlage nur die Wahrung des Rechts sein. Wir erheben gewiß keine Forderungen auf fremdes Staatsgebiet. Aber wir verzichten nicht – und können angesichts der Verantwortung vor dem deutschen Volk, dem Recht und der Geschichte auch nicht verzichten – auf Gebiete, die die angestammte Heimat unserer deutschen Brüder und Schwestern sind. Vergessen wir nicht, daß die Mächte 1945, das heißt selbst in der Stunde des totalen Sieges, diesen Verzicht den Deutschen nicht zugemutet haben."

Im Oktober 1969 errangen bei der Bundestagswahl SPD und FDP die Mehrheit im Deutschen Bundestag und bildeten eine neue Regierung unter Bundeskanzler Willy Brandt. Nachdem die christlich-liberalen Regierungen eine Annäherung und Aussöhnung mit dem Westen zustande gebracht hatten, wollte die neue SPD-geführte Regierung mit dem Osten möglichst rasch dasselbe erreichen. Die beiden Regierungsparteien vollzogen dafür eine Wende in ihrer bisherigen Ostpolitik um 180 Grad.

Im Moskauer Vertrag vom 12. August 1970 und im Warschauer Vertrag vom 7. Dezember 1970 wurde die Unverletzlichkeit der gegen-

Bundeskanzler Konrad Adenauer 1961: Die Entwicklung im Saarland zeige, daß auch die Schlesier den Mut nicht verlieren sollten.

Bundeskanzler Ludwig Erhard 1964: „...wir verzichten nicht auf Gebiete, die die angestammte Heimat unserer deutschen Brüder und Schwestern sind."

wärtigen Grenzen aller Staaten erklärt, „einschließlich der Oder-Neiße-Linie, die die Westgrenze der Volksrepublik Polen bildet, und der Grenze zwischen der Bundesrepublik Deutschland und der Deutschen Demokratischen Republik".

Artikel IV hielt fest, daß früher geschlossene oder sie betreffende zweiseitige oder internationale Vereinbarungen nicht berührt werden.

Der Vertrag rief in weiten Kreisen der Bevölkerung, die über die Vertriebenen und ihre Nachkommen hinausgingen, Bestürzung hervor. Worte wie „Verzicht ist Verrat" und die Worte des früheren SPD-Vorsitzenden Kurt Schumachers vom „Ringen um jeden Quadratmeter" klangen den Menschen noch in den Ohren. Sie galten offenbar nicht mehr.

Wie anders hatten sich doch die verantwortlichen Politiker der Weimarer Republik mit ihrem unvergessenen Außenminister Gustav Stresemann verhalten. Sie hatten zu keiner Zeit den berechtigten Anspruch auf von Polen geraubtes deutsches Land aufgegeben. Im Rückblick ist es mehr als erstaunlich, wie die wirtschaftlich erstarkte Bundesrepublik Deutschland vor den Drohgebärden, Beleidigungen und Forderungen der Warschauer Führungsspitze immer mehr in die Knie ging, ohne auch nur einige wenige Erleichterungen für die im polnischen Machtbereich lebenden Deutschen zu erzielen.

Um die Ratifizierung der Verträge nicht zu gefährden, fiel der Bundesregierung zur Beruhigung der aufgewühlten, sich verraten glaubenden Vertriebenen eine besondere Formulierung ein: „Die Bundesregierung spreche nur für sich, nicht im Namen ganz Deutschlands, wenn sie Aussagen zur Westgrenze Polens mache, ein wiedervereinigtes Deutschland könne frei andere Grenzen aushandeln."

Über Wochen schien die Ratifizierung mehr als fraglich, dann brachte die Entschließung aller vier Bundestagsfraktionen zu den Ostverträgen die Entscheidung. In ihr hieß es unter anderem: „Die Verträge nehmen eine friedensvertragliche Regelung für Deutschland nicht vorweg und schaffen keine Rechtsgrundlage für die bestehenden Grenzen."

Am 17. Mai 1972 stimmten 248 Abgeordnete für den Warschauer Vertrag, bei 231 Enthaltungen und 17 Nein-Stimmen.

Doch statt dankbarer Anerkennung der deutschen Zugeständnisse und Vorleistungen im Dienste der Normalisierung der Beziehungen kam aus Warschau nur unerbittliche Kritik. Schon am 25. Mai 1972 wurde von der Außenpolitischen Abteilung der Polnischen Arbeiterpartei die Resolution des Deutschen Bundestages scharf abgelehnt und für völkerrechtlich unverbindlich erklärt. Der polnische Außenminister Stefan Olszowski wiederholte am folgenden Tag, die ganze Entschließung sei ohne bindende Kraft und somit für Polen bedeutungslos.

Alle Zweifel auf deutscher Seite, ob es sich, wie von der Bundesregierung stets erklärt wurde, um einen Modus vivendi, der die deutsche Frage für ganz Deutschland offenhielt, handelte oder um eine endgültige Anerkennung der polnischen Westgrenze, wie Polens Regierung behauptete, räumte erst das Bundesverfassungsgericht aus. Im Urteil vom 31. Juli 1973 und im Beschluß vom 7. Juli 1985 stellte es fest, daß das Deutsche Reich in den Grenzen von 1937 fortbesteht. Im Urteil von 1973 heißt es weiter, das Grundgesetz verbiete, „daß sich die Bundesregierung vertraglich in eine Abhängigkeit begibt, nach der sie rechtlich nicht mehr allein, sondern nur noch im Einverständnis mit dem Vertragspartner die Aufnahme anderer Teile Deutschlands verwirklichen kann".

Und im Beschluß von 1975: „Die Gebiete östlich von Oder und Neiße sind ebenso wie das übrige Reichsgebiet in den Grenzen vom 31. Dezember 1937 von den Siegermächten bei Kriegsende nicht annektiert worden... Die deutschen Ostgebiete wurden ‚vorbehaltlich der endgültigen Bestimmung der territorialen Fragen bei der Friedensregelung' teilweise unter sowjetische und teilweise unter polnische Verwaltung gestellt... Die drei Westmächte haben einer end-

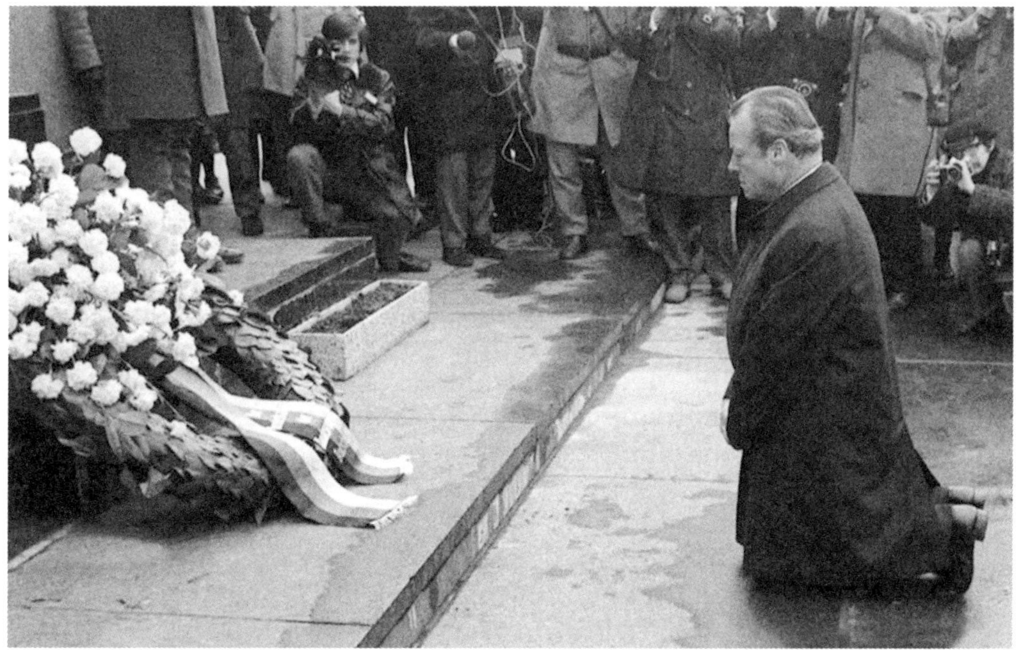

Willy Brandts „Kniefall von Warschau" 1970

gültigen Zuweisung der deutschen Ostgebiete an die UdSSR und Polen nicht zugestimmt.

Der Wille der Bundesregierung, bei den Grenzregelungen der Verträge von Moskau und Warschau nicht über den territorialen Status Deutschlands zu verfügen, war auch für die Vertragspartner erkennbar und hat sogar seinen Niederschlag in den Verträgen selbst gefunden."

Das Bundesverfassungsgericht wies dem Warschauer Vertrag die Bedeutung zu, die er hatte, nämlich die eines Gewaltverzichtsvertrages. Damit war die Gefahr einer Mißdeutung ausgeräumt, zugleich aber auch die Überflüssigkeit des Vertrages noch einmal deutlich geworden: Alle Bundesregierungen seit 1949 hatten in der Oder-Neiße-Frage immer den Gewaltverzicht betont.

IX. Die Vereinigung beider deutscher Staaten

Mit der Wahl von Michail Gorbatschow im März 1985 zum Generalsekretär der KPdSU brach in der Sowjetunion eine neue Ära an. Mit seinen Schlagworten „Perestroika" (Umbau) und „Glasnost" (Offenheit) wollte der neue KP-Chef nicht die Wende hin zur

Demokratie westlicher Prägung vollziehen, sondern die verkrusteten Machtstrukturen des alten Systems aufbrechen und den Niedergang der sowjetischen Wirtschaft bremsen.

Innenpolitisch vermochte Gorbatschow mit seiner Reformpolitik keine Erfolge zu erringen. Im Gegenteil: Mit der Wirtschaft des Riesenreiches ging es ständig weiter bergab. Dafür gelang es ihm, außenpolitisch die alte Blockkonfrontation aufzubrechen. Seine Bereitschaft zur Annäherung an den Westen führte zum Beispiel zu Fortschritten in Fragen der Abrüstung. Die Situation im Vielvölkerreich und im sozialistischen Lager spitzte sich hingegen weiter zu. Vor allem der katastrophale Zustand der Infrastruktur sowie der nicht aufzuhaltende wirtschaftliche Niedergang führten im Ostblock zu einer Reihe von weitgehend friedlichen Revolutionen, die die alten Regimes hinwegfegten.

Die Kettenreaktion der gesellschaftlichen Umwälzungen in Ungarn, Polen, der Tschechoslowakei, Rumänien, Bulgarien und Albanien wurden von der sowjetischen Zentrale in Moskau nicht mehr verhindert. Nach einem kurzen Zeitraum vom Spätherbst 1989 bis Ende 1990 gab es außer der UdSSR und Jugoslawien kein europäisches Land mehr, das durch eine kommunistische Alleinherrschaft regiert wurde.

Die friedliche Revolution

Im März 1989 schrieben vier Menschenrechtsgruppen in Leipzig einen offenen Brief an die DDR-Regierung und forderten zu einer Demokratisierung sämtlicher gesellschaftlicher Strukturen auf. Darin hieß es, eine Regierung, die ständig darauf bedacht sei, ihre friedenspolitischen Aktivitäten darzustellen, aber den „inneren Frieden" mit ungerechtfertigten Privilegien, Bespitzelung und Denunziation ihrer Bürger aushöhle, werde sich auf die Dauer nicht halten können.

Nach Bekanntgabe des Ergebnisses der Kommunalwahlen vom Mai 1989, nach dem 98,85 Prozent der Wähler für die Einheitsliste der Nationalen Front gestimmt haben sollten, kam es in Leipzig und anderen mitteldeutschen Städten zu Demonstrationen auch gegen den offensichtlichen Wahlbetrug. Gleichzeitig setzte eine immer mehr anschwellende Fluchtwelle von DDR-Bürgern in den Westen ein. Die Menschen reisten in andere Ostblockländer wie Ungarn, Polen und die Tschechoslowakei und versuchten, von den dortigen Botschaften der Bundesrepublik Deutschland ein Ausreisevisum in den Westen zu erhalten.

Die Botschaften mußten zeitweise wegen Überfüllung geschlossen werden. Es kam zu regelrechten Belagerungen. Auch zahlreiche DDR-

Urlauber in Ungarn wollen nicht mehr nach Hause und versuchten, in Budapest eine Ausreise-Genehmigung in die Bundesrepublik Deutschland zu erhalten.

In Prag und Warschau spielten sich ähnliche Vorgänge ab, ebenso in Ost-Berlin in der Ständigen Vertretung Bonns. Hinter den Kulissen kam es zu hektischen diplomatischen Aktivitäten, in denen den DDR-Offiziellen die Genehmigung der Ausreise der Botschaftsflüchtlinge in den Westen abgerungen wurde.

Als erste hatten inzwischen ungarische Grenzsoldaten mit dem Abbau des Zaunes an der Grenze zu Österreich begonnen. Tausende von DDR-Bürgern gelangten über Österreich mit dem eigenen Pkw oder mit der Eisenbahn nach Westdeutschland und mußten hier untergebracht werden. Ganze Zeltstädte wurden aufgebaut, Hallen und andere große Räumlichkeiten behelfsmäßig eingerichtet, um die Umsiedler notdürftig unterzubringen.

Am 1. Oktober trafen aus Prag 6.000 DDR-Bürger in der Bundesrepublik Deutschland ein, aus Warschau etwa 800. Zwei Tage später wurde die Prager Botschaft erneut wegen Überfüllung geschlossen, da sich dort wiederum 4.500 Menschen versammelt hatten.

In Leipzig versammelten sich zu der Zeit jeden Montag in der Nikolaikirche Bürger zu Friedensgebeten, und anschließend zogen gewaltige Menschenmassen in Demonstrationszügen durch die Stadt. Die größte dieser Protestdemonstrationen fand am 16. Oktober 1989 in Leipzig mit bis zu 150.000 Menschen für mehr Freiheit und Reformen statt. In Sprechchören riefen die Menschen: „Ohne Gewalt für mehr Demokratie“, „Neue Männer braucht das Land“, „Dialog und Demokratie“, „Wir sind das Volk“, „Freie Wahlen“, „Pressefreiheit“ und „Meinungsfreiheit“.

Am 18. Oktober 1989 wurde überraschend auf einer Sondersitzung des SED-Zentralkomitees (ZK) Parteichef Erich Honecker von SED-Politbüromitglied Egon Krenz abgelöst. Als Begründung für das Ausscheiden Honeckers wurde dessen schlechter Gesundheitszustand genannt.

Die Fluchtwelle aus der DDR hielt ebenso weiter an wie auch die zahlreichen Demonstrationen in Leipzig und jetzt auch in anderen Städten Mitteldeutschlands. Die größte fand am 4. November 1989 mit rund einer Million Demonstranten auf dem Alexanderplatz in Berlin statt. Unter dem Druck anhaltender Proteste trat drei Tage später die Regierung zurück. Einen Tag darauf trat das Politbüro zurück. Das ZK wählte ein neues Politbüro mit Krenz als Generalsekretär. Der neu ins Politbüro hinzugekommene Hans Modrow wurde als Ministerpräsident nominiert.

Am 9. November 1989 erläuterte Krenz dem ZK der SED den Wunsch der tschechoslowakischen Regierung, ausreisewillige DDR-Bürger gleich aus der DDR in die Bundesrepublik gehen zu lassen und damit das umständliche Verfahren nach dem Aufsuchen der Deutschen Botschaft in Prag zu vermeiden. Das ZK stimmte der Absicht zu, Bürger direkt ausreisen zu lassen, die künftig ihren ständigen Wohnsitz in der Bundesrepublik Deutschland nehmen wollen.

Irrtümlich teilte Politbüromitglied Günter Schabowski öffentlich mit, der freie Grenzverkehr gelte auch für Bürger, die nicht auswandern wollen. Auf diese Nachricht hin brachen Zehntausende von Ost-Berlinern zur Sektorengrenze auf und ließen den Grenztruppen keine andere Wahl, als die Übergänge zu öffnen.

Das Zusammentreffen von Berlinern aus Ost und West geriet zu einem unbeschreiblichen Freudenfest. Danach mußten die Kommunisten immer mehr Grenzübergänge für den zunehmend erleichterten Besuch auf beiden Seiten der Zonen- und Sektorengrenze schaffen. An einigen Stellen wurde die Berliner Mauer durchbrochen, um zusätzliche Durchgänge zu schaffen. Unbeschreibliche Szenen spielen sich ab, die Menschen fielen sich mit Tränen der Freude hüben und drüben in die Arme und feierten die ganze Nacht dieses denkwürdige historische Ereignis.

Nach der Öffnung der Mauer in Berlin am 9. November 1989 wurde endlich auch dem letzten westdeutschen Politiker klar, daß es der unumstößliche Wille der Deutschen in Mitteldeutschland war, daß beide deutsche Staaten sich wieder vereinigten. Denn die vulkanartig ausbrechenden Ereignisse in der DDR und dann auch in den übrigen Ostblockländern waren nicht ein Werk der Politiker von hüben oder drüben, sondern nur dem Freiheitswillen der Menschen geschuldet.

Kein einziger der führenden westlichen Politiker hatte diesen Umschwung für möglich gehalten. Im Gegenteil: Die meisten von ihnen hatten sich mit der Teilung abgefunden. Und als die Entwicklung im Ostblock ins Rollen gekommen war, hatten viele noch gemeint, die Spaltung des Kontinents erhalten zu müssen.

Polens Forderung
nach endgültiger Anerkennung der Oder-Neiße-Linie als Grenze

Mit der Öffnung der Mauer, die Deutschland teilte, traten am 9. November 1989 grundlegende Veränderungen der politischen Landschaft in Europa ein. An diesem Tag befand sich Bundeskanzler Helmut Kohl in Warschau. Schon im Vorfeld seines Besuches hatte Polens Ministerpräsident Tadeusz Mazowiecki vom Bundeskanzler verlangt, daß der Warschauer Vertrag von 1970 „eindeutig interpretiert wird als endgültige Entscheidung über unsere Grenzen".

Zugleich verweigerte Warschau dem Bundeskanzler den von ihm geplanten Besuch auf dem oberschlesischen Annaberg, aus Furcht vor Sympathiekundgebungen deutscher Oberschlesier für „unseren Kanzler".

Bei dieser Auseinandersetzung um die „Oder-Neiße-Grenze" war das „Annaberg-Verbot" für den Kanzler die erste polnische Lektion für die Deutschen. Anstatt das Ansinnen zurückzuweisen, fügte sich der Kanzler und fuhr statt dessen nach Kreisau auf den früheren Besitz des schlesischen Grafen und NS-Gegners Helmuth James von Moltke.

Das war eine weitere Brüskierung der deutschen Minderheit in Polen. Die seit 44 Jahren von allen Bundesregierungen vergessenen, fast eine Million Menschen zählenden Oberschlesier hätten sich durch den Besuch Kohls für all die schrecklichen Jahre seit Kriegsende entschädigt gefühlt. Gleichzeitig wäre es eine Belohnung für die Bewahrung ihrer deutschen Identität trotz widrigster Umstände gewesen.

Die Grundvoraussetzung der Aussöhnung, sagte Mazowiecki am 6. November 1989, sei die Anerkennung der Oder-Neiße-Grenze: „Das steht außerhalb jeder Diskussion, die Oder-Neiße-Grenze stellt die Grundlage der polnischen Staatsräson dar. Unabhängig von der gegenwärtigen Regierung. Es ist unser gesamtpolnischer Standpunkt."

Die so oft auch von Adenauer geäußerte Hoffnung, mit einem nichtkommunistischen Polen ließe sich eine gerechte und ausgleichende Lösung über die deutschen Ostgebiete erzielen, mußte nun revidiert werden. Der polnische Nationalismus machte zu keiner Zeit Unterschiede zwischen kommunistischen oder antikommunistischen polnischen Politikern. Diese Sachlage kannte übrigens jeder Oberschlesier. Um hier Erfolge zu erzielen, hätte es tatkräftigerer Politiker bedurft, als Hans-Dietrich Genscher und Helmut Kohl es waren.

Erfolgreiche Verhandlungen und Verträge können befriedigend nur zustande kommen, wenn auf beiden Seiten die Bereitschaft des gegenseitigen Gebens und Nehmens besteht. Es waren nicht in erster Linie die in der Vergangenheit liegenden Ereignisse, die eine Annäherung so erschwerten. Es waren vielmehr die von den Polen bis heute erhobenen, völlig einseitigen, totalen Verzichtsforderungen, die einen Interessenausgleich unmöglich erscheinen lassen. Das Beharren Polens auf dem Unrecht, auf der Annexion deutscher Gebiete, verhindert eine wahre Versöhnung. Das wird unter anderem deutlich an den wiederholt vorgetragenen Forderungen nach Reparationen für den Zweiten Weltkrieg, dabei hatte schon Churchill – wie oben beschrieben – 1944 vor dem britischen Parlament dargelegt, um wie viel wertvoller die Polen überlassenen deutschen Ostgebiete im Vergleich zu den von der Sowjetunion annektierten polnischen Ostgebieten sind.

Wenige Monate nach dem Besuch Kohls in Polen war die Wiedervereinigung von West- und Mitteldeutschland Gewißheit geworden. Immer ultimativer wurden nun die Forderungen aus Warschau nach einer endgültigen und vorbehaltlosen Anerkennung der Oder-Neiße-Linie als polnischer Westgrenze.

Eine heftige Debatte über die Oder-Neiße-Linie beschäftigte seit Februar 1990 die Medien. Ohne das Schicksal der ostdeutschen Bevölkerung zu behandeln, forderten verschiedene Politiker die bedingungslose Anerkennung der „polnischen Westgrenze".

Man tat, als wollte die Bundesrepublik Deutschland aus Bösartigkeit und imperialistischem Machtstreben eine geschichtlich gewachsene, rechtmäßige Grenze nicht anerkennen. Weit im Vorfeld dieser Auseinandersetzungen hatte Außenminister Genscher in der ersten Hälfte des Jahres 1989 auf der UNO-Vollversammlung in New York bereits erklärt, „das polnische Volk dürfe beruhigt in seinen jetzigen Grenzen leben, die ihm von niemandem streitig gemacht werden".

Somit war der deutsche Außenminister zu diesem Zeitpunkt unnötig weit vorgeprescht und hatte, ohne die Rechtslage und mehrere Urteile des Bundesverfassungsgerichts zu vertreten, die Auseinandersetzungen um die Oder-Neiße-Grenze losgetreten und den deutschen Interessen vorzeitig geschadet.

X. Der erzwungene „freiwillige" Verzicht

Die polnische Propaganda zur Rechtfertigung der Vertreibung und des Gebietsraubes erzielte im ersten Jahrzehnt nach dem Zweiten Weltkrieg im freien Westen nur geringe Wirkung, die in keinem tragbaren Verhältnis zum geleisteten Aufwand stand. Die Weltöffentlichkeit ließ sich nicht so ohne weiteres mit plumpen, allzu offensichtlichen Geschichtsfälschungen und Halbwahrheiten überzeugen, kapitulierte nicht vor Warschaus Direktforderungen.

Eine Änderung der Taktik erschien Warschau unumgänglich, um endlich im westlichen Ausland eine Stimmung zu schaffen, die sich gegen die deutschen Wiedergutmachungsansprüche stellte, um im deutschen Volk die Verzichtsbereitschaft zu wecken und zu stärken, den Willen der Deutschen zu lähmen, in den Osten zurückzukehren.

Der Anstoß zu einer neuartigen Propagandaoffensive wurde 1958 auf der Kösliner Konferenz polnischer Journalisten gegeben. Der Direktor des Posener „Westinstitutes", Michal Sczaniecki, sagte zu den Konferenzteilnehmern laut der Zeitung „Tigodnik Zachodny" vom 3. Mai 1958: „Die richtige Methode zur Bekämpfung des Revisionismus in den westlichen kapitalistischen Ländern muß dahin führen, daß die Journalisten aus den kapitalistischen Ländern den Revisionismus bekämpfen und nicht wir. Es geht darum, daß unsere Propaganda, die unmittelbar auf die Bekämpfung des Revisionismus gerichtet ist, nicht überzeugt. Der Kern liegt darin, die Kader solcher Leute zu vergrößern, die sich in kapitalistischen Ländern voller Autorität erfreuen und die von sich aus den Revisionismus bekämpfen werden."

Die polnische Seite rekrutierte im Westen Einflußagenten. Es bildeten sich – sowohl ohne als auch mit diskreter Nachhilfe aus Warschau – in den „kapitalistischen Ländern", insbesondere in Westdeutschland, mehrere „Kader solcher Leute", die sich „voller Autorität erfreuen" und die nachdrücklich für einen Verzicht Deutschlands auf die Ostgebiete eintraten.

Damit erhielt, genau wie vorausberechnet, der östliche Imperialismus überall im Westen seine Trojanischen Pferde, die sich in den Zeitungs-, Rundfunk- und Fernsehredaktionen ausbreiteten und von dort aus „den Revisionismus bekämpften", indem sie die polnischen Forderungen in Verzichtsparolen ummünzten, um die Bevölkerung auf den politischen Willen Warschaus einzustimmen. Die Verzichtspropaganda vermochte nur deshalb so erfolgreich zu sein, weil ihre Vertreter in Deutschland uneingeschränkten Zugang zu den Massenmedien hatten und ihre Botschaft tagein tagaus verkündeten, bis jeder Widerspruch marginalisiert worden war.

Der Druck des Auslandes auf die Bundesregierung wegen eines Verzichts auf die Ostgebiete verstärkte sich laufend. Selbst die Konservative Partei des dänischen Ministerpräsidenten Poul Schlüter fühlte sich zur Stellungnahme veranlaßt: „Jetzt müssen die Freunde der Bundesrepublik Kanzler Kohl in aller Ruhe daran erinnern, daß Deutschland den Zweiten Weltkrieg angefangen und verloren hat..."

Weitaus gewichtiger war der Druck aus den USA. So erklärte der Vorsitzende des außenpolitischen Ausschusses des Senats, Claiborne Pell, eine Beendigung der speziellen Vorrechte der Vereinigten Staaten in Deutschland und Berlin müßten abhängig gemacht werden von einer unzweideutigen Anerkennung Deutschlands, „daß alle seine gegenwärtigen Grenzen legal, dauerhaft und unveränderlich sind".

Vom Geist des Deutschlandvertrages vom 26. Mai 1952, in dem die USA, Frankreich und Großbritannien ihre Einigkeit bekräftigten, „daß die endgültige Festlegung der Grenzen Deutschlands bis zu einer frei vereinbarten friedensvertraglichen Regelung aufgeschoben werden muß", war bei den „Freunden" nichts mehr zu bemerken.

Besonders enge Kontakte bestanden in der ersten Jahreshälfte 1990 zwischen Warschau und Paris. Schon im März suchten Ministerpräsident Mazowiecki, der kommunistische Staatspräsident General Jaruzelski und Außenminister Skubiszewski die französische Hauptstadt auf, aus der ebenfalls die endgültige Anerkennung der Oder-Neiße-Linie, für die sich schon de Gaulle stark gemacht hatte, gefordert wurde. London und Moskau sekundierten.

Im März verstärkte Polen mit Erfolg auch seine Forderung noch Teilnahme an den „Zwei-plus-vier-Gesprächen" über die Aspekte der deutschen Einheit. Die Siegermächte von 1945, darunter Westdeutschlands Verbündete der letzten Jahrzehnte, machten dabei die endgültige Anerkennung der Oder-Neiße-Grenze zur Bedingung für ihre Zustimmung zur Vereinigung von West- und Mitteldeutschland.

Bei den Verhandlungen haben dann auch die letzten deutschen Parteipolitiker ihren so oft beteuerten „Rechtsvorbehalten" abgeschworen und Ostdeutschland sang- und klanglos preisgegeben. Bundeskanzler Kohl sagte, der Verzicht sei auf internationalen Druck erfolgt. Richtig ist aber auch, daß es bei den deutschen Unterhändlern am Willen fehlte, über Ostdeutschland ernsthaft zu verhandeln.

Am 21. Juni 1990 kam es dann zur erwarteten Entschließung des Bundestages und der Volkskammer der DDR zur Oder-Neiße-Linie als „deutsch-polnischer Grenze". Darin beriefen sich die beiden Parlamente auf den Warschauer Vertrag von 1970 und den Görlitzer Vertrag von 1950.

Die Bezugnahme auf den 1950 im Westen so einmütig für null und nichtig erklärten Görlitzer Vertrag empfanden etliche Abgeordnete mit Recht als Selbstdemütigung des Bundestages.

Im Juli 1990 nahm Polen erstmals an einer Sitzung der „Zwei-plus-vier-Gespräche" teil. Der zum Abschluß dieser Verhandlungen am 12. September 1990 unterzeichnete „Vertrag über die abschließende Regelung in bezug auf Deutschland" befaßte sich in Artikel 1 mit der Oder-Neiße-Linie. Darin legten die Vertragsstaaten, also die vier Hauptsiegermächte, die Bundesrepublik Deutschland und die DDR fest, daß das vereinigte Deutschland und die Republik Polen die „zwischen ihnen bestehende Grenze" in einem völkerrechtlich verbindlichen Vertrag bestätigen, daß das vereinte Deutschland auch in

Zukunft „keinerlei Gebietsansprüche gegen andere Staaten“ erheben werde. Die Verfassung des vereinten Deutschlands dürfe keinerlei Bestimmungen enthalten, die mit diesen Prinzipien unvereinbar seien.

Daß entsprechend dem Potsdamer Abkommen, dem Deutschlandvertrag von 1952 und dem zum Zeitpunkt des Vertrages unwiderrufenen Rechtsstandpunkt der Bundesrepublik Deutschland Deutschland ohne die Ostgebiete nicht als vereint zu betrachten ist, die Grenze zwischen Polen und Deutschland die vom 31. Dezember 1937 ist und Gebietsansprüche nicht von Deutschland gegenüber Polen, sondern von Polen gegenüber Deutschland erhoben werden, ignorieren die Vertragspartner bei ihren Formulierungen.

In Artikel 4 des Einigungsvertrages zwischen der Bundesrepublik Deutschland und der DDR („Beitrittsbedingte Grundgesetzänderungen“) heißt es: „2. Artikel 23 wird aufgehoben“. Artikel 23 des Grundgesetzes ermöglichte anderen Teilen Deutschlands kraft Verfassung den Beitritt zur Bundesrepublik.

Damit hatte Polen zwanzig Jahre nach dem Etappensieg des Warschauer Vertrages die Bundesrepublik Deutschland zur Aufgabe ihres Rechtsstandpunktes gebracht. „Bundesinnenminister Schäuble hat bekräftigt, daß die Einheit der beiden deutschen Staaten nur bei einer Bestätigung für die Grenzen Polens zu haben ist“, meldete die Deutsche Presseagentur am 8. September 1990.

Der deutsch-polnische Grenzvertrag vom 14. November 1990 konnte nur abgeschlossen werden, weil die maßgebenden Grundsätze des allgemeinen Völkerrechts konsequent ignoriert wurden. Dabei bestimmt das Grundgesetz der Bundesrepublik Deutschland sehr deutlich im Artikel 25: „Die allgemeinen Regeln des Völkerrechts sind Bestandteil des Bundesrechtes. Sie gehen den Gesetzen vor und erzeugen Rechte und Pflichten unmittelbar für die Bewohner des Bundesgebietes.“

Nach Artikel 53 der Wiener Vertragsrechtskonvention von 1969 ist ein völkerrechtlicher Vertrag „von vornherein nichtig“, wenn er zwingenden Normen des allgemeinen Völkerrechts widerspricht. Das ist beim Zwei-plus-vier-Vertrag und bei den anderen Grenzverträgen der Fall, denn sie widersprechen unter anderem dem Selbstbestimmungsrecht, wie auch der Haager Landkriegsordnung und der IV. Genfer Konvention.

Der führende Völkerrechtler Otto Kimminich veröffentlichte in der Zeitschrift „Aus Politik und Zeitgeschichte“ im August 1990 Überlegungen zu einer friedensvertraglichen Regelung für ein wiedervereintes Deutschland unter völkerrechtlichen Gesichtspunkten. Darin heißt es: „Da zu den großen völkerrechtlichen Entwicklungen der vergangenen Jahrzehnte vor allem die Festigung der Menschenrechte gehört, spielt die Menschenrechtsfrage eine entscheidende Rolle im Friedensvertrag mit Deutschland wie in jedem Friedensvertrag, der nach geltendem Völkerrecht abgeschlossen wird...

Die bedeutendste Grundlage für das völkerrechtliche Vertreibungsverbot ist und bleibt das Selbstbestimmungsrecht der Völker, das sich von 1917 bis 1945 von einem Prinzip zu einer Rechtsnorm verdichtet hat und in der Ära der Vereinten Nationen zum jus cogens [zwingendes Völkerrecht] geworden ist. Bezüglich der Rechtsnormqualität verstärkt das Selbstbestimmungsrecht das völkerrechtliche Vertreibungsverbot..."

Professor Kimminich kommt zum Ergebnis: „Ausgeschlossen bleiben nur zwei Möglichkeiten:

1. Der Friedensvertrag, oder die ihn ersetzende sonstige Friedensregelung, darf zur Frage der Vertreibung nicht schweigen.
2. Der Friedensvertrag, oder die sonstige friedensvertragliche Regelung, darf die Vertreibung nicht billigen.

Selbstverständlich dürfen auch die rechtlichen Konsequenzen, die der Friedensvertrag oder die sonstige Friedensregelung aus der Mißbilligung der Vertreibung zieht, die Menschenrechte nicht verhöhnen. Ziel der diesbezüglichen Regelungen ist es ja, eine Wiederholung der Vorgänge, die sich unmittelbar nach dem Ende des Zweiten Weltkriegs abgespielt haben, in Zukunft unmöglich zu machen. Diesem Ziel würde ein bloßes Lippenbekenntnis zum allgemeinen Vertreibungsverbot, oder eine formale Entschuldigung für die Vorgänge der Jahre 1945/46, nicht dienen."

Die vertraglichen Regelungen für Deutschland schweigen aber zur Vertreibung und billigen ausdrücklich ihre Ergebnisse. Dieser Mangel ist entscheidend, denn die Wiener Konvention über das Vertragsrecht vom 23. Mai 1969 legt in Artikel 53 fest: „Ein Vertrag ist nichtig, wenn er im Zeitpunkt seines Abschlusses im Widerspruch zu einer zwingenden Norm des allgemeinen Völkerrechts steht. Im Sinne dieses Übereinkommens ist eine zwingende Norm des allgemeinen Völkerrechts eine Norm, die von der internationalen Staatengemeinschaft in ihrer Gesamtheit angenommen und anerkannt wird als eine Norm, von der nicht abgewichen werden darf und die nur durch eine spätere Norm des allgemeinen Völkerrechts derselben Rechtsnatur geändert werden kann." Dies entspricht dem völkerrechtlichen Grundsatz, daß aus Unrecht kein Recht erwachsen kann.

Es bleibt festzuhalten: Soweit eine vertragliche Regelung Vertreibung und Eroberung billigt und befestigt, ist sie nach dem Völkerrecht nichtig. Daß auch ein durch Zwang (Androhung von Gewalt) zustande gekommener Vertrag nach der Wiener Konvention über das Vertragsrecht von 1969 nichtig sein kann, braucht folglich nicht weiter erörtert zu werden.

In einen solchen Vertragszustand paßt ein Interview, das der damalige polnische Arbeiterführer und spätere Staatspräsident der Republik Polen, Lech Walesa, der niederländischen Wochenzeitung „Elsevier“ im Frühjahr 1990 gegeben hatte und in dem er sagte: „Wenn Deutschland noch einmal Europa destabilisiert, dann wird Deutschland nicht mehr geteilt, sondern von der Landkarte ausradiert werden. Ost und West haben die notwendige Technik, um dieses Verdikt auch vollstrecken zu können.“

Vertreibungs- und Annexionsverbot

Vertreibungs- und Annexionsverbot nehmen im Völkerrecht eine herausragende, international anerkannte Stellung ein. Die Haager Landkriegsordnung von 1907 bestimmt in Artikel 43, daß jede Besatzungsmacht die Landesgesetze des von ihr besetzten Gebietes beachten muß, die dort ansässigen Bewohner nicht ihres Eigentums beraubt werden und diese nicht wegen der Handlungen einzelner in irgendeiner Weise bestraft werden dürfen.

In Artikel 6 des Nürnberger Status (Londoner Abkommen vom 8. August 1945) heißt es, daß die Verschleppung der Zivilbevölkerung und der Raub öffentlichen oder privaten Eigentums im Verlauf von Kriegshandlungen Verbrechen gegen die Menschlichkeit sind.

Das Abkommen der Vereinten Nationen über die Verhütung und Bestrafung des Völkermords von 1948 erklärt den Völkermord zum international zu ächtenden Verbrechen.

Die IV. Genfer Konvention von 1949 verbietet Sondervereinbarungen zwischen Mächten, solange eine von diesen etwa „infolge einer Besetzung ihres gesamten Gebietes“ in ihrer Verhandlungsfreiheit beschränkt ist.

Artikel 17 der allgemeinen Erklärung der Menschenrechte und Artikel 1 des ersten Zusatzprotokolls zur Europäischen Menschenrechtskonvention von 1956 proklamieren das Menschenrecht auf Eigentum.

Artikel 3 Absatz 1 des vierten Zusatzprotokolls zur Europäischen Menschenrechtskonvention vom 16. September 1963 lautet: „Niemand darf aus dem Hoheitsbereich des Staates, dessen Staatsangehöriger er ist, durch eine Einzel- oder eine Kollektivmaßnahme ausgewiesen werden.“

Die vom Weltsicherheitsrat der Vereinten Nationen am 22. November 1967 einstimmig verabschiedete Palästina-Entschließung bestimmt, daß durch Krieg kein Gebiet erworben werden kann, daß militärisch besetztes Gebiet nach Ende der Feindseligkeiten, aber vor Friedensschluß geräumt werden muß. Außerdem: „Die Flüchtlingsfrage muß gelöst werden."

Laut Konvention der Vereinten Nationen vom 27. November 1968 wird mit Artikel 1 festgesetzt, daß das Verbrechen der „Vertreibung durch bewaffneten Angriff oder Okkupation" nicht verjährt.

Soweit einige der wesentlichsten Bestimmungen, in denen das völkerrechtliche Vertreibungsverbot und das Annexionsverbot zusammengefaßt sind.

Als einen „unverjährbaren Akt des Völkermordes" hat ein von der Bayerischen Staatsregierung im Frühjahr 1991 in Auftrag gegebenes Rechtsgutachten die Vertreibung der Sudetendeutschen aus der Tschechoslowakei bezeichnet. In einem Zehn-Punkte-Forderungskatalog verlangt der mit dem Gutachten beauftragte Wiener Professor Felix Ermacora, die Enteignung der Sudetendeutschen zu „widerrufen" und „wiedergutzumachen".

„Dazu besteht eine juristische Verpflichtung", sagte Ermacora bei der Vorstellung des 200-Seiten-Werkes durch die Sudetendeutsche Landsmannschaft im August 1991 in München. Die Wiedergutmachung könne in einer Wiederherstellung der Eigentumsverhältnisse vor der Vertreibung oder in einer Entschädigung bestehen, heißt es in dem Gutachten.

In der Entwicklung des Annexionsverbots dürfen zwei wichtige Meilensteine nicht vergessen werden: Das in internationalen Verträgen verankerte Annexionsverbot geht in erster Instanz auf die Errichtung des Völkerbundes zurück. Im Artikel 10 der Völkerbundsatzung heißt es nämlich: „Die Bundesmitglieder verpflichten sich, die Unversehrtheit des Gebietes aller Bundesmitglieder zu achten."

Die zweite Etappe war der am 27. August 1928 in Paris abgeschlossene, von 63 Staaten – darunter die Sowjetunion, Polen und das Deutsche Reich – signierte und auch heute noch gültige Briand-Kellogg-Pakt. Hierin wurde der Krieg gleich im ersten Artikel „als Mittel nationaler Politik" verurteilt und die Annexion fremder Gebiete untersagt.

Die „abschließenden" Verträge

Am 31. August 1990 unterzeichneten Bundesinnenminister Wolfgang Schäuble und DDR-Staatssekretär Günther Krause in Berlin den Vertrag über die deutsch-deutsche Einigung, die in einer Feierstunde am 3. Oktober 1990 stattfand.

Am 3. Oktober 1990 um null Uhr endete das 41jährige Nebeneinander zweier deutscher Staaten durch den Beitritt der DDR zur Bundesrepublik Deutschland. In einer nächtlichen Feierstunde vor dem Reichstag in Berlin, der neuen Hauptstadt, wurde als Symbol der deutschen Einheit eine überdimensionierte Bundesflagge gehißt.

Am 9. November 1990 unterzeichneten Helmut Kohl und Michail Gorbatschow in Bonn den „Vertrag über gute Nachbarschaft, Partnerschaft und Zusammenarbeit zwischen der Bundesrepublik Deutschland und der Union der Sozialistischen Sowjetrepubliken“. Der Vertrag nahm unter anderem Bezug auf die Oder-Neiße-Linie.

Am 14. November 1990 paraphierten der polnische und der deutsche Außenminister, Krzysztof Skubiszewski und Hans-Dietrich Genscher, den deutsch-polnischen Grenzvertrag, der die Oder-Neiße-Linie als Grenze Deutschlands und Polens festschreiben soll.

Der Vertrag sollte in völkerrechtlich verbindlicher Form diese Grenze endgültig bestätigen, ohne daß dem Selbstbestimmungsrecht der betroffenen Bevölkerung Rechnung getragen wurde und das Verbrechen der Vertreibung erwähnt, entschuldigt oder gar verurteilt worden wäre.

Da dieser Vertrag zu dem Vertreibungs- und Annexionsverbot zahlreicher Entschließungen – wie oben aufgeführt – im Widerspruch steht und somit die einfachsten Menschenrechte mißachtet, ist er als nichtig anzusehen.

Die Vertreibung der Deutschen aus dem Osten war ein lange vorhergeplantes und ohne menschliches Erbarmen durchgeführtes Verbrechen ungeheuren Ausmaßes. Aus Ost- und Ostmitteleuropa wurden mehr als 13 Millionen Deutsche vertrieben und über drei Millionen getötet.

An Gebieten annektierten Polen und die Sowjetunion von Deutschland in den Grenzen von 1937 insgesamt 147.863 Quadratkilometer, das sind 29 Prozent des Gesamtterritoriums.

Der französische Publizist und Historiker Ferdinand Otto Miksche, Offizier der französischen Ehrenlegion und früher Mitglied des Persönlichen Stabes von General de Gaulle, schrieb: „Wie immer auch das Verhältnis zwischen Polen und Deutschland geregelt wird, eine vorbehaltlose Bestätigung der Oder-Neiße-Linie, die die Mitschuld Polens am Kriegsausbruch ignoriert, würde einen Präzedenzfall schaffen, daß Völkermord, Raub und Vertreibung einheimischer Bevölkerungen als Mittel der Politik mit erfolgreichem Abschluß völkerrechtlich legalisiert werden und damit ein Europa von morgen auf der Grundlage von Kriegsverbrechen und ihren Ergebnissen gestalten.“

XI. Deutsche und Polen, die ewigen Nachbarn

Seit seiner Gründung im 10. Jahrhundert hatte der polnische Staat ein bewegtes Dasein geführt, nicht immer innerhalb der gleichen Grenzen, nicht immer mit der gleichen Bevölkerung, nicht einmal immer auf der Karte Mitteleuropas überhaupt auffindbar. Zur Zeit seiner größten territorialen Ausdehnung reichte der polnische Staat vom Schwarzen Meer bis zum Baltikum, unter Einbeziehung vieler Länder und Völker, die später der Sowjetunion angehören sollten. Im 16. Jahrhundert erreichte Polen seinen Kulturhöhepunkt; Krakau wurde zu einem der bedeutendsten Kulturzentren Europas.

Gleich im nächsten Jahrhundert setzte aber der Verfall der polnischen Macht ein. In den Jahren zwischen 1772 und 1795 wurde der Staat dreimal geteilt und das Territorium Rußland, Preußen und Osterreich angegliedert. Damit endete die Existenz Polens als unabhängiger Staat.

Als die Mittelmächte während des Ersten Weltkrieges das sogenannte Kongreßpolen besetzt hatten, errichteten sie am 5. November 1916 ein Königreich Polen. Am 11. November 1918 wurde die Republik Polen gegründet. Laut Versailler Vertrag vom 28. Juni 1916 wurden Polen 101.200 Quadratmeilen des russischen, 30.900 Quadratmeilen des österreichischen und 7.000 Quadratmeilen des reichsdeutschen Gebietes zugeteilt. Die Frage der polnischen Ostgrenze wurde nicht endgültig geregelt. Als Ideallinie zog der Oberste Rat der Alliierten 1919 eine nach dem britischen Außenminister Lord Curzon benannte Linie nach ethnographischen Gesichtspunkten, das heißt, die westlich davon liegenden Bevölkerungen waren vollständig oder zu einem wesentlichen Grade polnischer Abstammung.

Die junge polnische Republik sollte diese Linie nie anerkennen und führte sofort, im Jahre 1920, unter Führung des Nationalhelden General Pilsudski einen Angriff gegen das durch Krieg und Revolution geschwächte Rußland, der mit französischer militärischer Unterstützung zur Eroberung von wesentlichen Teilen Weißrußlands und der Ukraine sowie der litauischen Stadt Wilna führte. Im März 1921 wurde durch den Friedensvertrag von Riga die polnische Annexion dieses 11.000 Quadratmeilen umfassenden Gebietes von der Sowjetregierung formell anerkannt. Als zwangsläufiges Ergebnis ihrer Expansion hatte die polnische Nation fortan eine große ukrainische Minderheit im Lande, die zwischen viereinhalb und sieben Millionen Köpfe geschätzt wurde.

Die Marienburg, Stammsitz des Deutschen Ordens, am Ufer der Nogat in Westpreußen

Blick auf den beliebten Strand der alten deutschen Hansestadt Kolberg im Pommern

Nach dem Zweiten Weltkrieg, an dessen Ende die brutale Vertreibung der Deutschen aus ihrer Heimat stand, behauptete der sowjetische Außenminister Molotow auf einer Sitzung der Moskauer Außenministerkonferenz am 9. April 1947: „Im Westen hingegen ist Polen wieder in seine altangestammten Gebiete zurückgekehrt, die einst die Wiege des polnischen Staates waren. Sein heutiges Territorium stimmt mit dem geschichtlichen Territorium des Polen der Piastenzeit überein."

Es stimmt, daß solche historischen Argumente im allgemeinen in Europa eine große propagandistische Wirkung erzielen, eine größere jedenfalls als unter amerikanischen Zuhörern. Sie haben jedoch den kleinen Schönheitsfehler, daß sie nicht der Wahrheit entsprechen, denn die deutschen Ostprovinzen waren niemals polnisches Siedlungsgebiet.

Seit dem 6. Jahrhundert waren sie von germanischen Stämmen besiedelt, noch lange vor der großen slawischen Westwanderung nach Ost-und Mitteldeutschland; der polnische Volksstamm besiedelte die Gebiete im großen Weichselbogen und am Mittellauf der Warthe. Der Deutsche Orden hatte die Provinz Ostpreußen auf baltischem Siedlungsgebiet gegründet, deren einheimische Urbevölkerung, die Pruzzen, zur baltischen Volksgruppe und nicht zur slawischen gehörte; die Pomeranen, die die Provinz Pommern bewohnten, waren dagegen slawischer Abstammung, gehörten aber ebenso nicht zur polnischen Volksgruppe. Ebensowenig waren größere Teile Schlesiens von polnischen Volksstämmen bewohnt.

Der Deutschordensstaat in Ostpreußen war schon seit dem Mittelalter ein mit kaiserlichen und päpstlichen Privilegien versehenes selbständiges Territorium. Auch nach dem zweiten Thorner Frieden (1466) wurde Ostpreußen kein polnisches Lehen; der Hochmeister des Ordens legte lediglich einen persönlichen Amtseid als polnischer Reichsrat ab. Beim Frieden von Krakau im Jahre 1525 ging zwar Herzog Albrecht eine Lehensabhängigkeit vom König von Polen ein, jedoch nur, um dafür Billigung und Schutz für die Umwandlung Ostpreußens in ein Herzogtum zu erhalten, und diese Abhängigkeit erlosch später durch den Frieden von Oliva im Jahre 1660.

Die Herzogtümer des pommerschen Küstengebiets zwischen Stettin und Danzig wehrten sich in harten Kämpfen gegen die polnischen Ausdehnungsversuche; im Jahre 1180 ernannte Kaiser Friedrich Barbarossa den Herzog von Westpommern, der über das Gebiet zwischen Oder und Kolberg herrschte, zum deutschen Reichsfürsten.

In Schlesien waren die Vorgänge etwas weniger übersichtlich. Anfangs gehörte dieses Gebiet zu Böhmen; nach Herzog Wratislaw von

Böhmen wurde ja die Stadt Breslau benannt. Vor über tausend Jahren, im Jahre 990, wechselte Schlesien zwar für fünfunddreißig Jahre in den Besitz des polnischen Herzogs Mieszko, kam dann aber wieder unter böhmische Herrschaft. Nachdem Schlesien im Jahre 1108 wieder an Polen fiel, entwickelte es eine größere kirchliche, kulturelle und staatsrechtliche Selbständigkeit unter seinen immer stärker durch Heirat verdeutschten Piastenherzögen.

Im Jahre 1335 erreichte Schlesien im Vertrag von Trentschin seine völkerrechtliche Anerkennung, verzichtete hierin der König von Polen gegenüber dem König von Böhmen für alle Zeiten auf Schlesien. Hierdurch wurde Schlesien Teil des mittelalterlichen deutschen Reiches. Aus der habsburgischen Monarchie kam Schlesien dann im Jahre 1742 unter die preußische Krone.

Zu den historischen Begründungen der Polen ist lediglich zu sagen, daß die Deutschen weder in Ostpreußen noch in Pommern oder in Schlesien eine Germanisierungspolitik durchführten. Auch wenn es den Polen gelungen wäre, mit solchen Argumenten die polnische Gebietsherrschaft über Ostpreußen, Schlesien und Pommern in der Zeit bis zum 20. Jahrhundert für gültig zu erklären, so hat der Versailler Vertrag vom Jahre 1919 solchen Ansprüchen für immer ein Ende bereitet.

Mit diesem Vertrag wurden die deutschen und polnischen Herrschaftsbereiche gegeneinander abgegrenzt, und damit erkannte Polen, das wie Deutschland Signatar des Versailler Vertrages war, Deutschlands Anspruch auf die jetzt umstrittenen Ostgebiete an.

Wie Völkerrechtler heute bestätigen, ist Polen heute deshalb nicht dazu berechtigt, nachträglich historisch begründete Ansprüche auf diese Gebiete anzumelden.

Es bleibt noch darauf hinzuweisen, daß Polen aus der Tatsache, daß Deutschland 1939 bis 1944 polnisches Gebiet annektierte, keine Berechtigung dafür ableiten kann, sich 1945 deutsches Gebiet nach dem alttestamentarischen Grundsatz „Auge um Auge, Zahn um Zahn" anzueignen; denn das internationale Recht erkennt keinen Tuquoque-Grundsatz an.

Abzulehnen ist auch die in der Bundesrepublik Deutschland und in Polen weit verbreitete Meinung, von den Deutschen seien so abscheuliche Verbrechen begangen worden, daß auch ihre Nachkommen sich nicht auf das Völkerrecht berufen könnten, sondern sich vielmehr schweigend mit allem abfinden müßten, was die Siegermächte ihnen gegenüber für richtig erachten, darunter auch die Annexion der deutschen Ostgebiete. Auch der Rechtsbrecher steht unter dem Schutz des geltenden Völkerrechts und damit unter dem des gebotenen Annexionsverbots.

Die deutschen Gebietsverluste
nach den beiden Weltkriegen
Tondern
Sonderburg
Flensburg
Stralsund
Kolberg
Schwerin
Hamburg
Emden
Neubrandenburg
Stettin
Bremen
Stendal
Celle
Berlin
Osnabrück
Hannover
Bielefeld
Cottbus
Leipzig
Düsseldorf
Kassel
Eupen
Dresden
Erfurt
Gera
Gießen
Chemnitz
Koblenz
Frankfurt
am Main
Bamberg
Karlsbad
Trier
Würzburg
Saarbrücken
Nürnberg
Straßburg
Karlsruhe
Stuttgart
Ingolstadt
Ulm
München
Linz
Wien
Freiburg
Konstanz
Kempten
Salzburg
Graz
Meran

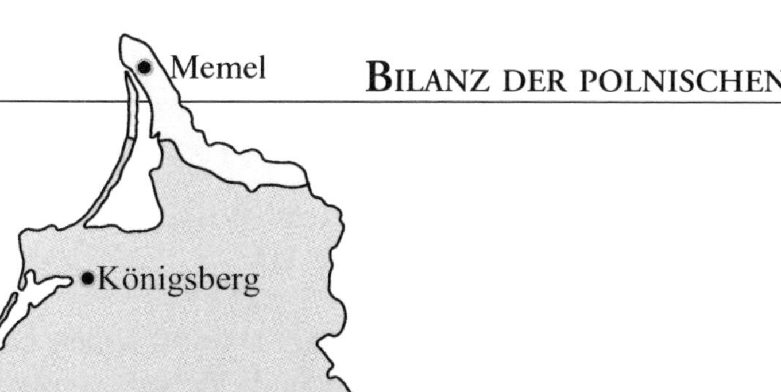

XII. Bilanz der polnischen Eroberungs-, Unterdrückungs- und Vertreibungspolitik

1919–1923	Eroberung und Inbesitznahme ukrainischer, weißrussischer und litauischer Gebiete im Osten, deutscher Gebiete im Westen, slowakischer Grenzstreifen im Süden, mit einer nichtpolnischen Bevölkerung von über zehn Millionen Menschen.
1919–1923	Tötung von etwa 12.000 Ukrainern, Weißrussen, Litauern und Deutschen bei Eroberungszügen.
1919–1939	Unterdrückung und Polonisierung aller Minderheitsgruppen. „Kalte Austreibung" von 870.000 Deutschen.
1938	Besetzung des zur Tschechoslowakei gehörenden Olsa-Landes und slowakischer Grenzgebiete.
1939	Massenmord an rund 15.000 Volksdeutschen.
1945	Inbesitznahme des größten Teiles der deutschen Ostgebiete und Danzigs, mit insgesamt 103.006 Quadratkilometern Fläche.
1945–1946	Indirekte oder direkte Tötung von 185.000 Volksdeutschen, 83.000 Danzigern und 1.181.000 Reichsdeutschen bei der Vertreibung.
1945–1969	Vertreibung von 737.000 Volksdeutschen, 299.000 Danzigern und 6.200.000 Reichsdeutschen, einschließlich Flüchtlingen und Spätaussiedlern.
1945–1951	Deportation von 713.000 Ukrainern und Weißrussen aus Polen in die Sowjetunion. Zwangsumsiedlung von 230.000 Ukrainern und Weißrussen in die deutschen Ostgebiete.

Das 14-Punkte-Programm von Woodrow Wilson vom 8. Januar 1918 (siehe Seite 11)

1. Offene, öffentlich abgeschlossene Friedensverträge. Danach sollen keinerlei geheime internationale Abmachungen mehr bestehen, sondern die Diplomatie soll immer aufrichtig und vor aller Welt getrieben werden.
2. Uneingeschränkte Freiheit der Schifffahrt auf den Meeren, außerhalb der Territorialgewässer, im Frieden sowohl wie im Kriege, ausgenommen jene Meere, die ganz oder teilweise durch internationales Vorgehen zur Durchführung internationaler Verträge gesperrt werden.
3. Möglichste Beseitigung aller wirtschaftlichen Schranken und Herstellung einer Gleichheit der Handelsbedingungen für alle Nationen, die dem Frieden beitreten und sich zu seiner Aufrechterhaltung verbinden.
4. Entsprechende gegenseitige Bürgschaften für die Beschränkung der Rüstungen der Nationen auf das niedrigste, mit der Sicherheit im Innern vereinbare Maß.
5. Freier, unbefangener und völlig unparteiischer Ausgleich aller kolonialen Ansprüche, auf der genauen Beachtung des Grundsatzes beruhend, daß beim Entscheid in solchen Souveränitätsfragen die Interessen der betreffenden Bevölkerungen ebenso ins Gewicht fallen, wie die berechtigten Ansprüche der Regierung, deren Rechtstitel zu entscheiden ist.
6. Räumung des ganzen russischen Gebietes und ein Einvernehmen über alle auf Rußland bezüglichen Fragen, das das beste und freieste Zusammenwirken der anderen Völker sichert, um für Rußland eine ungehemmte Gelegenheit zur unabhängigen Bestimmung seiner eigenen politischen Entwicklung und nationalen Politik herbeizuführen und ihm eine herzliche Aufnahme in der Gesellschaft der freien Nationen unter selbst gewählten Staatseinrichtungen, ja noch mehr, Hilfe jeder Art, deren es bedürftig sein und von sich aus wünschen mag, gewährleistet. Die Rußland von seinen Schwesternationen in den nächsten Monaten gewährte Behandlung wird der Prüfstein ihres guten Willens, ihres Verständnisses für seine Bedürfnisse im Unterschied zu ihren eigenen Interessen und ihres verständigen und selbstlosen Mitgefühls sein.
7. Belgien muß, die ganze Welt wird dem beipflichten, geräumt und wiederhergestellt werden, ohne jeden Versuch, seine Souveränität, deren es sich wie alle anderen freien Völker erfreut, zu beschränken. Kein anderer einzelner Schritt wird so wie dieser dazu dienen, das Vertrauen unter den Nationen in die Gesetze wiederherzustellen, die sie selbst ge-

schaffen haben und als maßgebend für ihre Beziehungen zueinander festgesetzt haben. Ohne diesen heilsamen Schritt bleibt die gesamte Struktur und die Gültigkeit des Völkerrechts für immer geschädigt.

8. Das ganze französische Gebiet muß geräumt und die besetzten Teile wiederhergestellt werden. Das Unrecht, das Frankreich im Jahre 1872 in Beziehung auf Elsaß-Lothringen durch Preußen angetan worden ist und das den Weltfrieden während nahezu fünfzig Jahren erschüttert hat, muß wiedergutgemacht werden, damit der Friede im Interesse Aller wiederhergestellt werden kann.
9. Berichtigung der Grenzen Italiens nach den genau erkennbaren Abgrenzungen der Volksangehörigkeit.
10. Den Völkern Österreich-Ungarns, deren Platz unter den Nationen wir geschützt und gesichert zu sehen wünschen, sollte die freieste Gelegenheit zu autonomer Entwicklung zugestanden werden.
11. Rumänien, Serbien und Montenegro sollten geräumt, die besetzten Gebiete zurückgegeben werden. Serbien sollte ein freier und sicherer Zugang zur See gewährt werden, und die Beziehungen unter den verschiedenen Balkanstaaten zueinander sollten durch freundschaftliche Übereinkunft nach den bestehenden geschichtlichen Richtlinien der Zugehörigkeit und der Nationalität geregelt werden. Internationale Bürgschaften für die politische und wirtschaftliche Unabhängigkeit sowie die Unverletzlichkeit des Gebiets der verschiedenen Balkanstaaten sollten geschaffen werden.
12. Den türkischen Teilen des Osmanischen Reiches sollte eine unbedingte Selbständigkeit gewährleistet werden. Den übrigen Nationalitäten dagegen, die zurzeit unter türkischer Herrschaft stehen, sollte eine zuverlässige Sicherheit des Lebens und eine völlig ungestörte Gelegenheit zur selbständigen Entwicklung gegeben werden. Die Dardanellen sollten unter internationalen Bürgschaften als freie Durchfahrt für die Schiffe und den Handel aller Nationen dauernd geöffnet werden.
13. Ein unabhängiger polnischer Staat sollte errichtet werden, der alle Gebiete einzubegreifen hätte, die von unbestritten polnischer Bevölkerung bewohnt sind; diesem Staat sollte ein freier und sicherer Zugang zur See geöffnet werden, und seine politische sowohl wie wirtschaftliche Unabhängigkeit sollte durch internationale Übereinkommen verbürgt werden.
14. Ein allgemeiner Verband der Nationen muß gegründet werden mit besonderen Verträgen zum Zweck gegenseitiger Bürgschaften für die politische Unabhängigkeit und die territoriale Unverletzbarkeit der kleinen sowohl wie der großen Staaten.

Personenregister

Inhalt